Modern Public Finance

財政とは何か
〔改訂版〕

内山 昭 編著

税務経理協会

はしがき

　今日の財政は，一国経済の持続可能な発展や国民生活の安定に大きな役割を演じている。グローバル資本主義が進展するにつれ，途上国への援助や地球環境保全，国際機関への分担金支払いなど国際社会とのつながりも深くなってきた。日本や世界の経済，社会，政治の問題を理解し，解決の方法を考えるうえで財政について知り，学ぶことは欠かせない。

　これまでも財政について多くの教科書があり，そのいくつかは大変優れている。しかしながら一定の水準を保ち，バランスのとれた内容を持つものは決して多くない。このため初めて財政を学ぼうとする人にとって興味や関心を持ちにくいのが実情である。

　私たちは，このような難点を克服できるテキストを意図して，『現代の財政』（2006年，税務経理協会）を公刊したが，その後の研究成果をふまえて，より洗練された内容の本書を企画出版することとした。本書の特色は現代財政の重層性を考慮した「2段階説明法」の採用，全体像，租税と公債，機能論という3部構成をとったこと，ミクロ・マクロ経済学をベースにした財政学の成果を摂取しつつ，社会経済学的スタンスを一貫させたことにある。また経済学の知識が十分でなくても，理解できるように工夫されている。本書は大学や専門学校で財政を学ぶ学生を念頭においているが，あわせて財政に関心のある方々にも手に取ってほしいと願う。私たちの目標がどれほど達成されているかどうかは，読者の評価によるほかはない。本書を読まれた方が，率直な批判やコメントをお寄せくだされば，幸いである。

　本書の出版を快諾され，私たちを温かく見守り，協力を惜しまれなかった税務経理協会の峯村英治氏はじめ，同協会の皆様に厚くお礼申し上げる。

　2014年1月

編著者　内　山　　昭

改訂版によせて

　2014年の初版上梓から5年が経ち，この度改訂版を刊行する運びとなりました。統計数値をより近年のものにしたほか，必要な修正，改善を行いました。

　現代財政のスケッチ＝全体像，租税・公債論，現代財政と産業・国民生活＝財政機能論という三部構成は本書の特色の一つです。この編成，展開は，現代財政の多様で複雑な活動を正しく把握し，主権者である国民にとっての課題を明らかにするうえで，有効性がきわめて高いと考えています。

　読者の皆さんが本書を通じて，日本や外国の財政問題について関心と理解をふかめていただければ大変幸いです。

　2018年9月

編著者　内　山　　昭

目　　次

はしがき
改訂版によせて

プロローグ　現代財政へのアプローチ …………………… 1
1　現代財政を学ぶ意義 ……………………………………… 1
2　本書の特色 ………………………………………………… 4
3　瞳のような財政民主主義 ………………………………… 8

第Ⅰ部
現代財政のスケッチ

第1章　現代財政の基礎理論
1　大きな政府の財政理論 …………………………………… 15
2　現代財政のマクロ的位置 ………………………………… 23
3　現代財政の5大機能──「大きな政府」の経済的役割 …… 27
4　現代財政を規定する3要因 ……………………………… 32

第2章　日本の財政システム(1)　一般会計の支出と収入
1　一般会計の支出と4大経費 ……………………………… 37
2　経費の分類と主要経費の特徴 …………………………… 40
3　一般会計の収入──租税と公債 ………………………… 42
4　租税と公債のシンプルな説明 …………………………… 43
＜補論　13の特別会計＞ …………………………………… 49

第3章　日本の財政システム(2)　社会保険の財政と財政投融資

 1 社会保険の財政 ………………………………………………………… 53
  〔1〕社会保険の重要性 ………………………………………………… 53
  〔2〕社会保険財政の2つの特徴 ……………………………………… 54
 2 財政投融資の特徴と課題 ……………………………………………… 58
  〔1〕財政投融資の制度 ………………………………………………… 58
  〔2〕財政投融資の理論 ………………………………………………… 59
  〔3〕財投システムの原型―1953-2000年の財政投融資 ………… 63
  〔4〕財政投融資の動向―2001年の改革以後 ……………………… 65

第4章　国と地方の財政関係

 1 国から地方への財政移転―地方交付税と国庫補助金 …………… 69
 2 地方財政調整の理論と地方税 ………………………………………… 71
 3 日本の地方財政調整制度と問題点 …………………………………… 76
 4 地方分権と国・地方の財政関係の改革 ……………………………… 79

第Ⅱ部　租税と公債

第5章　所　得　税

 1 所得税の仕組み ………………………………………………………… 85
 2 所得税の理論 …………………………………………………………… 89
 3 所得税の動向と課題 …………………………………………………… 93

第6章　法人税

1　法人税の仕組み …………………………………………………… 97
2　法人税の理論 ……………………………………………………… 99
3　法人税改編の過程と90年代の法人税改革 …………………… 103
4　法人税の企業間，産業間の負担配分 ………………………… 109

第7章　消費課税

1　消費税の制度と仕組み ………………………………………… 115
2　付加価値税（消費税）の理論 ………………………………… 119
3　消費税の政策課題 ……………………………………………… 123
4　個別消費税と課税根拠をめぐるトレード・オフ …………… 126

第8章　公債と財政赤字

1　公債の制度と仕組み …………………………………………… 131
2　公債の理論 ……………………………………………………… 134
3　日本の財政赤字と公債問題の軌跡 …………………………… 137
4　財政赤字の原因と課題 ………………………………………… 140

第9章　税制改革の展開と課題

1　シャウプ勧告と日本の税制 …………………………………… 145
2　消費税シフトの税制改革 ……………………………………… 150
3　消費税中心の増税論と非消費税による増税論 ……………… 155

第Ⅲ部
現代財政と産業・国民生活

第10章　インフラ整備の財政
1　日本の公共事業費 …………………………………… 161
2　インフラと公共投資の理論 ………………………… 164
3　日本の公共投資の動向と課題 ……………………… 170

第11章　社会保障の財政
1　社会保障財政の仕組み ……………………………… 177
2　社会保障の財政理論 ………………………………… 184
3　格差社会，少子高齢社会の財政課題 ……………… 189

第12章　国防とODAの財政
1　日本国憲法と防衛費の動向 ………………………… 195
2　軍事財政の理論 ……………………………………… 199
3　日本の防衛力整備―軍事大国への道 ……………… 202
4　ODA（政府開発援助）の特徴と課題 …………… 206

第13章　環境財政と環境税
1　環境保全の財政措置 ………………………………… 213
2　環境保全の政策手段 ………………………………… 217
3　環境税と税制のグリーン化 ………………………… 219
4　今後の展望 …………………………………………… 222

第14章 災害の財政

1. 大災害と財政 …………………………………………… 225
2. 阪神淡路大震災と復興財政 …………………………… 229
3. 東日本大震災と復興財政 ……………………………… 232
4. 災害財政の課題 ………………………………………… 238

エピローグ　自立と連帯を支える財政 ………………… 243

索　　引 ……………………………………………………… 249

プロローグ　現代財政へのアプローチ

1　現代財政を学ぶ意義

　私たちの生活は，様々な財政活動に支えられている。朝起きて洗顔する，トイレで水を流し下水道に排水する。通学や通勤のため道路を歩いて駅やバス停まで行く。バスや電車から小学校や中学校，町の図書館が見える。いつも利用する上下水道や道路など公共施設はみな，政府や自治体が税金を使ってつくり，維持している。また病気の治療でかかる費用の70％は税金や社会保険料から支払われる。財政赤字を増やさないために，社会保障にかかる財政支出を減らすと，人々の生活が様々な面で影響をうける。退職した人は受け取る年金を削られ，病気になっても，医療費の自己負担の増加が心配になる。

　会社のリストラで解雇されるか，賃金やボーナスをカットされると，子どもが大学への進学をあきらめざるをえない場合も出てくる。そうなると，公的な奨学金がもっと充実していれば，そうせずにすむのにと考えるのは当然であろう。国や自治体の財政は国民の生活だけでなく，産業活動や経済発展になくてはならない役割を果たしている。この点は，世界のどの国にもあてはまる。

　しかし現在，国の財政は年間で90兆円を超える巨大な規模に達し，その仕組みはたいへん複雑である。このため，財政の全体像や課題を知ることは決して容易でない。国の債務の合計は2019年３月に約883兆円（普通国債残高）にものぼると見込まれる。これほどに大きい借金を本当に返せるのだろうか，ひどいインフレーション（貨幣価値の下落）にならないだろうか，との疑問がわく。超高齢社会といわれる日本で，国はお年寄りの医療費や年金を支払い続けることができるのだろうか，との心配を若者でさえ抱く。そして政府にして欲しいことは他にもっとあるが，税金は安くして欲しいと望む人が多いはずである。そうでなくても経済の行方が不透明で所得格差が大きくなっている現在，弱者に

優しい財政にならないだろうか，と願う人は少なくない。

　財政や税のあり方は，土台にある経済社会の構造と密接に関係する。近年，私たちはこれまでのシステムや常識に転換を迫る２つの出来事に遭遇した。１つは2008年の世界同時大不況，別名「世界恐慌」の勃発，もう１つは2011年の東日本大震災および，これに伴う福島第１原子力発電所の爆発事故の発生である。これら２つの影響はあまりにも大きく，広く深いだけでなく，原発事故の終息には数十年を要するともいわれる。両者の意味の大きさは，1929年の世界恐慌，第２次世界大戦に匹敵するといっても過言ではない。

　資本（産業），労働（市民生活），土地（自然条件）は経済システムの３大要素である。その長期的な動向は次の点にある。資本・産業の面では，グローバル化やＩＴ革命が進展する中で日本や欧米諸国など先進工業国では，大資本・大工場が支配的力を持つ時代ではなくなり，中小企業や中小工場が技術開発や産業を主導する時代になりつつある。自動車，家電，化学などの旧来の主力産業はBRICs（ブラジル，ロシア，インド，中国）などの途上国が中心となり，日本や欧米の大資本はFDI（対外直接投資）によって生産拠点をそれら諸国に移してきたからである。いわゆる先進諸国では，中小企業，知識集約化，高付加価値化が持続的な経済成長の原動力となる時代となっている。欧米諸国では地方都市・農村圏が重要な立地拠点の１つとなり，中小企業の産業クラスターが形成されている。日本では地方都市・農村圏での産業クラスターの形成が未成熟であり，政府，自治体，産業界が一致協力してこの問題の克服に取り組むことが求められる。日本の対外関係では，日本の対外直接投資の拡大と，国内へのFDIの停滞というアンバランスの解消が課題である。FDIの停滞は日本が直接投資先としての魅力に乏しく，障害も大きいことを示しているが，このアンバランスは国内で雇用を縮小し，成長余力を削減することにつながる。

　労働・市民生活では次の諸課題に直面する。第１に，失業や非正規雇用の急速な増大によって，大量の貧困が生み出され，個人間所得格差が拡大している。深刻なことは，貧困ゆえに高校や大学などに進学できないなど子どもに教育格差が生じ，貧困は貧困を再生産しかねない状況である。第２に我が国の高齢化

率は2012年に24％を超え，2012年には24％を超えた（24.1％）が，今後も上昇するとみられ，いわば超高齢社会の到来を迎えた。今後の特徴は大都市圏の団塊の世代が65歳を越えて高齢化率が急上昇し，高齢人口も急増する一方，高齢者の格差拡大に直面することである。他方で地方都市・農村圏においては限界集落が増加し，農村圏の重要な一部が維持困難になることにも注意が払われねばならない。第3に，非婚・少子化問題の深刻化である。保育所に入れない待機児童の存在は，政策の貧困の結果以外のものではないが，子どもを産み，育てようという気持ちが抑制される社会はきわめて不健全である。少子化は非婚に大きな原因の1つがあることをふまえると，結婚し，子供を産み育てられる環境や条件の整備は急務である。第4に地域間経済格差，とくに首都圏，政令指定都市など大都市圏と地方都市・農村圏の格差拡大への対処である。格差拡大や地方での人口減少は雇用の場が少ないことによる。地方都市・農村圏に中小企業の産業クラスターを形成し，産業配置や国土利用のバランスをとる有効な政策の立案，実施が国家的課題であることを重ねて強調しておきたい。

　土地・自然環境の面では大地震に加えて，気候変動や地球温暖化の進行を原因として毎年，異常気象・大型台風，集中豪雨が頻発し，日本だけでなく，世界的に多くの災害をもたらしている。化石燃料の多消費は地球温暖化や大気汚染の原因であり，省エネルギー社会への移行とともに，脱原発，再生エネルギーの開発・低コスト化の課題を政府や国民に突き付けている。

　これらの変化の先にグローバル資本主義に対応できる成熟社会の姿が見えてくるが，日本における中長期的な課題と財政の役割は3点に整理できる。第1に，国民の安全を確保できる危機管理である。すなわち，発生の可能性が高い大震災や大災害に対処することである。当面の課題は東日本大震災からの復興の政策と財政，福島原発事故・汚染水問題への迅速な対応である。この問題の根本的解決には，東京電力の解体による責任の所在の明確化，国有化をテコとした電力改革である。安全確保や危機管理には領土，領海，領空の保全の問題，外交的軍事的対応を含むが，本書の基本的立場はあくまでも平和的手段，外交的努力を徹底し，軍事的手段に依拠すべきではないということである。

第2に産業・雇用戦略では、知識集約・高付加価値産業の育成とこれによる雇用の創出・拡大を図ることである。府県単位で、研究開発力の強化を支援する知的インフラの整備や、大学教育の質的改善のために財政資金の重点的投入が必要である。地方都市・農村圏を中小企業のクラスターの形成、本社の位置、研究開発拠点になしうる有効な政策の実行が求められる。

第3に、国民生活では少子化・超高齢社会、成熟社会において、新しい福祉国家の建設、ハード、ソフト一体の安全・安心社会の構築が主要な課題である。この課題と非婚少子化傾向の克服を結合することが肝要である。これによって高福祉と成長を両立させる展望も見えてくる。

2　本書の特色

(1)　本書のスタンス

本書は財政学、とくに現代財政に関する標準的なテキストであると同時に、経済社会の諸問題の理解に役立つことをめざしている。次の諸点は、このために不可欠な方法である。第1に最近10〜20年間の日本財政を材料に、現代財政の特徴や課題を明らかにした。今日の財政は19世紀や20世紀前半のそれときわめて異なるとともに、財政学の内容にも目立った発展がある。現代の財政は一般財政（会計）、社会保険、財政投融資を3つの構成部分とするとともに、この3者は密接な関係を持つ。この認識を基礎に、わが国の財政の現実を数値などを用いて説明し、個別問題と財政の全体像が理解できるように工夫している。

第2にミクロ、マクロ経済学をベースとした財政学の主要な内容、意義をわかりやすく紹介するとともに、限界については必要な追加を行った。たとえば、現代財政の4番目の機能として「環境保全」を位置づけ、軍事費や警察費を通じた権力装置の維持、発動を5番目の機能として定立した。

第3に多くの財政問題について、政府の対応や議論を紹介したうえで、公正と効率の両立および官僚主義克服の視点から、望ましい解決方向を示した。近年の税制改革や財政支出面、制度面の改革は経済効率性を過度に重視する。そ

の結果所得格差の拡大や貧困の増大をもたらすなど弱者に冷たく，社会的公正を犠牲にしがちであるが，この方向とは異なるオルタナティブ（代替案）の発見に努めている。

　第4に，財政問題にグローバリゼーションやグローバル資本主義が与える影響を明らかにすることに努めた。とくに国防やODA（政府開発援助）の財政の展開において，これと関連させて積極的な主張を行っている。ヒト，モノ，カネの国境を越える活動が拡大，深化しつつある中で，課税や社会保障などの分野でも国際的側面が重要性を高めていることに留意した。

　本書はまた学派を問わず財政学の研究成果を摂取したうえで，著者たちのスタンスを一貫させている。現代財政学はこれまで政府の経済的役割を理論的に説明し，経済や財政の問題の解決策を提起してきた。ところが他方で，財政活動の説明において複数の立場がある。第2次大戦後，伝統的財政学，新古典派経済学的財政学，マルクス経済学的財政学の3つが鼎立していたが，残念なことに，これらの学派間で相互の批判，交流が行われたとはいい難い。世紀末最後の10年には，財政学は2つの流れとなってきた。1つは現代の主流派経済学をベースとする公共経済学的財政学である。それは経済的効率を至上の公準（証明が不可能だが，学問上の原理として承認されていること）とし，計量分析に力点を置く。他の1つは社会経済学的財政学（財政社会学を含む）である。それは効率よりも社会的公正を優先し，経済的，非経済的要素を総合的に分析しようとする。重要な方法上の違いがありながらも，両者の間に相互の交流，批判が始まっており，学問の発展に必要な強い緊張感を生み出してきた。それはまだ決して十分ではないが，真摯な態度で今後一層発展させるべきだと思う。

　本書は，基本的に社会経済学的財政学の立場をとるが，同時にミクロ，マクロ経済学をベースとした財政研究，とくに計量的手法による研究成果を批判的に摂取する。

(2) 3つの財政と2段階説明法

　現代の財政は19世紀の安価な政府の場合と比較すると，対GDP比で著しく大きいというだけでなく，新たに加わった多様な活動を行っている。一般財政（一般会計で管理される）は狭義の財政であり，租税と公債を財源とする財政システムである。これは行政，つまり国の仕事にかかる費用を税金でまかなう。第2，第3の財政である社会保険（医療，介護，年金，雇用などの各保険）や財政投融資（政府の金融的活動）の規模は大きく，産業や国民生活と深い関連を持つ。

　社会保険（social insurance）の財政は保険原理にもとづく点で，一般会計と基本的に異なる。生命保険や損害保険など民間保険は，営利企業として利益を追求する。これに対して社会保険としての医療保険は国民全体に加入を義務づけるが，保険料収入だけで必要な財源を確保しようとすると，保険料が高くなりすぎ払えない人が出てくるので，財源のかなりの部分を租税で補完する。このように社会保険と民間保険との違いは国民全員の強制加入か任意加入か，および租税財源で補完するか保険料収入だけで利益をあげるかという点にある。

　財政投融資（government investment and loan）は，次の2つから構成される。第1に政府の経営する金融機関から企業や国民に低利長期の貸付（＝公的金融）を行い，民間金融を補完する。第2に国営企業や特殊法人である公団・事業団（準国営企業），地方公営企業などに出資や貸付を行い，インフラ整備の重要な一翼を担う。財政投融資は2001年以降，大幅に縮小，改編され，原資を提供してきた国営の郵便局が郵政公社を経て株式会社化したほか，政府系金融機関の株式会社化も行われた。大きな変貌の中にあるとはいえ，財政投融資が現在も，一般財政と一体となってインフラ整備や中小企業対策，農林漁業の育成，住宅政策，途上国への経済協力といった国の政策を担っていることは事実である。これを巡って，肯定論と否定論が激しい論争を行っている。

　一般会計（自治体財政では普通会計）は狭義の財政であり，政府本来の任務を果たすという意味において財政の本体である。一般会計に社会保険と財政投融資を加えた財政は広義の財政と呼ぶことができる。注意を要するのは，一般会

計が他の２者と直接，間接につながっていることである。たとえば社会保障の財政は一般会計の社会保障費と社会保険との組み合わせである。しかも年金保険や医療保険，雇用保険という各保険には，税金投入の程度やあり方にはかなりの差異がある。インフラの整備において一般道路や公園，防災施設のように税金だけでつくられるものもあれば，高速道路や公共交通は企業形態で運営される。ここでは税金よりも財政投融資が活用され，料金が徴収される。

　このように現代財政は重層的で複雑な仕組みの下にあるので，その本質や個別問題を理解するには，もつれた糸をほぐすような工夫が必要である。２段階説明法はその工夫であり，「財政システムの重層性を考慮して財政活動を異なる角度から２度説明し，理解を助ける」方法である。代表的な例をあげると，社会保障の財政は第１ステージで社会保障費が４大経費の１つであり，一般会計の歳出におけるウエイトや，その使途，内訳について，および社会保険の性質と種類が説明される（第３章）。第２ステージでは福祉国家を特徴づける社会保障財政の制度と理論，少子高齢社会との関係，政策課題などが掘り下げられる（第11章）。

　本書の３部構成はこの方法から導かれた。「第１部　現代財政のスケッチ」は第１ステージに位置し，第１章で現代財政の基礎理論，第２～４章で財政の制度や国と地方の財政関係を解説する。第２部では，第１部第２章で，一般会計の収入が基本的に租税と公債から成ること，国税では所得税，法人税，消費税（付加価値税）が主要税であり，相続税，ガソリン税，酒税，たばこ税などが補完的な税であることを示したことを受けて，第５～９章で主要税，公債，近年の税制改革の動向が取り上げられる。第３部では現代財政の役割と政策課題がインフラ整備，社会保障，国防，環境，災害の各財政について展開される。私たちは以上の構成と展開をつらぬく「２段階説明法」を，本書の独自性の１つとして強調したい。多くの読者はこれによって，重層的な財政システムに対する実り豊かな理解が容易になるはずである。

3 瞳のような財政民主主義

(1) 予算と予算原則

　国や自治体の財政は国民の支払った税金を，必要な仕事に使うことだから，その手続きは厳密でなければならない。それは予算，執行，決算と3つの過程があるが，とくに重要なのは予算，つまり税金の使い道の計画である。

　国の予算とは政府が予定する一会計年度（日本では4月から翌年3月）の支出，収入の一覧表を指す。わが国の予算は500頁を超える冊子となっているが，一覧表であることに変わりない。予算制度は予算の編成，審議・承認，執行，決算に至るルール，手続きの仕組みであり，主要な内容は日本国憲法の第7章（第83～91条）で明記され，これらの条文は国会の政府に対する財政権限付与のあり方を定めている。ここでは主権者である国民が国会での予算，決算の審議，承認を通じて国政および財政の全般について政府の活動をコントロールすることにポイントがある。この意味において，予算制度は財政民主主義を保障する根幹的システムである。

　予算原則は，予算の内容と形式，編成と執行において依拠すべきルールであり，憲法や財政法で定められている。内容や形式に関する主なものは，次の5つである。

1）完全性，ないし総計予算の原則
　　すべての支出，収入，および総額を予算に計上しなければならない。
2）統一性の原則
　　財政操作を防止するために，収入と支出が計上される予算は1つでなければならない。そして，ここから派生するノン・アフェクタシオンの原則は恣意性排除のため，特定の税収入と特定の支出を結び付けてはならないことを求める。目的税はその例外である。
3）予算明瞭性の原則
　　国民がよく理解できるように，クリアなものでなければならない。経費

分類の必要性はここから導かれる。
4）単年度主義および会計年度独立の原則
予算は毎年度編成し，議会の承認を得なければならない。そして予算に計上された支出，収入は年度をまたいではならない。このために財政支出は歳出，収入は歳入と呼ばれる。
5）公開の原則（憲法91条）
国民や議会に予算，財政に関する情報を公開しなければならない。

これらは古典的な予算原則であり，今日の財政も依拠すべきこととされているが，加えて現代的予算原則がヴィットマン. S. (Wittmann, S.) らによって提起されてきた。行政府責任の原則，行政府自由裁量の原則，時期弾力性の原則などがそれであり，行政府に一定の裁量と責任を与え，手続きも多元化することを求める。財政活動が多様化し，重層的になっていることを背景に，古典的予算原則が厳密に適用され，議会の決定どおりに財政が運用されると効率性が損なわれるので，これを解決するために必要だという。しかし古典的，現代的両予算原則は矛盾することが多い。したがって財政民主主義，つまり，国民と議会による予算のコントロールを優先すると，効率性を要請する現代的原則は補完的なものと位置づけるほうがよいと考えられる。予算原則は大変重要な意義を持っているが，基本的に予算の形式や手続面に関することである。したがって，予算や財政の実質的内容が国民多数の利害に合致しているか否かは，具体的に検証される必要がある。

(2) 財政民主主義はなぜ重要だろうか

予算制度や予算原則の根底にある財政民主主義は，簡単にいうと「政府および自治体財政の民主的あり方」であり，次の2点を柱とする。1つは「国民財政主義」，つまり財政が国民全体の意志と利益にかなっていることであり，もう1つは「議会中心財政主義」，つまり議会を財政に関する最高機関とすることである。だからその核心は財政に関わる4つの当事者，国民，議会（国会，自治体議会），政府，官僚の中で，国民と議会が優位でなければならないことに

ある。憲法（第83～91条）や財政法の規定はこのことを宣言し，定めたものである。歴史的に財政民主主義は人民が専制的な君主との粘り強い長期の闘いによって獲得したのであり，市民革命以降の近代国家，とくに国民主権国家（共和国や立憲君主制国家）の普遍的原理となっている。

　日本国憲法の原理は国民主権（主権在民），基本的人権の尊重，恒久平和主義，地方自治などである。しかし，これらに財源や財政的裏づけがなければ単なる建前や目標にとどまり，その実質を確保することができない。この意味で財政民主主義は，基本的人権と公正な社会を経済的に支える法制的かつ実体的保障である。市民革命期や19世紀の安価な政府の時期には，「国民議会による租税協賛，予算決算の承認」という財政運営の民主的ルールという側面が強く，「議会による政府の課税権の制限や予算統制」に力点があった。ところが現代では一方で生存権が憲法上の権利となり，他方で政府の財政活動が産業や国民生活と深く結びつくようになると，新しい課題が登場する。すなわち，生存権を経済的に保障し，税制や予算の内容を国民全体の利益に沿うようにすること，さらに浪費や非効率，官僚主義の排除が財政民主主義の課題になる。

　憲法に明文化されている歴史的な成果と，私たちに今日求められている国内的国際的課題をふまえると，財政民主主義の現代的諸原則は次の８つにまとめることができる。

＜手続き・ルールの３原則＞

1）財政処理の議会優位と国民の多数意思尊重の原則（日本国憲法第83－91条）
2）財政全般の情報公開と説明責任（accountability）の原則
3）財政過程への参加と直接請求の原則

<内容・実質の5原則>

> 4）公正と効率の原則，および両者の統一的追求の原則
> 5）生存権・生活権の最大限追求の原則（憲法第25条）
> 6）地方自治（地方分権）の財政的保障の原則（憲法第8章第92-95条）
> 7）平和主義と平等互恵の国際協力の原則（憲法前文，同第2章　戦争の放棄，第9条）
> 8）環境権の尊重，地球環境保全責任の原則

　これらの8原則は肥大化した財政活動，複雑化した仕組みや行政組織の全体に徹底される必要がある。第4原則は国民の福祉や教育に対する要求を財政面でも実現し，他方で財政における浪費や非効率を排除することを求めるが，現実の両者はトレード・オフ（二律背反）になることが多い。公正を強調すると効率が損なわれがちであるし，効率の過度の重視は公正を損なうからである。

　このように現代の財政活動は財政民主主義の新しい課題に応えることが求められる。ここから財政学学修の2つの意義が導かれる。財政学は経済学の重要な一分科であることに加えて，主権者である国民の1人として財政の知識，理論を習得し，財政や政治に関与できる素養を身につけることである。

第Ⅰ部

現代財政のスケッチ

第1章　現代財政の基礎理論

<本章のねらい>

① 現代財政の仕組みや財政問題の理解を助ける基礎理論を学ぶ。
② 現代財政の5つの機能や現代財政の本質について考える。

　現代財政は規模が大きく，多様な活動を行っていることに目立った特徴がある。本章では，これを理解するための基礎理論を解説する。第1に，20世紀の進行とともに形成された大きな政府の財政理論，第2に，現代財政のマクロ的位置，第3に，現代財政の5つの機能，第4に，現代財政の本質を規定する3要因を展開する。

1　大きな政府の財政理論

　今日の政府は多数の公務員を雇用し，多くの機能をになう「大きな政府」である。そのために巨額の費用がかかり，税金の負担水準も大幅に上昇する。しかし大きな政府はイギリスやフランス，ドイツなどで1930年代から，日本では20世紀後半に形成されたものである。歴史的にみると，20世紀開始前後までの政府は対GDP比10％以下の「小さな財政」であったので，お金のかからない政府という意味で「安価な政府」と呼ばれた。これに対して20世紀の進行とともに政府は次第に大きくなり，対GDP比（国内総生産に占める割合）30％を超えるような「大きな財政」に転換した。そうなったのは財政活動＝政府支出Gの伸び率がGDP（Y），家計消費（C）や企業投資（I）の増加率を上回っていたからである。

　ここで財政支出の対GDP比が7％の小さな政府，対GDP比が20％の大きな政府を例にとってみよう。GDPと財政支出をそれぞれ，小さな政府の下でY$_1$，

G_1、大きな政府の下でY_2、G_2と表す($Y_1 < Y_2$)とする。

$G_1／Y_1 = 0.07$(7％) → $G_2／Y_2 = 0.2$(20％)、$Y_1 < Y_2$

$Y_1 = 200$のとき　　　　　$G_1 = 14$

次に$Y_2 = 1,000$($Y_2 = 5Y_1$)のとき　$G_2 = 200 = 14.3 G_1$

これは政府支出G_2がG_1に対して相対的かつ絶対的に大きいこと、また経済が成長するにつれ、経済全体の需要と供給が均衡するために政府支出が十分な大きさを必要とすることを示している。G_1からG_2への財政の拡大、財政と家計消費＝国民生活、投資＝産業活動との関係は〔図表1-1〕のように示すことができる。

19世紀には政府は民間の経済活動にできるだけ干渉しないことが望ましいと考えられた。そのほうが経済を発展させ、社会を豊かにするだけでなく、景気の変動も自動的に調整されるからであった。だから当然の帰結として安価な政府が理想的な姿とされた。アダム・スミス(Smith, A.)の著書『国富論』はこれを理論的に解明した書物であるが、その中で財政活動は4つの経費に限るべきだと主張した。

〔図表1-1〕　安価な政府の財政から大きな政府の財政へ

A　安価な政府の財政　$G_1 = 0.07 Y_1$　　　B　大きな政府の財政　$G_2 = 0.2 Y_2$

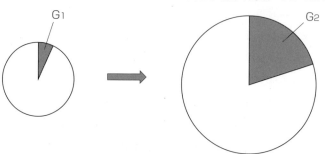

(注)　先進諸国の現代財政の規模は対GDP比30～40％に達するが、そのうち移転支出(実際に財貨サービスを購入しない支出)が10％以上あるので、この図では$G_2 = 0.2 Y_2$としている。

> **アダム・スミスの4大経費**
> 1　**国防費**　ある社会を他の社会の侵略から防衛するための経費
> 2　**司法費**　ある社会の内部で，人々の生命財産を脅かすものから保護するための経費
> 3　**ある種の公共事業費及び公共施設費**
> 　　個人では費用を回収できないが，社会の商業を発展させるために必要な土木事業および義務教育施設などに要する経費
> 4　**王室費**　主権者の尊厳を保持するための経費

　安価な政府論は18世紀から19世紀のイギリスやフランス，アメリカといった資本主義の先発国によくあてはまるが，日本やロシアなどの後発国にとってはかなり事情が異なる。日本についていうと明治時代には資本主義が未発達であり，自国内や国際市場における先発国との競争に勝ち目がないので，富国強兵や殖産興業という政策で財政を用いて産業のてこ入れを行い，上からの資本主義化を図った。

　ところが19世紀の終わりから先発国においても資本主義の欠陥が顕在化し，労働災害や貧困の増大，都市問題がひどくなると政府はこれを放置できなくなり，財政を用いてその対処に乗り出す。特に1929年にはじまる世界恐慌，つまり大不況下で大量失業が発生し，社会不安が深刻化する中で，財政や金融の手段で景気を回復させ，国民生活を支える必要が出てくる。戦争に備えた軍事力の強化も財政を拡大する大きな原因となった。こうして1930年代に多くの国で大きな政府，大きな財政の骨格が形づくられたのである。

　第2次世界大戦（1939～45年）と戦後の復興需要（戦争は工場や市街地を大量に破壊するので，戦後それらを再建するために大きな需要が発生する）を経て，20世紀の後半に大きな政府が平時（戦争をしていないときを指す）における普通の状態となり，今日のような姿が定着する。大きな政府とは，仕事の増加，大量の公務員（政府職員）の雇用によって多額の費用がかかり，税金や社会保険料の負担が著しく高くなった政府のことである。ここでは国防費，公共事業費，社会保障費，教育文化費が4大経費であり，財政支出の大部分を占める。これはアダム・スミスの描いた安価な政府の財政と，まるで違っている。両者を財政の

4つの指標で比べたのが〔図表１−２〕である。

〔図表１−２〕 主要な財政指標の比較

	古典的財政（19C）	現代財政（1930年代〜）
１）支出活動	安価な政府，夜警国家 （少ない仕事，少ない公務員）	拡大，多様化，高価な政府， （多い仕事，公務員の増加）
２）租税負担	相対的に低い水準 資本蓄積を阻害しない	高水準（国民所得の50％以上） 租税と社会保険料
３）公　　債	戦時，災害時にのみ容認 均衡財政主義の要請	景気調整に活用 赤字財政の是認，恒常化
４）企業的活動	最小限（郵便）	多くの国公営企業，公的金融機関

　ピーコック（Peacock, A.T.）とワイズマン（Wiseman, J.）はイギリス財政の長期的な趨勢を研究し，財政の膨張や大きな政府の形成には，２つの目立った特徴があることを明らかにした。転位効果（displacement effect）と集権化（centralization process）の理論である。前者は，戦争や大不況という国家の危機や社会的動乱を契機に財政活動の水準が急上昇するが，動乱の終了後ももとの水準に戻らず，より高い水準に転位する現象である。イギリスをはじめ多くの国で第１次，第２次世界大戦時，国防費を中心に財政規模が飛躍的に拡大し，戦後若干低下するものの，以前の水準と比べるとはるかに高い水準に達した。アメリカの場合，第２次大戦については他の国と同じ事情だが，1930年代前半の大不況を克服しようとしたニューディール政策が，大きな財政を創りだすテコとなった。

　もう１つの集権化理論は経費膨張や増税が中央政府中心であり，財政活動が中央集権化することを内容とする。第２次大戦後，高速道路や通信網などのインフラが整備され，福祉国家が形成されたが，これらはほとんど例外なく国主導による。先進資本主義国には地方自治の伝統があり，地方政府の財政がある程度の地位を保持してきたのであったが，この過程で地方財政のウェイトは中

央政府と比べて大きく低下したのである。この傾向は1970年代まではっきりしていたが，1980年代以降，国際的に地方自治や地方財政の復権が叫ばれるようになる。

> 【ピーコックとワイズマン】 1961年の著書『イギリスにおける公共支出の成長』（The Growth of Public Expenditure in the United Kingdom）において，1890年から1955年までの財政支出の動向を分析し，転位効果と集権化の理論を導いた。

それでは「安価な政府」は，なぜ「大きな政府」に転化したのか。企業や個人が自由に経済活動を行うはずの資本主義（Capitalism, Capitalist Economy）において，大規模かつ多様な政府の介入がなぜ，継続しているのだろうか。答えを一言でいうと，「市場の失敗」の累積，いい換えると資本主義経済の欠陥や矛盾を解決しようとした結果に他ならない。その理由は20世紀後半を念頭におくと，次の4つに整理できる。

　第1に，有効需要政策の継続である。これはケインズ的総需要管理政策とも呼ばれるが，それはケインズ（Keynes, J. M.）の経済理論がその根拠を説明しているからである。資本主義は好況と不況という景気の循環を免れることができないが，1930年代の世界的な大不況以後，先進諸国はいったん不況に陥ると自力で回復することができなくなった。つまり資本主義は自動調整力を失ってしまったのである。だから戦争のような特別な需要がなければ，財政政策や金融政策によってテコ入れしない限り，不況が続き，大量の失業を解消できない。有効需要の創出は需要の不足を緩和，ないし解消する方法であり，公共事業の追加や前倒しによって消費停滞や投資不足を打開しようとする。財政支出は国内市場の重要な一部であるので，有効需要政策は政府が重工業や建設業の製品の大きな販売先を追加することを意味する。この財源は公債発行によって調達されるが，これは金融市場の遊休資金（投資に向かわない余剰資金）を吸収する意義を併せ持つ。通常，低金利政策や貨幣供給を増加させる金融政策と一体的に運用される。近年，ケインズ政策の有効性，国内需要を波及的に増加させる効果（乗数効果，後述）が低下していることは事実であるが，とくに不況期にケ

インズ政策が内需を下支えしていることは疑う余地がない。

> 【ケインズ】 1936年に刊行した著書『雇用，利子，および貨幣の一般理論』(The General Theory of Employment, Interest and Money) において有効需要の理論や政府による総需要管理政策などを展開した。また同書の理論は，非マルクス経済学における最初の本格的なマクロ経済学の構築を意味した。
>
> 【福祉国家】 欧米の先進資本主義国は1950年代から60年代にかけて高度経済成長を遂げたが，これを基礎に欧米諸国で成立した。政府が体系的な社会保障制度を整備するとともに，すべての人に一定規模の住宅を確保する，高等教育を普及させるなどの政策を実施した。それは，国民全体がゆりかごから墓場まで（つまり，生まれたときから死ぬときまで）健康で文化的な生活が可能になった国々を指す。

　第2に，福祉国家（welfare state）の形成である。政府は国民全体に一定水準の豊かな生活やその機会を確保するために社会保障や教育，住宅，生活環境など一連の政策を実行するが，これにかかる費用がきわめて大きいからである。ところが少子高齢社会の進行とともに，医療や年金，介護などの財政負担が膨大となり，他方で経済成長が環境問題などで制約されてくると各国とも福祉水準の見直しを余儀なくされる。福祉国家はその名が示すように国家，特に中央政府が社会保障や教育に直接責任を持ち，公務員が全国一律に社会サービスを提供することに特徴があった。これは他面で国への過度の依存，非効率や官僚主義を生み出したので，福祉にも市場原理を導入し，あるいは地方政府で地域の実情にあったサービスを提供する方向が強まる。

　第3に，経済活動や国民生活の基盤となる交通，通信，公共施設といったインフラやネットワーク整備が不可欠となり，これに多額の費用がかかることである。欧米諸国や日本でインフラ（infra-structure）への需要は，3つの分野で広く要請された。1つは主力産業を発展させるための産業基盤の整備である。日本では20世紀の後半，電機や自動車などの重化学工業の発展のために，広大な工業用地，豊富な用水，原料や石油などエネルギーの輸入，製品輸出に必要な大規模な港湾などを太平洋岸ベルト地帯の臨海部にワンセットで整備した。産業構造が変化し，ＩＴ革命が進行すると新しい通信網の整備や空港の増設，拡充に重点が移る。

2つ目の分野は，自動車産業の育成やモータリゼーション（交通体系の自動車化）を実現する全国的な道路網や高速道路の建設である。道路ネットワークは原材料の生産工場への輸送とともに，電化製品をはじめ大量生産された商品を全国津々浦々で販売することを可能にし，国内市場の急速な拡大を支えた。3つ目に，大都市圏への人口集中に伴う都市問題，過疎問題の発生に対して，交通網や公共施設などのインフラ整備がこれを緩和する政策の重要な一部となったことである。

第4に，国によって程度の差があるが，国防費（defense spending）が高い水準を維持してきたことである。20世紀前半は欧米諸国や日本などの帝国主義国が植民地の獲得と再分割をめぐる対立を戦争によって解決しようとし，世界中を巻き込んだ第1次，第2次世界大戦をもたらした。戦時には，軍備や戦争のための費用が巨額に上るとともに，経済全体が戦争経済の性格さえ帯びていた。第2次大戦後の平和もつかの間で，まもなくアメリカを中心とする資本主義体制とソ連（ソビエト連邦）を中心とする社会主義体制の冷戦（cold war）がはじまり，軍事対立や核戦争の危機は1990年前後まで続いた。冷戦体制は各地で悲惨な熱い局地戦争（限られた地域での戦争）を多発させる原因となったが，米ソ両国が当事国に軍事支援をしたため，多かれ少なかれ米ソの代理戦争の性格を持つことになった。

ソ連と東欧諸国を中心とする社会主義体制は冷戦終焉と時を同じくして崩壊したが，その後も世界に戦争の原因がなくなったわけではない。この間，湾岸戦争（1991年），アメリカでの同時多発テロ（2001年），アフガニスタン戦争（2001年），イラク戦争（2003年）などがあいついで発生し，現在もなお世界各地に，いつ戦争が起こっても不思議ではない不安定要因がある。このため，西ヨーロッパ諸国（イギリス，フランス，ドイツなど）の国防費は，冷戦の終結によって減少したものの強大な軍事力が保持され，国防費の水準そのものは決して低くない。

以上の4点は現在もお金のかかる政府の主要な原因であり続けている。しかし1980年代以降については，重要な修正を追加しておかねばならない。かつて

のような経済成長ができなくなったことを背景に、財政における膨大な浪費や非効率、行政機構における官僚主義が、各方面から非難され、放置できなくなった。また慢性的な財政赤字やたびたびの増税が、経済全体に対して重大なマイナス効果をもたらすようになる。これは市場の失敗との対比で「政府の失敗」と呼ばれる。それは、国際的に経済政策や福祉の在り方に大きな影響を与えることになった。

> **【官僚主義】** 官僚制または公務員制度は大きな権限と責任を持つ幹部職員（高級官僚）と一般職員を構成員とする。どちらも国民全体や地域住民に献身することが本来の任務である。しかし官僚制が肥大化し、大量の仕事をするようになると、さまざまな利権が生じる。そうすると人々への奉仕や最小の費用で最大の効果をあげることよりも、官僚集団や職員集団の利害を優先するようになりがちである。官僚主義とはこの傾向を指し、財政の非効率や浪費の原因となる。

政府の失敗を批判し、小さな政府を主張するのは新自由主義の理論である。それは市場の働きを万能と考え、政府の役割や介入を基本的に否定する経済政策論である。したがってケインズ的な有効需要政策を否定し、福祉国家を先進国病（勤労意欲や経済活力の低下）の原因であるとして厳しく批判する。「新」がつくのは自由放任を主張した19世紀の自由主義と区別するためである。これは1980年前後から次第に各国で受け入れられ、国公営企業の民営化や経済活動に対する規制緩和、福祉や教育への市場原理の導入、高所得者への減税という政策の理由付けをしてきたといえる。

他方では、これと並行して国際的に地方自治の復権、および国と地方の行財政関係を見直す動きが強まる。これを象徴するのは1985年、45カ国が加盟するヨーロッパ評議会が「ヨーロッパ地方自治憲章」（European Charter of Local Self-Government）を制定したことである。憲章は地方政府に財政自治権、つまり権限に見合って自主財源である弾力的な地方税や料金の調達権を付与すべきこと、これを補完する財政調整制度および市場での起債権の必要性（憲章第9条）を強調する。また国際地方政府連合は1985年および1993年に「地方自治に関する世界宣言」を採択した。ついで国連人間居住センターと世界都市・自治

体協会は共同で作業を進め、1998年にヨーロッパ地方自治憲章と多くの部分で共通する「世界地方自治憲章草案」を策定している。

2　現代財政のマクロ的位置

(1)　現代財政と経済安定

先に、大きな財政になる要因の1つとして、景気変動を調整する有効需要政策をあげたように、現代の財政はマクロ経済の安定にビルト・インされている。次に、この問題を理論的に説明する。

ある年度における一国の経済活動は、個人の消費、企業の投資、政府支出（＝財政）の合計で表せる。簡単化のため利子率と物価を一定とするとき、国内総生産（GDP）Y＝総需要Dは次式となる。

$$Y = C + I + G + NX = D \quad \cdots\cdots (1)$$

　　C：消費　　I：投資　　G：政府支出（財政）
　　NX：純輸出（輸出EX－輸入IM）

I、Gは所得の大きさとは相対的に独立であるのに対し、消費Cは所得の大きさと消費性向に規定されるので、次式で表される。

$$C = C_0 + cY \quad (C_0：定数) \quad \cdots\cdots (2)$$

　　C_0：最低限必要消費　　c：限界消費性向$(0 \leq c \leq 1)$

(1)式に(2)式を代入すると

$$D = cY + (C_0 + I + G + NX) \quad \cdots\cdots (3)$$

Y(総供給)＝D(総需要)とすれば

財市場の均衡は$y = x$(45度線)とDDとの交点(y_0)

(3)式より $(1-c)Y = C_0 + I + G + NX \quad \cdots\cdots (4)$

$$\therefore \quad Y = \{1/(1-c)\}(I + C_0 + G + NX)$$

C_0、G、NXが一定のときYは拡大する。つまり経済が成長することと財政の間には次の関係がある。すなわち、

　　：好況期には消費性向cが大きく、投資Iが小さくても国民所得Yは増大

する。

　　：不況期には通常 c，I が小さく，Y は増大しない。これは経済が縮小均衡であり，完全雇用が達成されないことを意味する。このことは Y を増大，つまり失業を減少させるために政府支出 G を追加する必要があることを示す。ここに数式を入力する。

　(4)式より $G = (1-c)Y - (I + C_0 + NX)$ ……………………………… (5)

　$(I + C_0 + NX)$ が一定のとき Y を増大させるためには，c が大きいとき（消費需要が活発），G は小さくてすむ。しかし通常，不況期には消費性向 c が小さく，G が大きくなければ Y は縮小均衡となり，失業が増大する。したがって ΔG を追加すると，Y は増大し，雇用の拡大が可能になる。これは有効需要政策，つまりケインズ政策の簡単な説明に他ならない。

　有効需要政策が国民所得の増加，つまり経済成長と基本的にどんな量的関係にあるかということは乗数理論で説明される。

　$G = T = tY$ を(2)式に代入（G：政府支出　T：税収入　t：税率）

　$C = c(Y - tY) + C_0 \longrightarrow C = c(1-t)Y + C_0$ ……………………… (6)

　(6)式をマクロ経済の均衡式に代入すると（貿易を捨象）

　$Y = c(1-t)Y + C_0 + I + G$

　$Y = \dfrac{1}{\{1 - c(1-t)\}} \times (C_0 + I + G)$ ……………………………… (7)

　Y を G について微分すると

　$\Delta Y = \dfrac{1}{\{1 - c(1-t)\}} \times \Delta G$ ……………………………………… (8)

　消費性向 $c = 0.6$　　税率 $t = 0.2$ のとき

　　　乗数 m は次のようになる　　　$m \fallingdotseq 1.92$

　これは財政支出 1 の追加によって1.92倍の供給（＝国民所得）が増加することを意味する。一般的にいうと財政支出の増減が乗数倍国民所得を増減させる。この政策はフィスカル・ポリシー（補整的財政政策）と呼ばれ，とくに不況期に政府支出の追加が国民所得や雇用を拡大する可能性があることを示す。

政府支出Gは消費的支出Cg（人件費や物品の購入）と投資的支出Ig（インフラ整備や公共施設の建設）から成るので，(5)式は次のように書き換えられる。

$$Cg + Ig = (1-c)Y - (I + C_0 + NX) \cdots\cdots (5)'$$

失業者を減少させ，経済成長を可能とするために政府支出を拡大する場合，政府投資を拡大するほうがその効果ははるかに高いとされる。その理由は投資的支出の乗数効果，または経済波及効果が，消費的支出や移転的支出より一般に大きいからである。

他方，(7)式をI（民間投資）について微分すると，

$$\Delta Y = \frac{1}{1-c(1-t)} \quad \Delta I = \frac{1}{1-c+ct} \Delta I \cdots\cdots (9)$$

(9)式は課税の存在がIの乗数を低下させ，Yの変動を調整することを意味する。

T＝0のとき　G＝T＝0

$$\therefore \quad m(乗数) = \frac{1}{1-c} > \frac{1}{1-c(1-t)} \quad (t>0のとき)$$

$$\frac{\Delta Y_2 - \Delta Y_1}{\Delta Y_2} = \frac{ct}{1-c(1-t)} = v$$

たとえば$c = 0.7$，$t = 0.2$のとき$v = 0.318$

この場合，課税の存在が国民所得増加分の約3分の1を自動的に補整していることを意味する。すなわち財政の存在自体が国民所得の増減を調整しているのであり，ビルト・イン・スタビライザー（財政による自動安定装置）が埋め込まれているのである。これとともに，フィスカル・ポリシーが果たす役割は「経済安定機能」と呼ばれ，現代財政の主要な5機能の1つである。これは特に不況対策を行うとき，金利の引き下げや貨幣供給の増加など金融政策と一体的に実行されるとより効果的である。

(2) 財政と貯蓄・投資バランス

さらに財政（支出と課税）と民間の投資，貯蓄，外国貿易との量的関係は次のように表せる。

$G = Cg + Ig$，民間消費Cp，民間投資Ipとすると

(1)式より　　$Y = (Cp + Ip) + (Cg + Ig) + (EX - IM)$ ……………………… (10)

他方　$Y = Cp + Sp + T$　　（Sp：民間貯蓄，T：課税）……………………… (11)

(10)(11)式より

　　$Cp + Sp + T = (Cp + Ip) + (Cg + Ig) + (EX - IM)$

　　$(Sp - Ip) + \{T - (Cg + Ig)\} = EX - IM$

　　$T - Cg = Sg$（政府貯蓄）より$T = Sg + Cg$

　∴　$(Sp - Ip) + (Sg - Ig) = EX - IM$ ……………………………………… (12)

つまり(12)式は民間部門の貯蓄超過（または不足）と政府部門の貯蓄超過（不足）が経常収支の黒字（または赤字）に等しいことを表し，貯蓄・投資（IS）バランスと呼ばれる。

政府の貯蓄・投資差額：$Gd = Sg - Ig$，純輸出（経常収支）：$EX - IM = NX$とおくと

　　$Gd = (Ip - Sp) + NX$

　　$(Ip - Sp) + NX \geq 0$のとき　　　$Gd \geq 0$

このことは民間投資が民間貯蓄を吸収するか，投資不足（$Ip - Sp < 0$）であっても純輸出＝経常収支の黒字がそれを上回れば，赤字財政による政府支出の追加は不要，ないし財政赤字の縮小が可能である。

　　$(Ip - Sp) + NX \leq 0$のとき　　　$Gd < 0$

これは不況期に民間投資が不足し貯蓄超過となるか，輸入超過によって，またはいずれかのマイナスを他方が相殺できない場合である。つまり均衡を図るためには赤字財政によって公共投資を追加する必要があり，財政赤字が増大することを示している。赤字の大きさは民間部門で貯蓄超過，経常収支黒字のとき事後的に次のようになる。

財政赤字(Ig−Sg)

＝民間の貯蓄超過(Ip−Sp＜0)＋経常収支の黒字(NX＞0) ……………… (13)

　貿易を除いて考えると，(13)式は民間の貯蓄超過，すなわち金融市場に余剰資金があるとき，これを政府が公債発行によって吸収することに一定の合理性があることを示している。また貿易黒字が民間の貯蓄超過を相殺するとき，国民経済全体の貯蓄投資が均衡するか，または財政赤字が不要となる可能性を示唆する。

3　現代財政の5大機能─「大きな政府」の経済的役割

　マスグレイブ(Musgrave, R. A.)は著書『財政理論』(1959年)において「市場の失敗」(市場メカニズムが十全に機能しないことを指す)をキー概念として，現代財政の機能を資源配分，再分配，経済安定の3つに総括した。多くの財政学テキストはこれにしたがってきたが，本書では第4の環境保全機能と第5の権力機構の維持機能を加え，5つの機能にまとめる。

1）資源配分

　資源配分やその調整とは，ある財やサービスの供給を市場機構にゆだねるとその量が過小になるか，全く供給されないので，政府が必要な種類と量を公共財・サービスとして供給する働きである。公共財は一般に「排除不可能性」，つまり外部経済効果（外部経済）を持つために，対価を支払わずにその財の便益を享受するものを排除できないという性質と，「非競合性」，つまりある人がその公共サービスを消費しても，他の人の便益を減らすことがなく等量消費されるという性質を持っている。

　一般道路，公園，灯台などのインフラ，河川，沿岸，湖沼などの管理，防災，伝染病検疫，義務教育など，ほぼ完全にこの性質が成立する財は「純粋公共財」であり，政府が基本的にすべて供給する。ついで市場においても供給可能だが，営利企業にすべてをゆだねると，供給が不十分となるか，ゆがみが生じる財は「準公共財」とされる。これは政府が供給するか，民間の運営主体に

補助金を支出する。鉄道など一部の社会資本，高校，大学，福祉施設などがこれにあたる。これらの財・サービスを政府が供給するか，供給に関与するのは，それらの財・サービスの持つ便益が市場価格に十分反映されず，それを直接消費していない人や企業，および社会全体に及ぶ（外部経済）という性質を持つことによる。この性質ゆえに市場メカニズムにのみ供給をゆだねると，まったく供給されないか，社会的に見て過小な供給・消費とならざるを得ない。

2）所得再分配

市場メカニズムは効率的な資源配分の達成において優れた機能を持っているが，不可避的に所得格差の発生をもたらす。どれほどの所得格差が容認できるかということは人々の価値観によってさまざまであり，どのような所得分配が公正であるかを理論的に決めることは難しい。しかし，大きな所得格差は生存権が脅かされ，健康で文化的な生活が保障されない人々を生み出し，社会不安や人々の不満を高める。このため，大きな所得格差や貧困層の存在は不公正であるとの社会的合意が形成され，現代財政はこの是正を重要な働きとするようになった。所得再分配とは，所得格差を是正するために高所得者と低所得者との間で所得分配をやり直すことである。具体的には，所得税の累進課税（高い所得には高い税率で課税する方法）で高所得者から多くの税を徴収し，社会保障や教育の財政支出で低所得者に手厚く所得分配をし直す。所得再分配の政策を体系的に行っている国家は「福祉国家」と呼ばれる。それは1950年代に西ヨーロッパや北欧の国々で建設され，国民に高い生活水準を保障してきた。日本やアメリカはヨーロッパの国々と比較すると独自の特徴を持ち，不完全な点があるが，福祉国家であることに変わりない。

3）経済安定

現代の資本主義の下では，景気の自動調整機能は喪失し，好不況の振幅が大きくなっていることから，財政や金融政策による調整が不可欠となっている。この機能は理論的には，財政のマクロ的位置で説明された。財政による経済安定，つまり景気変動の調整は2つの方法で行われている。1つはビルト・イン・スタビライザー（自動安定装置），他の1つはフィスカル・ポリシー（裁量

的財政政策)である。前者は現代財政の中に制度的に組み込まれており,経済情勢に応じて自動的に作用し,経済の変動を緩和する。好況期には,累進課税や企業業績の増加を反映して所得税や法人税の自然税収が大きく,他方で個人可処分所得や法人の税引き後利益の増加を抑えることを通じて経済の過熱化を抑制する。不況期には税収が減少するが,これは個人可処分所得や法人利益の減少を緩和して個人消費や設備投資を下支えする効果を持つ。財政支出の面でも,不況期には失業手当などの社会保障給付が増加し,消費を下支えする役割を果たす一方,好況期には逆方向に作用することになり,景気変動を小さくする効果が期待できる。

　もう1つのフィスカル・ポリシーは,不況期に公債発行による財源で財政支出の追加を行い,また減税によって消費や投資の拡大を図る。他方で,景気が過熱しインフレなどが起こるおそれがある場合,財政規模の抑制や予算執行の繰り延べ,さらに増税によって有効需要の拡大を抑える。いい換えると,この政策は政府がその時々の景気の状態に応じて,追加的な財政手段を裁量的に実行し,経済の安定化を図る政策のことである。これはとくに不況の際,失業の増加や企業の倒産を防ぐために積極的に行われるが,好況期には増税や財政規模の縮小を行うことに政治的な抵抗が強く,容易ではない。

4)環境保全

　清浄で良好な自然環境が人間の生活,生存,あるいは農林畜水産業などの産業に不可欠であり,環境保全を公共財の一種とすることが可能である。環境破壊が部分的で局地的な現象であるときには,公害の防止というような個別的な政策対応で可能であり,資源配分機能に含めることができた。しかし20世紀後半の経済成長とともに,その反面で河川,海,大気,土壌などの汚染,破壊,地球温暖化が先進諸国全体で,かつ途上国を含む地球規模で深刻化し,人類の生存を脅かしかねない状態となった。この結果,環境保全は国際的に政府の主要な任務の1つとなり,財政の主要機能の1つとされるに至った。その理由として,大量生産,大量廃棄,生活の電化,モータリゼーション,環境破壊を伴う高度な技術といった経済社会システム全体によって引き起こされていること,

自然はいったん破壊されると回復不可能なことが多いこと（不可逆性），また環境破壊の防止が個々の対応によるだけでは十分でなく，総合性を持たねばならないことがあげられる。環境政策は環境破壊に対する直接的な規制（炭酸ガス排出量の縮減），課徴金などの原因者負担，森林育成，水源涵養などの施策などのほか，炭素税などの環境税という政策手段がある。環境税の導入，強化はきわめて有効な手段である。

　井堀利宏教授は「動学的最適化機能」を第4の機能とする。それは政府が将来世代の利害を考慮できる意思決定主体として，環境政策のように長期的な視点からみた最適経済成長に必要な政策を講じることを指す。市場メカニズムでは，現在の世代が専ら自分の利害を考慮して行動するので，長期的に最適な経済成長が達成できない。環境問題がその典型である。市場で個々の家計や企業が消費，貯蓄，投資などの経済的決定をする場合，遠い将来に生じるかもしれない環境汚染などを考慮することはまれである。その弊害が明確になってから対策を講じるのでは遅すぎるので，将来の人々の経済厚生に配慮して政府が早めに環境政策を実行することになる。この機能は近年，財政学のテキストでも主要機能の1つに位置づけられてきた。その理由は政府が財政手段を駆使して環境保全に取り組まないと，人間の健康や生命に重大な被害を与え，「持続可能な発展（sustainability）」が不可能になるからである（井堀利宏［2011］，ツィンマーマン＆ヘンケ［2000邦訳］）。

5）権力機構の維持

　マスグレイブは国防や警察活動を市場での供給の困難な公共サービスの1つとみなし，資源配分機能に含めていた。この機能は方法論的個人主義，つまり市場経済が各個人を構成単位とするとの前提の下に，非排除性や非競合性という公共財の論理から説明される。したがって自然環境の保全，国防，治安の維持という活動に対しても，これらのサービスの供給が市場システムを通じてはできないか，過小になるので，政府が供給に責任を持つとの説明になる。しかし軍事や治安は国家の根源的で独占的な活動であり，軍事力や警察力という権力装置にもとづく抑止力およびその発動である。したがって本来の資源配分機

能であるインフラ整備や義務教育などと同列にみなすことには無理がある。しかも軍隊や警察組織の維持は多額の費用を要するから，第5の「権力機構の維持機能」として定立する必要がある。

　警察や国防という活動は単なるサービスではなく，実力装置を基礎とした権力的活動である。警察は窃盗，強盗，詐欺，傷害，殺人などの犯罪者を追跡し，逮捕，拘束する。警察官に抵抗すると公務執行妨害で逮捕される。犯罪防止のために強権的措置を講じる。これらは刑事警察の仕事である。このほかに治安警察があり，違法な政治活動や社会運動を取り締まる。警察が保有する武器は拳銃やガス銃など小型のものであるが，警察権力が武器などの実力，つまり合法的な暴力に支えられていることに変わりはない。軍隊については通常陸軍，海軍，空軍から構成され，それぞれ戦車，大砲，ミサイル，軍艦，潜水艦，戦闘機，核爆弾などの兵器で武装している。軍事行動は外国からの侵略に対して武力を行使することが一般的である。しかし国内の反政府運動の鎮圧が警察力で不十分なとき，国内でも軍隊が出動し，自国の国民に銃を向けることも少なくない。こうして軍隊は暴力装置そのものであり，軍事作戦は合法的な暴力の行使である。

　マスグレイブなどがこれまで国防や警察活動を資源配分機能に含めてきたのは，経済的次元でのみ考察を完結させ，考慮すべき政治的側面を排除してきたからである。戦争や軍事力の行使は優れて政治的行為であり，財政学も経済的次元の説明だけで満足すべきでない。この点は，軍事警察機構の維持を主要機能の1つとして自立化させる主要な理由の1つである。さらに財政の機能は，資本主義体制の維持を図るという性質が濃厚であることにも留意しておきたい。5つの機能は，いずれも資本主義の欠陥や矛盾への余儀なくされた対応であるといえるが，この意味では軍事警察活動は，資本主義の体制を国際的，国内的レベルで維持するという性格を濃厚に有する。

4　現代財政を規定する3要因

　資本主義国家の財政活動は一般に公共性，権力性，階級性という性格を刻印され，これらが現実の予算や税制に反映される。公共性は国民全体の利益，すなわち「国民的統合」といい換えることができる。予算や財政の公共性は一般に最高法規である憲法に明記され，法律や国民議会の決定という形式をとる。近代国家は国民主権国家が支配的であり，公共の福祉を増進することが憲法や諸法令（例えば福祉や教育関係の法令など）に定められる。そして，政府の編成や財政に大きな権限を持つ国民議会や地方議会は，定期的に行われる選挙を通じて国民の信任を問い，公共性を担保される。権力性または強制性というのは，財政活動が法律の制定や議会の決定にもとづき，官僚制によって国民（家計）や企業に対し執行されることを指す。これを最終的に保障するのは軍事警察機構という実力装置であり，司法の決定という強制システムである。階級性というのは，予算や税負担の配分がどのような社会集団，階層の利害に沿って行われているか，さらに国家や財政が既存の経済社会体制の存続にどのように貢献しているかということを指す。

　核心は3者の関係である。3者は相互に独立的で，絶えざる対立と調整の中にあるが，現代の国家と財政においては権力性と階級性は表裏一体的であることが多い。財政活動や予算の編成が大筋で大資本の利害，または資本蓄積運動の要請に沿い，他方では官僚集団や軍事機構の権益保持に傾斜するためである。これと反対に，公共性ないし国民的統合性の程度は，優れてその国の民主主義の成熟度に左右されるとともに，前2者から強い制約，制限を受けると言ってよい。

　財政に関する3者の関係を，資本制市場経済システムの敵対的性格に起因する階層や社会集団の対立と調整として把握するとき，現代財政のあり方（例えば予算）はどのように決定されるかいう問題への解答，すなわちその本質論が導かれる。結論的にいうと，現代財政の規定要因は「支配的資本の資本蓄積の

促進(階級性)」「国家または国家機構の自立性(権力性)」「国民的統合の要請」であり，その本質は「3つの要因の対抗と調整」のうちにある。現代では多くの場合，「資本蓄積運動」と「国家の自立性」の対抗と調整(協力)が基軸であり，「国民的統合の要請」が部分的あるいは決定的な影響力を発揮する構造である。

　このように規定すると，19世紀的な古典的財政について本質は何かという疑問が生じる。この時代，支配的な財政のあり方は「安価な政府」であり，財政の機能は限定的な資源配分や国防・警察活動となる。自由放任という標語が示すように，政府の介入がきわめて少ない下で諸資本は競争しており，寡占的な資本(企業または企業グループ)は形成されていない。「安価な政府」の財政においても，同様に公共性，権力性，階級性の対抗に本質があるとみなしてよいが，相互の対立は先鋭ではなく，相対的に調和的である。

　国民的統合性については，若干の説明を要する。資本主義に適合的な近代国家は人民の諸階層を1つの国民に統合する必要があり，国民国家の性格を帯びるが，これは国内市場の統一や国民経済の形成に照応する。階層性を持つ人民や被支配階級は資本総体と対立的関係にあるとともに，それぞれ個別的利害を持っているが，同時に1つの国民として共通の利害や帰属意識がある。政府や議会，官僚制はこの国民的統合性を確保することなくして国民国家を維持できず，程度に差異こそあれ，統合を破壊，ないし弱化させる要因の除去を絶えず求められる。

　「国家の自立性」は一般的には国民国家が他国との戦争状態，あるいは社会的経済的危機にあるときに顕在化する。平時では国家の自立性が国民的統合の要請と結合した典型例として1950年代から60年代にかけて確立した「西北ヨーロッパの福祉国家」をあげることができる。福祉国家の成立はロシア・東欧の社会主義体制や社会主義運動に対抗することを大きな動機としていたが，軍事的政治的対峙のために国家の自立性が前面に押し出され，これに国民的支持を獲得する条件として体系的福祉が構築された。このことは大資本が相対的に後景に退き，国民的統合の度合いが強まることを意味した。

現代財政の本質を規定する3要因の対抗，調整のプロセスは公共性（公権力）の外皮と財政民主主義の諸原則の下で遂行される。諸原則とは「議会優位と国民の多数意思尊重」，「財政情報の公開と説明責任」，「財政過程への参加と直接請求」，「公正と効率の両立」，「生存権・生活権の最大限追求」，「地方自治の財政的保障」，「平和主義と平等互恵の国際協力」，「環境権の尊重，地球環境保全責任」などであり，公共性の実質や国民的統合を強化する武器として活用できる。

　財政改革は社会・経済の民主的変革の一環である。この戦略の核心は各個人の自立性（自由権）と協力・連帯を最大限確保できる包括的諸条件を整え強化すること，すなわち国民的統合の要請を改善すること（貧困削減，所得格差や地域格差の拡大の防止，国民諸階層の利害調整など）にある。これを達成するためには他の2要因を制約・規制する政策体系を持たねばならない。第1の柱はグローバル資本の支配力に対する規制である。具体的には資本や投機的資本の反社会的で，人々の健康や命を脅かし，そして自然環境に破壊的な経済活動を制限する立法や財政措置を講じることである。他方でグローバル資本やそこから分配を受ける富裕層は財政活動を通じて直接間接の便益を受けているから，累進課税などの方法で適切な負担を求めることが欠かせない。

　第2に，国家の自立性を制約する方法が追求されなければならない。トーマス・ペイン（Paine, T.）は18世紀末，その著『コモン・センス（Common Sense）』（1776年）において次のように述べ，どのような国家（政府）にも弊害が不可避であることを指摘している。「政府は最良の状態においてさえ，必要悪にすぎない。その最悪の状態においては耐え難い存在である」（"Government, even in the best state, is but necessary evil ; in its worst state, an intolerable one."）。国家の自立性の制約は，非効率や官僚主義という政府の失敗を排除することと重なる。加えて中央政府とその官僚制，そして軍事警察機構が統制の対象となる。さらに，国家や行政部門の肥大化が人々の国家に対する隷属を生み出し，民主主義を劣化させることへの対処が求められる。これらに対する最も有効な手段は，社会的セクターの拡大と地方分権の深化である。

〈参考文献〉

石　弘光［2014］『国家と財政』東洋経済新報社.
井堀利宏［2011］『要説：日本の財政・税制（4訂版）』税務経理協会.
井堀利宏［2013］『演習財政学（第2版）』新世社.
内山昭編［2006］『現代の財政』税務経理協会.
貝塚啓明［2003］『財政学（第3版）』東京大学出版会.
片桐正俊［2014］『財政学（第3版）』東洋経済新報社.
重森暁・鶴田廣巳・植田和弘編［2009］『Basic現代財政学（第3版）』有斐閣.
神野直彦［2007］『財政学（改訂版）』有斐閣.
土居丈朗［2017］『入門財政学』日本評論社.
林　健久［2002］『財政学講義（第3版）』東京大学出版会.
橋本恭之［2014］『入門・財政（第3版）』税務経理協会.
林宏昭・玉岡雅之・桑原美香［2015］『入門財政学（第2版）』中央経済社.
持田信樹［2009］『財政学』東京大学出版会.
八巻節夫編著［2011］『新財政学』文眞堂.
米澤潤一［2016］『日本財政を斬る』蒼天社出版.
内閣府［各年］『経済財政白書』国立印刷局.
［各年］『図説・日本の財政』東洋経済新報社.
［各年］『図説・日本の税制』財経詳報社.
Connolly, S. & Munro, A.［1999］Economics of The Public Sector, London, Prentice Hall Europe.
Stiglitz, J. E.［2000］Economics of Public Sector, 2nd Ed. WWNorton & Co Inc.
　藪下史郎訳［2003（上）］［2004（下）］『スティグリッツ　公共経済学（第2版）』東洋経済新報社.
Zimmermann, H. u. Henke, K.D.［1994］FINANZWISSENSCHAFT, 7th edition, 里中恒志, 八巻節夫ほか訳［2000］『ツィンマーマン＆ヘンケ　現代財政学』文眞堂.

第2章　日本の財政システム(1)
一般会計の支出と収入

＜本章のねらい＞

① 税金の使い道を知る。
② 租税と公債について理解する。

　現代の財政は多様な活動を行っているので，その仕組みは重層的で複雑になっているが，その本体は租税と公債を財源とする一般会計（general account）である。それは財政の中心に位置し，狭義の財政はこの一般会計（自治体の財政では普通会計）を指す。本章では現代財政の4大経費や他の使途，主要な財源である租税と公債について解説する。

1　一般会計の支出と4大経費

　一般会計の規模は近年96兆円を超える（2016年度当初予算96.72兆円，2018年度当初予算97.71兆円）。財政は予算の編成，審議，執行，決算というサイクルで完結するが，予算がとくに重要である。予算期間は単年度原則に従って1年であり，わが国の場合4月1日から3月31日を一会計年度とする。しかし，防衛費における兵器の購入の際などに用いられる最長5年の継続費，国庫債務負担行為のような単年度原則の例外がある。

　一般会計の支出（歳出）は，①一般歳出，②国債費，③地方交付税に3分される。一般歳出は国（中央政府）の仕事に充てる行政経費であり，政府の裁量が入る。国債費は国債の元利払い費用（元金償還，国債利子）に充てる経費であり，公債を財源とした過去の支出という意味を持つ。地方交付税は地方政府（地方自治体）への使途を特定しない一般補助金である。後の2つの経費は法

律の規定にもとづくので予算編成時点で決まっている。一般歳出は1990年代後半以降60％を割り込んだが，2010年代後半に持ち直し2018年度には60.3％であるのに対し，地方交付税と国債費は合計で40％を下回る。一般歳出の比重の上昇は，地方交付税が縮減したことによる。〔図表2－1　参照〕

〔図表2－1〕　一般会計支出の3つの部分（当初予算）

	2014年度		2016年度		2018年度	
① 一般歳出	56.5兆円	58.9％	57.8兆円	59.8％	58.9兆円	60.3％
② 地方交付税交付金	16.1兆円	16.8％	15.3兆円	15.8％	15.5兆円	15.9％
③ 国債費	23.3兆円	24.3％	23.6兆円	24.4％	23.3兆円	23.8％
支出合計	95.9兆円	100.0％	96.7兆円	100.0％	97.7兆円	100.0％

（出所）　財務省「わが国の財政事情」各年版より。

　一般歳出の構成は年度によって一定の違いがあるものの，4大事務経費（以下，4大経費）の合計は80％前後を占める。近年でいうと防衛費は約9％，(2018年度8.8％)，公共事業費10％（同10.2％），社会保障費51～56％（同56.0％），文教・科学技術費9～10％（同9.1％）である。4大経費の合計は2010年代後半に上昇して，2018年度に84.1％となり，社会保障費の増大の影響がみられる。

　4大経費は現代財政の機能に次のように対応する。資源配分機能―公共事業費（インフラ整備費），文教・科学技術費，再分配機能―社会保障費，権力機構の維持機能―防衛費。ただし，文教・科学技術費は義務教育の無償や，奨学金制度を通じて再分配機能の側面を持つ。この一般歳出の構成は，どのような行政事務（政府の仕事）に租税や公債という財源が配分されたかをあらわす。国債費は過去の支出に充当された公債財源の元利償還であるから，一般歳出の支出配分構成とほぼ同じであるといえる。地方交付税は地方政府の財源となるので，4大経費の地方版（民生費，土木費，農林水産業費，教育文化費，警察費）に大部分が充てられる。したがって，一般歳出の構成というのは，国債費や地方交付税を加えた支出全体についても租税や公債財源が政府の仕事，つまり行政事務に充てられた支出配分になるといえる。

　例えば，社会保障費についていうと，予算全体に対しては近年30～34％の比

重であるが、これは政府の仕事そのものに支出される割合をあらわしていない。予算のうち政府の仕事に充てられるのは一般歳出である。社会保障費はここでは51～56％の大きさであることから、政府の仕事という視点から見ると、予算の50％超が社会保障費に配分されていると理解する必要がある。〔図表2－2参照〕

第1章との関わりからいえば、20世紀の前半に安価な政府が大きな政府に転化した主な理由は、4大経費が膨張したことによる。

〔図表2－2〕 一般歳出の構成

	2016年度			2018年度		
一般歳出の合計	57.83兆円	100.0％	(59.8％)	58.90兆円	100.0％	(60.3％)
1）防衛費	5.05兆円	8.7％	(5.2％)	5.19兆円	8.8％	(5.3％)
2）公共事業費	5.97兆円	10.3％	(6.2％)	5.98兆円	10.2％	(6.1％)
3）社会保障費	31.97兆円	55.3％	(33.1％)	32.97兆円	56.0％	(33.7％)
4）文教・科学技術費	5.36兆円	9.3％	(5.5％)	5.36兆円	9.1％	(5.5％)
5）その他の一般歳出	9.47兆円	16.3％	(9.7％)	9.39兆円	15.9％	(9.7％)

（注） 各年度の右端（ ）内の数値は予算総額に対する割合を示す。
（出所）〔図表2－1〕に同じ。

4大経費以外の支出は残りの約16％であるが、いくつかの費目が経済的に重要な役割を果たしている。その内訳を2018年度予算でみると、食料安定供給費（食料安定供給、食の安全対策、国産強化、農業経営対策）が9,924億円で最大の支出となり、その他の一般歳出のうち10.6％を占める。次いで、エネルギー対策費9.8％、経済協力費、恩給費（元軍人、元官吏への年金）と続く。多くの費目が縮減している中、エネルギー対策費は微増傾向にある。主に再生可能エネルギーの導入に向けた支援が強化されていることによる。2000年代前半まで最大の比重の恩給費に次ぐ規模であった、経済協力費（無償資金協力、技術協力、国際機関への出資・拠出金）はかつての1兆円規模から減少し続けている。中小企業対策費（政府関係機関への出資、経営革新・創業促進）は約1,800億円（2018年度1,771億円）と予算額はそれほど大きくない。中小企業政策の中心的手段は税金

（一般会計）ではなく，金融的手段，つまり財政投融資を通した低利長期の貸付によって行われるが，この金融的支援を補完するものとして中小企業対策費の重要性は高い。これら諸経費の役割や問題点は財政学だけでなく，経済学の他の分野，国際経済協力，エネルギー産業論，農業経済学，中小企業論などで主要課題の１つとして研究される。

〔図表２－３〕　その他の重要経費

	2016年度		2018年度	
＜その他の一般歳出の合計＞	9兆4,690億円	100.0%	9兆3,880億円	100.0%
6）食料安定供給費	1兆282億円	10.9%	9,924億円	10.6%
7）エネルギー対策費	9,308億円	9.8%	9,186億円	9.8%
8）経済協力費（ODA）	5,161億円	5.5%	5,089億円	5.4%
9）恩給費	3,421億円	3.6%	2,504億円	2.7%
10）中小企業対策	1,825億円	2.0%	1,771億円	1.9%
11）上記以外	6兆4,693億円	68.3%	6兆5,406億円	69.7%

（出所）〔図表２－１〕に同じ。

2　経費の分類と主要経費の特徴

「予算明瞭性の原則」や「予算公開の原則」は主要な予算原則を構成し，国民が租税や公債財源の使途を容易に理解できるようにするための原則である。現代財政では規模が巨大であり，しかも多様な活動を行っていることから，いくつかの基準で適切な経費の分類を行い，国民の財政に対する理解を助けるのである。

代表的な経費分類法は次の３つである。第１に，国家の行政目的，具体的にはインフラ整備，社会保障，防衛，教育文化，対外援助に，どれだけ経費が配分されているかを示す行政目的別経費分類である。第２に，支出の権限と責任を明示する所管省別分類（組織別分類）であり，行政学がとくに研究の対象とする。第３に，経費の国民経済への影響の違いを区別する経済的性質別分類で

あり，消費的経費，投資的経費，移転的経費の3つからなる。

次に，4大経費（予算）の主な中身とそれらの経済的性質を確認する。社会保障費のうち約80%を占めるのが社会保険費である。このうち公的年金給付に充てられるのは直接的現金給付，医療保険や介護保険の給付に充てられる部分は間接的現金給付という違いはあるが，いずれも移転的経費である。残りの約20%は社会福祉費や生活保護費などからなるが，社会福祉費のうち児童手当や障害者手当，母子福祉手当が移転的給付，政府が直接福祉施設を建設する経費は投資的経費となるが，民間福祉法人に施設整備の補助金を支給する場合は移転的経費となる。生活保護費（公的扶助）は生活扶助（病気などで労働できない人の生活費）や医療扶助，住宅扶助などの現金給付である。このように社会保障費は全体として，移転的経費の性質を持つ。

公共事業費の大部分は道路，港湾，空港などインフラや公共施設の整備費であるから，ごく小部分の事務経費や人件費を除いて投資的経費であるといえる。

文教・科学技術費のうち40%超を占めるのが教育振興費であり，このうち国立の施設を整備する場合には投資的経費となる。特殊法人や独立行政法人（国立大学）が国から受ける運営交付金は施設，建物を整備する経費を含めて移転的経費となる。約30%を占める義務教育費は都道府県への補助負担金であるから，国レベルでは移転的経費である。しかし中央政府は義務教育教員給与の3分の1を負担しているから，義務教育費の大部分は実質としては消費的経費の性質を持つ。文字通り，消費的経費といえるのは文部科学省職員の人件費，事務遂行に必要な物件費などである。このように経済的性質別経費という分類は形式と実質の両面で評価する必要がある。

防衛費のうち，人件・糧食費（全体の45%前後）や後方装備費はいうまでもなく消費的経費である。兵器は数年から10年以上使用され，資産的意味合いがないわけではないが，兵器購入費（全体の35%前後）は全く不生産的であることから消費的経費とみなされる。自衛隊基地の施設，建物への支出は資産を形成するが，防衛費全体のごく一部である。したがって，防衛関係費の大部分は消費的経費の性質をもつ。

以上のことから，4大経費の経済的性質は次のようにまとめられる。公共事業費はほとんどが投資的経費，社会保障費の大部分は移転的経費，文教・科学技術費は教職員給与に代表される部分は消費的経費，学校，文化スポーツ施設に充てられる経費は投資的経費，防衛関係費はほとんどが消費的経費である。

> 【経済的性質別分類】　消費的経費（または消耗的経費，exhaustive expenditure）は政府による消費を意味し，国民所得を削減する。この点で政府も消費者の一部である。国民経済計算では政府最終支出として示される。投資的経費（資本支出，capital expenditure）は耐用年数のある固定資産を形成する支出である。インフラ整備や公共施設の建設費がこれにあたる。国民経済計算では一般政府固定資本形成，広くは公的固定資本形成と表現される。移転的経費（移転支出，transfer expenditure）は財貨やサービスの購入ではなく，政府から民間への購買力の移転（現金給付）を意味する支出である。社会保障給付，補助金，公債利子などがこれにあたる。

3　一般会計の収入——租税と公債

　一般会計の収入は租税（印紙収入を含む），公債，政府資産整理収入など6つの科目からなる。租税と公債で95％（2018年度予算，租税・印紙収入59.1兆円，60.5％，公債33.7兆円，34.5％）を占め，他の科目が5％（同5.1％）である。したがって，一般会計の財源は概ね租税と公債であるといえる。〔図表2-4　参照〕

〔図表2-4〕　一般会計の収入（中央政府・当初予算）

	2014年度		2016年度		2018年度	
①税収	50.0兆円	52.1%	57.6兆円	59.6%	59.1兆円	60.5%
②その他収入	4.6兆円	4.8%	4.7兆円	4.8%	4.9兆円	5.1%
③公債収入	41.3兆円	43.0%	34.4兆円	35.6%	33.7兆円	34.5%
うち建設公債	(6.0兆円)	(6.3%)	(6.1兆円)	(6.3%)	(5.9兆円)	(6.2%)
特例公債	(35.2兆円)	(36.7%)	(28.4兆円)	(29.3%)	(27.6兆円)	(28.2%)
収入合計	95.9兆円	100.0%	96.7兆円	100.0%	97.7兆円	100.0%

（出所）〔図表2-1〕に同じ。

課税は例外なく租税法律主義（憲法84条）にもとづく。中央政府が徴収し，使途を決定する国税収入（印紙収入を含む）は決算ベースで1990年度の60.1兆円（一般会計収入比83.8％）をピークに2003年度の43.3兆円まで減少した。2004年度から増加し，2007年度に51.0兆円となったものの，2009年度に38.7兆円まで落ち込み，2008年度以降は増収の一途を辿っている（2016年度57.6兆円）。

国税収入の構成（2018年度予算）をみると，多い順に所得税が19.0兆円で，全体の32.1％を占め，次いで消費税が17.6兆円，同29.8％，法人税が12.2兆円，同20.6％で，これら３つの基幹税の合計は48.8兆円，同82.5％を占める。その他の補完税が全体の17％余で，相続税，酒税，たばこ税，ガソリン税，関税，印紙収入（印紙税）などが主なものである。

公債収入は2008年度に25.3兆円，全収入の30.5％（予算ベース）であったが，2008年の世界同時大不況（世界恐慌）後急増し，公債依存度（一般会計収入に占める公債収入の割合）は2010～2012年度に48％のピークに達した。2013年度以降，公債発行額，公債依存度のいずれも縮減し，2018年度は33.7兆円，34.5％である。このうち「赤字国債（特例公債）」は27.6兆円，28.2％を占める。国家の主要財源を租税とする「租税国家」としては異常な状態が続いている。

4　租税と公債のシンプルな説明

(1)　租税の定義

近代の租税が税金とも呼ばれるのは，税を基本的に貨幣で支払うからである。また近代国家は，税金を基本的財源とする意味で租税国家である。税金は国民が負担するので，国民は税金の使い道，つまり政府が租税を何に，どのように使うかということに強い関心を持つ。財政支出面，防衛費や社会保障費の問題は経済学の他の分野，および政治学，社会学などと深く関連するのに対し，租税は経済学の中では財政学に固有の対象である。

近代的租税は，政府が個人や法人（会社）から無償で強制的に徴収する貨幣であり，近代国家の主要財源であると定義できる。この定義には３つのキー・

ワードがある。1つは無償性，すなわち国民が政府に無償で，より厳密には個別的反対給付を伴わないで支払う貨幣である。市場では対価を支払って自分のほしいものを購入するのに対して，租税の支払いには政府に納付しても直接その対価はない。第2は強制性，つまり国家が権力にもとづいて強制的に徴収し，脱税や未納付の行為に対し処罰を課す。第3に，租税は近代国家の主要な財源手段である。資本主義経済では，経済手段は国家が所有せず，基本的に個人や法人に所有されるからである。公債のような国の債務も重要な財源であるが，その返済は将来の税金で返済されるし，公共料金収入は補助的なものに過ぎない。これらの特徴は，市場経済が支配的となる資本主義経済（capitalist economy）の性格に由来する。

資本主義経済はイギリスで形成されて以来，300年余の歴史をもつ。イギリスの近代国家は17世紀のピューリタン革命（1642〜49）と名誉革命（1688）という市民革命を通じて成立した。これを契機に市場経済が急速に発展してきた。ヨーロッパやアメリカでは古い政治システムの内部で市場経済が次第に優位となり，フランス革命（1789）やアメリカの独立革命（1776）を境目に飛躍的に発展することになった。日本では江戸時代の後半，商業活動が活発になり，市場経済が普及するようになっていたが，1868年の明治維新によって成立した国家が上からの資本主義化を図った。

資本主義を基礎とする近代社会は，それまで一体的であった国家権力と私的所有権を分離させるとともに，国家に共和制や立憲君主制のような公権力の性格を持たせた。他方で，国家は原則として私有財産（生産手段）を持たない「無産国家」であり，国王や貴族（日本では大名）が権力，土地および人民を所有したシステムとは全く異なる。しかし，近代社会においても国民の生命，財産を守るために政府の行政的活動が不可欠である。これに要する費用が租税，すなわち国民が無償で納付する貨幣によって賄われるのであり，この意味で近代国家は「租税国家」となる。

近代以前の社会にも，国家による強制的な農産物や貨幣の徴収があり，それらは税と呼ばれるが，近代の租税とは本質的に異なる。前近代社会では農民は

所有権の主体でないため，自分の作った生産物に対する完全な所有権を持たず，所有権そのものは国王や貴族，大名に属する。たとえば5公5民というのは，農民と大名が生産物を50：50で分け合うのではなく，生存や次年度の再生産に必要なものが半分で，残りはすべて貢物（みつぎもの）として大名に納めるという意味である。「百姓とゴマは絞れば絞るほど，たくさん取れる」という比喩は，年貢の本質をよく表す。したがって，封建時代に農民が納付するものは，正確には貢納または年貢と表現される。これに対し資本主義の下での税は「近代的租税」と呼ばれ，貢納や貢物と区別される。日本の近代的租税は1873年の「地租改正」によって成立した。それは明治維新における最大の経済改革であり，実際に農業生産を営む国民に土地の所有権（私有財産権）を認めるとともに，国民が地租，すなわち租税を貨幣の形で納付することを義務付けた。〔図表2－5 参照〕

〔図表2－5〕 近代的租税と貢納の区別

	前近代の貢納 →	近代的租税
1．国家と私有財産の関係	一体性	分離・自立化
2．私的所有権の特徴	土地，人民の一体的所有	個人の所有権（平等な人権）
3．国家権力の性格	家産国家 （王家や大名家の支配）	公権力 （共和制，立憲君主制）
4．税の性格	所有権への貢納	無償の貨幣支払

(2) 租税法律主義と租税原則

租税の定義で最も本質的な点は無償性であり，このために強制力を欠かせない。しかし，この無償性は明らかに国民の私有財産権不可侵というルール，そして市場経済の等価交換ルールに反する。しかし国家は租税がなければ，存続できないから，近代社会ではこれを議会制民主主義，具体的には「議会による租税協賛制度」，法制的には「租税法律主義」によって解決する。このシステムは，議会が税法に示された金額や方法を承認しなければ政府は国民に対し課税できないことを意味する。逆にいうと，この手続きによって政府は正当に国

民全体に課税することができる。これは近代国家の普遍的原理であり、通常憲法に明記される。日本国憲法では84条の租税法律主義の規定がこれにあたる。そして議会が承認したことを条件として、国民は納税の義務（憲法30条。第29条では私有財産権の不可侵を規定する）を負うのである。

しかし、議会が課税を承認しても、租税の無償性は市場システムの等価交換ルールと矛盾する。政府は課税するとき租税原則を遵守しなければならないのはこのためである。租税原則は、公平な税負担配分の原則、および税務署が国民から税金を徴収するときに配慮すべきこと、すなわち税務行政上の原則から成る。税務当局は、これらに準拠して租税と市場経済との矛盾を最小化することが求められる。アダム・スミスは『国富論』で公平（equity）、明確（certainty）、便宜（convenience）、徴税費節約（economy in collection）という4原則を示した。このうち、公平の原則は税負担配分にかかる原則、後の3原則は税務行政上の原則に相当する。マスグレイブ（Musgrave, R. A. & P.B, Public Finance in Theory and Practice, 1st ed.1973）は、20世紀後半、租税原則の高い水準が様々な経済的影響を持つことを重視し、スミスの4原則に中立の原則を加えた。それは課税が産業、企業、個人のいずれにおいても経済活動のあり方を左右してはならないことを指す。これは効率の原則とも呼ばれ、課税が非中立的であると経済的効率を損なうことがその理由とされた。

租税原則で最も重要なのは、公平の原則である。これが侵害されると、税制に対する信頼が失われ、課税に対する国民の抵抗が強くなる。公平の原則の中身は、水平的公平と垂直的公平から成る。水平的公平は、同じ所得（担税力）であれば、同じ税負担をすることであるのに対し、垂直的公平は、所得の低い人は低い税率で、そして所得の高い人は高い税率で租税を負担することを指す。垂直的公平は20世紀後半以降、社会的合意となっているが、その度合いを大きくすべきか、小さくてもよいかについては、学者の間で意見の違いがある。わかりやすく説明すると、高所得に対する最高税率をどれだけ設定するのか。たとえば、70％以上でもよいか、それとも40％程度でよいのか、また所得税の課税最低限（免税点）をいくらに設定するのか、という問題である。

租税の公平負担を達成するために，歴史的には重農学派（18世紀）の単一地租論，ドイツ社会民主党の累進所得税単税論のように「単一税論」（1つの租税で税負担の公平を図る考え方）が主張されることがあった。1つの税しか存在しないときに，人々は税負担が公平か否かを容易に判断できるからであるが，単一税論がこれまで，実現したことはない。実際には「複税制」または租税体系，つまり複数税によって，現代であれば所得税，法人税，消費税（付加価値税），財産税などの組合せで，負担の公平を図っている。

税制は複数の租税で構成されているので，課税や総合的な負担のあり方を知るために租税の分類が必要になる。直接税と間接税という分類は，最も重要である。直接税は納税者（税務署に税金を納付する人，または会社）と担税者が一致する租税である。直接税には，所得税，法人税，個人住民税（地方税），財産への課税である相続税・贈与税，固定資産税（市町村税）などがある。これに対して間接税は，納税者と担税者が別々の租税である。間接税には消費税（厳密には付加価値税），酒税，煙草税，ガソリン税などの個別消費税，印紙税，不動産取得税などの流通税が含まれる。現代では，所得税，法人税，消費税が基幹税，ほかの諸税は補完税としての地位にある。

もう1つの分類は所得（フロー，所得税，法人税），資産（ストック，相続税，贈与税），消費・流通（消費税，個別消費税，印紙税）という課税客体による分類である。この分類の重要性は，対象の経済的性質の違いから同じ額，同じ税率で課税しても，経済的影響が異なることである。たとえば所得（$Y = C + S$）と消費（$C = Y - S$）への課税の違いは理論上，貯蓄（S）に課税するか，しないかの違いとなる。

(3) 公債について

公債（国債，地方債）は有価証券の発行による国の債務であり，公債は租税に次いで重要な一般会計の財源である。ここでは租税との異同に焦点をあてて簡潔に説明する。

公債とは，政府が公信用を背景に証書の発行によって行う財源調達の手段で

あり、政府の債務であると定義できる。政府は銀行などから直接資金を借り入れることがあるが、これは証書を発行しないので公債に含めない。公債は次の2つの本質を持つ。第1に、公債は、「租税の前取り」である。公債は政府の借金、つまり債務であるので、政府はその購入者に元金の返済や利子の支払い、つまり元利償還しなければならい。しかし、この返済は将来の租税によって行われる。政府には租税以外の財源はほとんどないからである。政府は国営企業を持っているが、この国営企業は通常民間企業が経営維持の困難な事業をやっているので、ここで収益を上げて公債返済を要求することは困難である。したがって、公債の発行が公信用を基礎とするというのは、この理由による。また大量の公債が累積し返済が困難な場合、政府に対する不信や社会の不安が起こり、インフレーションの原因にもなる。

　第2に、発行される公債証書は有価証券の一種であり、金融市場で売買される。これは会社の発行する株式や社債と同じ性質をもつ。株式や社債のような有価証券は、会社が利益をあげ配当を払ってくれるという信用の下で一定水準の価格をもつ。公債も同様で利子を受け取ることができ、購入した時より高く売れる可能性があるので金融市場で売買される。公債証書を含む有価証券や賃貸、売買の可能な土地は、利子、配当、地代の発生、支払いが期待されるとき価格をもち、期待がゼロになると価格も０となるので、「擬制資本（fictional capital）」と呼ばれる。

　公債は発行目的によって建設公債と赤字公債に分けられる。前者は公共施設の建設や資産の形成に使われ、財政法４条（４条国債）で発行が認められている。道路などのインフラや公共施設は長期間、つまり後の世代の人々も利用できるので、建設公債の発行には一定の合理性がある。

　これに対して赤字公債は、年々必要な公務員給与や社会保障給付のような経常的支出に充てる財源が不足するために発行される。本来経常経費に充てる財源は年々徴収する租税財源によって賄うのが本来の姿であるので、赤字公債は基本的に望ましくないと考えられ、財政法で発行が禁じられている。その発行には特例法を毎年制定するので、特例公債とも呼ばれる。経常経費を公債収入

に依存し，また公債の規模が拡大していくと，現在の世代が負担すべき税負担の一部を後の世代の人々が負担するという問題も発生する。日本における近年の公債発行は，赤字公債のウエイトが大きくなっているので，問題はそれだけ深刻だといえる。

＜補論　13の特別会計＞

　一般会計が租税と公債を財源とする財政の本体であるのに対し，特別会計は特定分野の行政事務（例えば社会保険や財政投融資）を管理するために設けられる。その設置要件は財政法13条ですなわち，「国が特定の事業を行う場合，――特定の歳入を以って特定の歳出に充て一般の歳入歳出と区分して経理する必要がある場合に限る」と規定されている。

　特別会計は近年，整理再編の対象となり，2006年度に31会計あったものが，2011年度には17会計，2016年度には14会計まで廃統合された（2012年度の東日本大震災復興会計の新設を含む）。

　14の特別会計は次の5つに分類することができる。
1）　公共事業関係の1会計
　① 　東日本大震災復興（期間限定）
　　　＊社会資本整備事業（2014年廃止・一般会計化）
　　　　以前の道路整備，治水，港湾整備，空港整備などの各会計を1つに統合した。
2）　国営企業・エネルギー政策関係の2会計
　② 　国有林野事業（注：2013年度から債務管理会計として経過的設置扱い）
　③ 　エネルギー対策
　　　　電源開発促進対策，石油及びエネルギー需給構造高度化対策両会計の統合
3）　社会保険関係の4会計
　④ 　年金　　厚生保険，国民年金両会計の統合

⑤ 労働保険　　船員保険，労働保険両会計の統合
⑥ 地震再保険
⑦ 自動車安全　　自動車損害賠償保障事業，自動車検査登録両会計の統合
＊農業共済再保険（2014年廃止）
＊森林保険（2015年廃止・独立行政法人化）
＊漁船再保険及び漁業共済保険（2014年廃止）
＊貿易再保険（注：2016年度末に廃止）

4）　特定行政事務関係の2会計
⑧ 食料安定供給
　　食糧管理，農業経営基盤強化措置両会計の統合。さらに農業共済再保険，漁船再保険及び漁業共済保険を吸収。
⑨ 特許

5）　融資および資金管理関係の4会計
⑩ 交付税及び譲与税配布金
⑪ 国債整理基金
⑫ 外国為替資金
⑬ 財政投融資
　　産業投資，財政融資資金両会計の統合，後者は2001年の財政投融資改革の際，資金運用部特別会計から改編されたものである。

　以上13の特別会計のうち，社会保険会計(4)と財政投融資会計は国営企業である国有林野事業会計と同様，独立性の強い財政活動である。社会保険は保険原理にもとづくとともに，社会保険料という独自の財源を持つ。また財政投融資は原資を有し，出資や貸し付けという金融的活動をあらわす会計である。本書ではこの点に着目して社会保険を第2の財政，財政投融資を第3の財政として次の3章で説明する。

　これに対して他の8会計は特定の事業，または資金管理の収支状況を1つの会計であらわすという性格が濃厚である。この中でも国有林野事業会計は国営

企業論として，エネルギー対策，食糧安定供給，東日本大震災復興の3会計はエネルギー政策論や農業政策論，大災害復興政策論として展開される必要がある。国債整理基金や地方交付税関係，かつての社会資本整備の会計に関する一層詳しい説明は公債論，国と地方の財政関係，インフラ整備などにおいて行われる。

96兆円を超える一般会計予算（2016年度予算96.7兆円）のうち約60％（同53.6兆円，全体の55％）が特別会計に移されて管理される。このうち国債費23.6兆円（24.4％）は国債整理基金特別会計に繰り入れたうえで，公債の元利償還費に充てられる。地方交付税交付金15.3兆円（15.8％）は交付税及び譲与税配布金特別会計に繰り入れるという会計上の手続きを経て，地方自治体に配分される（両者で繰り入れ全体の73％）。特別会計への繰り入れ後に残る一般会計の支出は全体の約4割，43兆円であるが，このうち13.2兆円は国の政策実施の手段として特定補助金の形で地方財政に移転される。

特別会計は2000年度まで38あったが，小泉内閣（2001～2006年）の「小さな政府」を目指した構造改革の下で郵政3事業（郵政事業，郵便貯金，簡易生命保険の各会計）の公社化，国立大学等の独立行政法人化が行われて整理され，2006年度から31に，2011年度までに17，2017年度以降13となった。

整理再編の理由にあげられたのは，①固有の財源によって不要不急の事業が展開されている，②恒常的な繰越金や多額の剰余金が放置されている会計がある，③各省庁の既得権益の温床となっており，予算執行の実態もわかりにくいこと，などである（財政制度等審議会の提言，2003年11月）。そして，①事業の必要性が減じた特別会計の廃止，②国自体が担う必要性の薄い会計の民営化，国が直接行う必要性の薄い会計の独立行政法人化，③事業類型が近似している会計同士の統合，の方針が打ち出され，実行に移されたのである（閣議決定「行政改革の重要方針」，2005年12月）。

郵政3事業は2002年まで3つの特別会計であった。2003年に郵政公社化，2007年に株式会社化したが，その正否，今後の動向は重要な研究課題である。また国立大学などの財政を所管していた国立学校特別会計は2004年に廃止され，

各国立大学は独立行政法人化され，運営費交付金の交付を受けるとともに，定期的な改革案の作成と実行を義務づけられている。それらのメリット，デメリットが冷静に評価される必要がある。

　近年も政府の閣議決定「特別会計改革の基本方針」(2012年1月)が一層の整理改編の方向を打ち出している。また政府の行政改革推進会議「特別会計改革に関するとりまとめ」(2013年6月)は国が自ら事業を行う必要性の検証，区分経理をおこなう理由の検証，経理区分の適正化，剰余金等の活用という制度見直しに向けたこれまでの総括・点検のポイントを提示している。

　さらに国の財政には，政府関係機関と呼ばれる，全額政府出資にもとづく5つの政府金融機関の予算がある（2016年3月現在）。すなわち沖縄振興開発金融公庫，株式会社日本政策金融公庫，株式会社国際協力銀行，株式会社日本政策投資銀行，独立行政法人国際協力機構有償資金協力部門であり，それぞれの分野別に公的金融を担う。

　2001年の財政投融資の改革前は，より細分された政策分野別に10の政府金融機関が存在したが，この再編過程は次章の「財政投融資」において説明される。中央政府の予算書は一般会計，特別会計にこれらを加えた3種類で構成される。

〈参考文献〉
　第1章に同じ。

第3章　日本の財政システム(2)
社会保険の財政と財政投融資

＜本章のねらい＞

① 社会保険財政の特徴，一般会計との違いを知る。
② 財政投融資の特徴と賛否両論を考える。

1　社会保険の財政

〔1〕 社会保険の重要性

　全国民を対象とした社会保障は現代国家のもっとも重要な任務の1つであり，社会保険は多くの先進諸国において，社会保障の財政を支える根幹的システムである。ここでの社会保険の説明はその基本的特徴，一般会計との異同に限定されるが，この知識は現代財政の全体像を知るうえで，前提となることによる。社会保障財政の理論，失業（雇用），医療，介護，年金，労働災害など各社会保険の詳細や問題点，課題の掘り下げは，本章の説明を土台に「第11章　社会保障の財政」でなされる。

　多くの国は社会保険を社会保障財政の根幹としているが，この点は歴史的にも，帝政ドイツの宰相ビスマルクの社会政策が失業および医療の両社会保険（1883）を中心とし，第2次大戦下のイギリスで社会保障の総合的システムを国民に約束したベバリッジ・レポートが「社会保険と関連サービス」（1942）と題したことにも表れている。しかしながら，医療保障に関してイギリスや北欧諸国のように租税財源による国営医療のケースがあり，逆にアメリカのように企業保障で保険会社の医療保険への加入といったバリエーションがありうることを指摘しておきたい。

社会保険の財政は現代における「第2の財政」といえるが、一般会計との最も大きな違いは保険原理を基礎とすることにある。国民経済計算では公的部門を企業的か、非企業的かという基準で一般政府の財政と公的企業に2分し、前者は一般会計と地方政府の普通会計、および社会保障基金（社会保険）から成る。社会保険が一般財政の一部を構成するのは保険原理にもとづくとはいえ、財源のかなりの部分を租税に依拠して非収益的であるためである。

貧困の防止と救済を任務とする社会保障の役割は2つに区別される。1つは直接間接の所得保障、または給付、他の1つは貧窮の原因を除去する社会的施設、および社会サービスの提供である。失業保障では前者が失業給付、後者が職業訓練施設および訓練サービス、医療保障についていうと、前者が医療費の負担、後者が病院等医療機関の整備、および医療サービスにあたる。社会保険はこの2つの役割のうち、直接間接の所得保障（給付）を支える財政システムである。

〔2〕 社会保険財政の2つの特徴

社会保険というのは非営利性の保険、つまり保険原理の活用と国民全体を加入させる保険という意味である。医療、介護、年金、雇用、労働災害などの分野で社会保険を活用する理由は、2つの面から説明できる。一方では租税財源だけでこれらの保障をしようとすると、非効率に陥りがちであり、租税負担の水準が非常に高くなる恐れが強い。これに対して保険原理はリスクに備えて加入者が定期的に保険料を支払い、事故の発生によって受けた損害や負担の補償を受けるシステムである。このため個別の保障ごとに保険料の支払いがあり、保険料と給付は連動するから、加入者は給付の効率性に関心を持つ。しかし、租税税源に依存する場合にはコスト意識を持ちにくく、またモラルハザード（倫理の欠如）の排除にも困難を伴う。

他方で、営利保険会社が販売する保険商品に医療保障などを委ねる時、保障から排除される人が発生し、機能不全に陥ってしまう。例えば、病気やけがのリスクの高い人は保険に加入しようとするが、そうでない人は加入しない。そ

うすると保険料の水準は高くなり，リスクが高くても所得の低い人は保険から排除される結果になる。損害保険のように個人の任意に任せても障害のないケースは，営利保険会社が保険商品の対象分野としても構わない。ところが，医療や介護のように国民の生存権保障に不可欠で，誰も排除すべきでない分野は，すべての人々を強制加入させることが不可避になる。同時に，全員加入の保険は収益性が低いから租税財源による補完が必要であり，しかも国民全体を対象とするから租税資金の投入に合理性があることになる。

　以上のことを代表的な社会保険である医療保険（または健康保険）と公的年金保険を例に説明してみよう。日本の公的な医療保険は，組合健康保険や全国健康保険協会保険（以下「きょうかい健保」，中小零細企業の従業員対象）のような職域保険と，地域保険であり，市町村が運営主体となる国民健康保険（2018年から府県単位）がある。各保険間で保険料負担などに格差があるが，病院などの医療機関の窓口で支払う自己負担額は，いずれも一律３割である。発熱やケガで治療を受けた場合，医療費（外来や入院の診療報酬・薬価）の３割だけ自分で負担すればよく，残りの７割は保険から支払われる。

　医療保険は基本的に，なぜ公的医療保険として運営しなければならないのだろうか。営利目的の保険会社は，すべての国民を対象とする医療保険商品を作ることができないからである。営利保険会社の作った医療保険は保険料がとても高くならざるをえない。なぜなら，病気になる確率の低い若い人，また健康に自信のある人の加入率は低くなり，加入者は病気になりがちな人や高齢者に偏るからである。保険会社が営利企業として利益をあげようとすれば，保険料を一層引き上げることになり，その結果，保険への加入者はさらに減少し，再び保険料の引き上げという悪循環に陥る。

　この悪循環，社会的弱者の排除などの難点を解決できるのは，すべての国民が加入する政府の所管する社会保険だけである。ここでは保険料も相対的に安くなるし，保険基金の規模は拡大する。保険料が低く設定されれば，罹患率の低い，健康に自信のある人も大きな不満を持たず，社会保険基金を支えることができる。この意味で社会保険はより健康な人とそうでない人の間の，高所得

者と低所得者との間の相互扶助及び再分配のシステムである。日本においても，すべての国民に対する医療保障や老齢年金の保障，すなわち国民皆保険皆年金は社会保険によって実現できたといえる。〔図表3－1　参照〕

〔図表3－1〕　主要な2つの医療保険　2013年

	国民健康保険	健康保険組合（大企業従業員）
加入対象者	自営業者	サラリーマン
保険料の支払い	被保険者本人	労使折半
保険料	自治体により異なる。収入の大小で算出される。	標準報酬．月額×0.041　賞与等×0.041
治療費自己負担	3割，3歳未満は2割，70歳以上は1割（高額所得者2割）	
高額療養費	自己負担額が1医療機関につき1か月で63,600円を超えたとき，超過分が申請によって払い戻される。	

1　この他，両制度とも出産育児一時金，埋葬料などが支給される。健康保険には，加えて傷病手当金，出産手当金などがある。なお中小企業の被雇用者は全国健康保険協会という社会保険に加入する。
2　公務員などが加入する共済組合は会社従業員とほぼ同じ社会保険である。

　日本の公的年金保険は老後の所得保障であり，原則として20歳から60歳までの日本に住所を有する人が加入する。会社従業員は厚生年金に，公務員や私立学校の教職員は共済年金に，自営業者や農漁民は国民年金に加入する。国民年金の保険料は一律（1号保険者16,340円，2018年）であるが，会社従業員や公務員は保険料負担が労使折半であり，かつ保険料が給与に応じて高くなり（上限がある），基礎的年金に上乗せして厚生年金，または共済年金を受け取る。国民年金と厚生年金は国の機関である日本年金機構（2010年～，以前は社会保険庁が所管）が運営し，共済年金は特殊法人である公務員共済組合（国・地方），私立学校振興・共済事業団などが運営する。〔図表3－2　参照〕

　政府が公的年金を通じて老後の所得保障を行う背景には，資本主義社会の発展とともに家族の基本型が2世代家族となり，子供による老親の扶養が一般的でなくなることがある。そして老後に人々は，誰でも3つのリスクに直面する。①老後の余命期間を予測できないこと，②現役時代から老後に至る生涯所得や

物価上昇などの予測が著しく困難であること，③年金支給年齢を迎える前に，障害などで労働できない可能性や，死亡して遺族が残される可能性があること。これらのリスクがある中で，老後を迎えた後の収入を個人レベルで確保することには大きな困難を伴い，また老後に必要となる資金を予測して，これに貯蓄だけで対応することは多くの場合無理である。

　営利保険会社の私的年金保険も医療保険と同じ難点を抱える。老後の収入を心配しない人が私的年金保険に加入する確率は低い。私的年金保険への加入者が少ないほど，悪循環の論理が当てはまり，低所得者は排除される。結局，公的年金保険だけが租税財源の支えを得て世代間扶養を可能にするのであり，保険料支払い義務を条件として老後の収入，つまり生活費の確保を約束できる。また障害年金や遺族年金は現役時代に障害者になった場合や死亡した時，残された家族の所得を保障する。このために公的年金は内容に差異があるものの，高齢社会を迎えた先進諸国において共通の制度として定着してきたのである。

〔図表3－2〕　年金保険の仕組み　2013年

	国民年金	厚生年金
加入対象者	自営業者	会社従業員
保険料の支払い	被保険者本人	労使折半
保険料	月額16,340円（2018）	（標準報酬月額＋賞与等）をベース
老齢基礎年金	原則として65歳から受け取る。受給は，原則として25年以上の保険料支払いを要件とする。ただし加入期間や免除を受けた期間によって年金額は異なる。	
老齢厚生年金		「基礎年金」に厚生年金からの「老齢厚生年金」が加わる

1　公務員が加入する共済年金は，厚生年金と同様の方法で計算する本体部分のほかに「職域加算」という上乗せ給付がある。共済年金は2015年10月，厚生年金に統合された。
2　国民年金の保険料は，2005〜2017年まで毎年月額で280円程度引き上げてきた。

2　財政投融資の特徴と課題

〔1〕　財政投融資の制度

　財政投融資（以下，財投と略す）を簡潔に定義すると，国の制度や信用を通じて調達した資金を活用して行われる，政府による融資（貸付）や出資という金融的活動のことである。財政投融資という用語は広狭2つの意味で使われる。1つは，国会に提出され承認を受ける「財政投融資計画（Fiscal Investment and Loan Program）」である。ここでの財投は財投債の発行で調達した財政融資資金，産業投資特別会計の出資，政府保証債・政府借入金，の3つを原資として国が行う5年以上の長期投融資を指す。もう1つは，広義の財投活動全体を意味する場合であり，財投資金の調達機構や政府金融機関，高速道路株式会社（旧道路公団）などの特殊法人の活動まで包含する。さらに「財政投融資計画」と国債購入などそれ以外の資金運用を加えることもある。

　本章で財投という用語は，特に断らない限り狭義の「財投計画」を指す。それは一般会計などの政府予算とは別に国会に提出，審議されることから「第2の予算」と呼ばれる。この行政手続き上の区別も重要であるが，財投活動は貸付や出資といった金融的活動であり，一般会計に代替的，ないし補完的役割を果たすことに特質がある。この意味で財投は一般会計や社会保険財政の活動とは原理を異にする。本書ではこの点に着目して，財投活動を「第3の財政」と表現する。

　1953年に「明示的な計画」としてはじまる財政投融資は，社会資本建設や住宅資金供給，また景気対策の手段として大きな役割を果たしてきた。原資の増大とともにその規模は年々拡大し，90年代後半には予算ベースで38-40兆円（ピークは1996年40.5兆円）と一般会計予算の40-50％水準に達した。しかし2000年5月に「資金運用部資金法等の一部を改正する法律案」が成立し，2001年から財投システムは大きく変化した。これに伴い，その規模も2000年の37.5兆円から2004年20.5兆円，2007年14.2兆円（ピーク時の35.1％）へと縮小傾向を

たどってきた。2008年以降は景気政策の手段として利用されていることもあり，若干増勢にある（2013年18.4兆円）。

　財政投融資の基本的仕組みは，財投債や政府保証債で金融市場から資金を調達する（入口），ついでこの原資を日本政策金融公庫などの公的金融機関や地方団体に配分し（中間），さらに財投機関がインフラ整備や中小企業政策，環境政策，国際協力の分野で貸付，出資という金融的活動（出口）を行うという一連の流れである。その方法は財政融資，産業投資，政府保証債の発行の３つである。〔図表３－３　参照〕

〔図表３－３〕　財投システムの基本構造

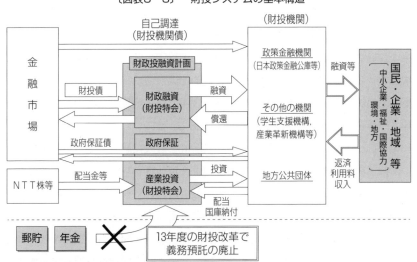

（出所）　財務省ホームページ　www.mof.go.jp/filp/による。

〔２〕　財政投融資の理論

　政府の金融的活動である財政投融資は，理論的には次のように整理される。第１に，現代の政府には財政投融資の可能性が存在するとともに，資源配分，環境保全という財政の機能を十全に果たす上で高い有効性を持つ。一方で，公信用を背景に年金積立金，郵便貯金，簡易保険資金など相当規模の資金を保有

し，これを原資に政府による金融的活動の可能性が生まれる。他方で港湾や空港，公共交通やエネルギー開発，排出規制などインフラ整備や環境保全の活動領域が広がる。これらの分野では，社会保障給付や防衛費と違って，財投の有効性がきわめて高い。相対的に収益性の高い事業が多く存在し，金融的手段を活用できる余地が大きいからである。

　第2に，財投は一般会計と比較すると，経済安定，すなわち景気政策の手段として機動性に優れる。一般会計を通じた景気政策は租税ではなく公債を財源とするにしても，追加予算を編成するという通常予算と同じ厳格な手続きを必要とする。これに対して，財投の追加は融資という元利償還を伴う行為であるから，その増減に制約や困難はきわめて小さい。具体的にいうと，収益性のある高速道路や港湾などインフラ整備を前倒しで行うことや，中小企業や農林漁業の投資や雇用を拡大するために，公的金融機関の低利長期の融資枠を迅速に増加させることができる。財投への否定的論調が強かったなかでも，世界同時不況下の2009年の当初計画15.9兆円に，3回の補正予算で8兆円もの大型の追加（計23.9兆円）を行ったのはその好例である。

　第3に，多くの政策分野における一般会計と財政投融資の併用，分担は政府に財政活動の範囲の拡大と財政的効率向上の可能性を与える。政府の多様な活動の費用を，租税と公債を財源とする一般会計だけで確保するには明らかに限界がある。中小企業は今日の経済において重要な役割を果たしているが，大企業と比較して多くの場合，信用力・担保力が弱く，民間の金融機関からだけでは必要な資金供給を受けることが難しい。このような問題を解消，緩和するため，財投による公的金融で補完する必要がある。この点は農林漁業，個人事業者についても同様に当てはまる。

　また住宅取得を望む人々にとって営利的金融機関からの融資だけで「健康で文化的な生活」のできる住宅を購入できる人々はきわめて少ない。したがって，ここでも政府の支援が不可欠となる。これらの事業者や個人に補助金という手段は財産の形成に寄与するから不適切であるが，短期または低利長期の融資（貸付）という方法は，市場金利との差額が利子補給という意味を持つものの，

政策目的の優位性から許容できる。そして低利であっても，貸付に対して利子を支払い，元金を返済しなければならないから，モラル・ハザードも起きにくく，効率性を向上させる可能性が高いといえる。付言すると，公的金融の重要性はデフレ不況などで超低金利の際，問題は伏在しがちなものの，その必要性がなくなるわけでは決してない。〔図表3-4 参照〕

〔図表3-4〕 一般会計と財投との分担関係

区 分	一般行政	インフラ整備	中小企業政策	国際協力	環境政策
一般会計 (租税資金)	国防，警察 外交	一般道路	基盤整備 信用保険	無償援助 （JICA）	研究開発
一般会計 ＋財投	－ －	下水道 都市高速道路	特別貸付	有償援助 （国際協力銀行）	水源林造成 （緑資源公団）
財 投		高速道路，住宅 都市基盤	一般貸付 （2公庫）	借款 （国際協力銀行）	地球環境対策 （政策投資銀行）

第4に財投による融資は長期のものが多いから，一般会計と違って年々のフローだけでなくストックの視点，つまり融資残高に注目しておかねばならない。公的金融を担う主な財投機関の残高見込み（2014年3月末）の合計は172.4兆円，内訳は次のようになっている。(株)日本政策金融公庫20.2兆円，(株)産業革新機構2,960億円，(株)国際協力銀行7.1兆円，(独法)住宅金融支援機構13.3兆円，(独法)日本学生支援機構4.9兆円，地方公共団体63.0兆円などである。〔図表3-5 参照〕

第5に，財政投融資活動は高い有効性や機動性，政策手段としての妥当性を持つにもかかわらず，肥大化につれて非効率や官僚主義（特殊法人などへの天下りなど）の弊害が発生する。政府が常に「賢い政府」であり，有権者の多数が賢明な投票行動を行うとともに，「賢明な政治家」が官僚制を制御できる場合には，このようなことは起こらない。しかし，これらの条件がすべてそろうことは稀であり，それが欠ける度合いに比例して，非効率や浪費，官僚主義の弊害が拡大する。したがって，財投活動の制度や活動についても，非効率や官僚

第Ⅰ部｜現代財政のスケッチ

主義をチェックするシステムを埋め込むことが不可欠となる。財投機関や特殊法人自体，融資の規模や継続などを不断に見直すことのできるシステムや第3者機関を準備する必要がある。

〔図表３−５〕　財投機関別融資残高　2014年3月末

		億円
１．企業等への金融支援	22.2%	383,549
うち　株式会社　日本政策金融公庫		202,559
株式会社　国際協力銀行		71,197
株式会社　日本政策投資銀行		82,402
独立行政法人　国際協力機構		20,470
（有償資金協力業務）		
沖縄振興開発金融公庫		5,905
株式会社　商工組合中央金庫		1,016
２．民間投資活性化支援		9,213
うち　株式会社　産業革新機構		2,960
３．教育・福祉・医療	5.4%	93,780
うち　独立行政法人　日本学生支援機構		49,559
独立行政法人　福祉医療機構		29,606
４．その他の機関	28.3%	487,282
うち　独立行政法人　住宅金融支援機構		133,209
独立行政法人　都市再生機構		106,009
５．地　　　方	41.7%	719,319
うち　地方公共団体		630,606
うち　地方公共団体金融機構		88,713
６．残高のみの機関等		31,007
合　　　計		1,724,219

（出所）　財務省「平成25年度末財政投融資計画残高見込」（2013年12月）による。

〔3〕 財投システムの原型——1953-2000年の財政投融資

現在の財投システムは2001年の改革によって成立したが、旧財投システムは1953年から2000年までの約半世紀に及び、現行システムの原型をなす。そのポイントは「郵便貯金や年金積立金のような、国の制度や信用を背景に調達される有償の公的資金を、資金運用部等が一元的に統合管理し、公庫・公団などの財政投融資対象機関に融資あるいは出資する」点にある。財投活動は一般に、入口、中間、出口という3つの段階に区別される。〔図表3-6　参照〕

入口（資金調達）とは、財投で利用される資金（財投原資）の源泉である。その中心は国民から郵便局を通じて貯金、保険料等で調達された郵便貯金・年金積立金・簡易保険積立金などである。これらの原資は、それぞれの制度が独自の目的を持って調達した資金であり、財投への利用を直接の目的とした資金ではない。したがって、これらの資金は政府にとって受動的資金である。また租税と違って国民からの預かり金であり、コストのかかる有償の資金である。

〔図表3-6〕　旧財投システムの枠組み（1953-2000）

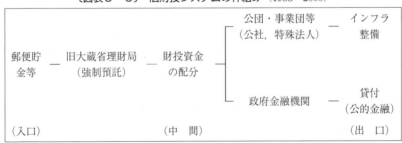

中間（資金配分）段階で4つの財投原資の配分が行われる。資金運用部資金は、入口で集められた資金のうち財務省に預託された郵便貯金、年金積立金、その他の資金である。資金運用部資金法は資金の管理・運用を規定し、①郵便貯金資金、②年金関係の特別会計積立金、③国庫余裕金などの預託を義務づけていた。「資金運用部への預託」と表現されるが、同名の行政部局はなく国有財産を管理する財務省・理財局で所管される。簡保資金は、簡易生命保険特別

会計で生じた剰余金の積立金のことであり，資金運用部預託の別枠とされてきた。別枠とされたのは，簡易保険事業（中低所得者向けの小口の生命保険）のはじまりが資金運用部の前身である大蔵省預金部より古く，歴史的に資金運用部預託の開始以前から独自運用が行われてきたことによる。

産業投資特別会計は，第2次大戦直後のアメリカの対日援助資金を受け継いで設立された特別会計で，財投における投資（出資）部分を受け持つ。一般会計から租税資金を繰り入れて利用するため無利子である。70年代には休眠状態になっていたが，80年代末からはNTT（国営企業であった電信電話公社の民営化によって設立）株式の政府売却益の一部を一般会計から繰り入れ，社会資本整備の財源としている。

政府保証債は，公庫・公団などの財投の対象機関が発行する債券に政府が元利払を保証するものである。政府保証債の引き受けは民間金融機関であり，民間金融機関は不特定多数の投資家にこの債券を売却する。政府保証債の発行機関は公庫・公団であるが，政府は元利返済の保障をするだけでなく発行額・発行条件についても関与するので，政府信用で調達した資金という性格から財投の原資とされる。

出口（融資・出資）段階では，公庫や公団などの特殊法人，国の特別会計，地方公共団体が，中間（資金配分）段階の4つの原資から融資や出資を受け，それぞれの団体の事業活動に利用する。これらの財投対象機関の数は1977年に54，1997年には58，内訳は特殊法人48，9つの特別会計，および地方公共団体であった。

財投対象機関は事業内容によって2つに区別される。1つは，公的住宅の建設を含むインフラ整備を担ってきた公団・事業団（その多くは21世紀初頭に改組される）である。これには日本道路，首都高速道路，阪神高速道路の各公団，本州四国連絡橋公団，日本鉄道建設公団，新東京国際空港公団，水資源開発公団，住宅公団などである。もう1つは，公的金融を担う政府系金融機関である。20世紀後半を通じて，政策分野別に以下の公的金融機関が低利長期の融資を通じて民間金融を補完してきた。中小企業，国民生活（個人事業者を対象），農林

漁業の各金融公庫（2008年10月より日本政策金融公庫に統合），日本開発銀行，北海道東北開発公庫（1999年から日本政策投資銀行に改組，さらに2008年から株式会社に転換），日本輸出入銀行（1999年同銀行と海外経済協力基金が統合して国際協力銀行となる），住宅金融公庫（2007年4月から独立行政法人住宅金融支援機構に改組），沖縄振興開発金融公庫，商工組合中央金庫（2008年に株式会社化）。これらの他に公営企業金融公庫（2008年に廃止，新たに地方公営企業等金融機構が設立される）が上下水道，公営交通，公立病院などの地方公営企業に投資資金を供給し，地域的インフラ整備の重要な一翼を担った。

〔4〕 財政投融資の動向──2001年の改革以後

2001年4月から「資金運用部資金法等の一部を改正する法律」の施行によって，財政投融資制度の改革が実施に移された。根拠法は「財政融資資金法」に名を変え，「資金運用部資金」は「財政融資資金」に，「資金運用部資金特別会計」は「財政融資資金特別会計」に変更された。新・財投システムのポイントは，郵便貯金や年金積立金の財務省への強制預託を廃止し，財投対象機関が必要とする資金を市場から調達することにある。これは金融面においても市場メカニズムの働きを信奉する新自由主義の経済政策論にもとづく。〔図表3-7参照〕

新しい財投システムでは第1に，それまで原資の中心であった郵便貯金と年金積立金の資金運用部資金への預託義務が廃止された。これによって，財投原資の中核をなした郵便貯金と年金積立金が自動的に財投原資とならず，原則として金融市場での自主運用となる。しかし，財政当局が両者以外の特別会計の積立金・余裕金等を管理・運用するという側面は残る。

第2に，預託義務の廃止に伴って，財政融資資金特別会計が新たな債券である「財政投融資債」（「財投債」，正式には「財政融資資金特別会計国債」）を発行する。財投債で調達した資金は，財投機関債や政府保証債での資金調達が困難な機関に対して貸し付けられる。財投債は金融市場で国債と一体的に発行されるという点で共通性を持つが，貸付債券からの回収金があるため減債基金制度はない。

〔図表3-7〕 改革後の財投システムの構造

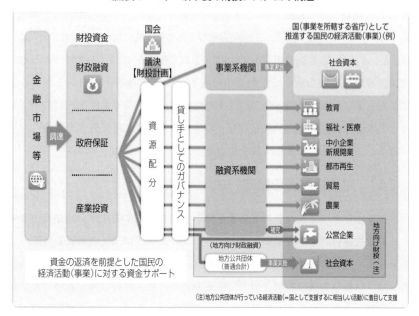

(出所) 財務省ホームページwww.mof.go.jp/filp/による。

　第3に，財投対象機関である特殊法人は以前の公団，事業団から株式会社，独立行政法人の形態に変わり，資金調達の方法として「財投機関債」を発行する。市場で評価の低い機関は，十分な資金を確保できないか，高い金利の資金調達を余儀なくされるが，これを通じて各機関の運営効率を高めるインセンティブとする。財投機関債の発行は，各機関の信用力にもとづく資金調達であることをふまえて，この発行に政府保証はつかない。しかし，政府保証なしで発行が困難な機関等については個別に厳格な審査を経たうえで限定的に政府保証債の発行を認められる。

　第4に，各財投機関は民間準拠の財務諸表を作成し，政策コスト分析，およびディスクロージャーの拡充を義務づけられた。政策コスト分析は各機関が財政投融資対象事業を行う場合，事業規模，金利，利用見込みを予測したうえで資金収支を推計し，一般会計からの補助金はどの程度必要となるかの試算であ

る。これによって，事業の妥当性の判断材料とする。そして各機関は財投機関債の発行に際して，政策コスト分析を債券内容説明書に記載しなければならない。しかし，政策コストが大きい場合，いつも財投機関の経営が非効率であるとみなすことになれば，必要性の高い事業が廃止されるか，縮小されるという問題を発生させることになる。

　この新自由主義的な財投改革は，政府の金融的活動についても市場原理の働きを強化し，結果的に財投活動の縮小，消極化を図るといえる。この改革は確かに，肥大化した財投に存在する非効率や官僚主義をかなり排除する効果がある。しかし他方で，インフラ整備への資金供給や公的金融による補完が不可欠な中小企業や農林水産業に対する低利長期の融資が縮小することは，日本の競争力や持続的な成長，雇用の確保にマイナスをもたらす恐れが強いことも事実である。財投活動に対する積極論，消極論の正否は，個々の財投機関や融資に即して評価される必要がある。

　ここでは新・財投システムの大きな問題点として，従来の低い金利水準が困難になる恐れが強いことを指摘しておきたい。従来は，政府系金融機関において資金運用部資金の「一元的管理・運用」と一般会計からの受入金が相乗的に機能した結果，民間金融機関より低い貸出金利が可能になった。ところが，今後それぞれの財投機関（特殊法人）は，信用力にもとづいて財投機関債を発行し必要な資金を調達するというのが基本となった。このため，財投機関債の発行は社債に近似した性格を持つことになる。政府保証債や財投債による融資は財投機関債の発行が困難な場合に限定される。そうすると，経営効率の悪い財投機関の発行する財投機関債は高い発行金利を余儀なくされ，それは公共サービスの利用料金の引き上げ，またはサービスの低下に帰結する。これは，財政投融資の公共性，つまり従来の財投が持っていた低利長期資金の供給や相対的低料金での公共サービスの提供という公共性を弱体化させる恐れがある。

　財政投融資の主要分野は　1）中小企業，および農林漁業　2）教育・福祉，医療　3）インフラ整備　4）技術・研究開発　5）国際金融・ODA　6）地方自治体，の6つである。時代によって経済社会の要請が異なるために，そ

の重点も変化する。ここには財投固有の問題と同時に,各分野の政策のあり方と密接に関連する。したがって個々の分野の財投の問題点や課題を明らかにするためには,インフラ整備や社会保障,教育・科学技術振興,中小企業,農林漁業政策の一環として分析,検討する必要がある。

〈参考文献〉
厚生労働省　http://www.mhlw.go.jp/topics/nenkin/zaisei/01/01-03.html.
財務省　http://www.mof.go.jp/filp/summary/index.html.
社会保障制度改革国民会議［2013］『社会保障制度改革国民会議報告書
　　　　　　　　　　　～確かな社会保障を将来世代に伝えるための道筋～』.
新藤宗幸［2006］『財政投融資』東大出版会.
田中信孝［2008］『政府債務と公的金融の研究』自治総研叢書.
内閣府［各年］『経済財政白書』国立印刷局.
宮脇　淳［2001］『財政投融資と行政改革』PHP新書.

第4章　国と地方の財政関係

<本章のねらい>

① 国・地方間の太い財政関係を知る。
② 国と地方の望ましい財政関係は、どのようなものか。

　財政活動は国と地方（日本では都道府県と市町村）の両政府によって行われる。日本では国と地方の行政事務の費用配分は4対6であり、地方政府が多くの仕事をしている。しかし、国税と地方税の配分は長らく6対4であり、近年地方の比重がわずかに高まっているものの、地方は財源の大きな部分を国に依存する。

　本章で国と地方の財政関係を主題とするのは、国と地方の財政が太いパイプでつながっているからである。両者の財政関係が国際的な地方分権の流れを背景に変貌する中で、国から地方への財政移転の根拠や動向を説明する。

1　国から地方への財政移転——地方交付税と国庫補助金

　日本の政府は1つの中央政府（国）と2層制の地方政府（自治体と同義）から構成される。地方政府は47の都道府県と多数の市町村からなる。市町村数は中央政府の誘導で2000年から全国的に「平成の大合併」が推進され、大幅に減少した。それは1999年3月末に3,232あったが、2003年3月末に3,212、2006年3月末に1,821となり、2012年4月以降1,719で、約10年間に1,493団体も減少した。

　近年の国の財政規模は約90兆円（2012年度一般会計予算90.33兆円）、地方財政は97兆円（2011年度普通会計決算97.00兆円）である。しかし、国に関する数値は実際の仕事に要した費用を表していない。というのは、国は財政の規模よりも

少ない仕事しかしていないからである。これに対して地方は数値どおりの仕事をしているが，それに必要な財源をすべて自前で調達していない。地方財政は財源の一定部分を国からの交付金，つまり財政移転によって確保しているからである。

この点を理解するために，まず国と地方の仕事の分担関係を整理する。個々の行政分野では国防や国際経済協力はすべて国の仕事であるが，インフラ整備は国と地方3：7（国土保全・開発費），社会保障は3：7（年金を除く民生費），学校教育は14：86となっている。費用面からみると，行政事務に要する費用全体のうち国は約40％（2011年度41.6％）を担当するのに対し，地方政府の担当分は約60％（同58.4％）である。

しかし，財源面では国税と地方税の割合はおおよそ56：44（2011年，55.7％，44.3％）である。税金に国債，地方債をそれぞれ加えたものでみるとおおよそ国66：地方34（同65.5％，34.5％）である。地方財政は経費面で約60％の仕事をしているのに対し，自前で調達できる財源は34％しかなく，「支出－収入ギャップ」が生じる。この結果，収支の乖離分にあたる財源が「地方交付税」と「国庫補助金」という2つの方法で国から地方に移転されてきた。こうして現代の財政は国と地方の間に太い財政関係ができている。財政移転の主な手段は地方交付税（一般補助金）と国庫補助金（特定補助金）である。

地方交付税が地方財政収入に占める割合は近年16～19％（2011年度決算18.7％），国庫補助金は13～17％（同16.0％）であり，2つ合せて29～35％（同34.7％）となる。都道府県（以下，府県と略す）と市町村では一定の違いがある。府県では財政収入52.15兆円（2011年度決算）のうち地方税は30.2％であるのに対し，地方交付税18.6％，国庫補助金14.9％，両者の計33.5％である。市町村では財政収入54.78兆円（同）のうち地方税33.7％に対して，それぞれ16.5％，14.9％，計31.4％である。

国から地方への相当の財政移転には，一方では必然性，他方ではそこから生じる深刻な問題点がある。資本主義の発展とともに，商工業が産業の中心で人口の集中する都市は経済的に豊かになるのに対し，農林漁業が中心の農山漁村

地域（以下，単に農村と呼ぶ）は停滞的である。この地域経済の不均等発展は資本主義において不可避の傾向である。その結果，同じ税率の下では税収に大きな地域間格差が出てくる。だから農村において財政収入を地方税など自前の財源だけでは，地域社会を維持するのに必要な行政やナショナルミニマム（国民的最低行政水準）を確保できない。農村社会や自治体が維持できなくなると，農村の人は皆都市に移住せよということだろうか。決してそうではない。というのは，都市の人々の食糧は農村で生産しなければならないし，水道の水は豊かな森があり，河川が保全されてはじめて供給される。農村地域の維持は国民全体，特に都市に住む人々にとって不可欠である。このため，国が農村に財源を交付することを通じて，都市の住民や企業が農村維持の費用の一部を負担するのである。これによって農村地域は維持され，農村に住む人々のナショナルミニマムは保障される。この点は国から地方への財政移転の必然性であり，この仕組みは20世紀の進行とともに，すべての先進諸国で導入されている。

しかしながら，地方政府への財政移転は同時に深刻な問題を引き起こす。国は財源の交付と引換えに，地方の行政に介入し，統制することが多いからである。これによって，地域の自主性が奪われ，自治体ごとの創意工夫の余地は狭められてきた。すでに指摘したように，現代の大きな政府は中央政府中心であり，行政や財政の中央集権が進んで地方自治は弱体であった。また，国が基準を決めて全国一律の行政を地方に押し付けると，多様な各地域の実情に合わず，財政の非効率や浪費がひどくならざるを得ない。1980年代以降，国際的に地方自治再生の動きが高まるのは，これへの対処を主要な理由とする。

2　地方財政調整の理論と地方税

国と地方の財政関係は理論的には，地域経済の不均等発展を背景に地方政府の財政力に格差が生じることから発生する。〔図表4－1〕は富裕団体（大都市），中位団体（中小都市），低位団体（農村）という3団体モデルで，財政移転と国・地方の税源配分を例示したものである。国から地方への財政移転には，

一般補助金(使途が特定されない,日本では地方交付税)と特定補助金(使途が特定される,国庫補助金)という2つの方法があるが,ここでは単純化のために一般補助金のみを想定する。また財政調整の方法にはもう1つ,地方政府間で行う水平的財政調整があるが,ここでは国・地方間の垂直的調整を想定する。

〔図表4-1〕 国と地方の財政関係モデル

	(1) 支出規模	(2) 地方税収	(3) 財政移転	(4) 国税収入	(5)=(4)-(3) 国の実質支出
A 富裕団体 (大都市)	500	500	0	—	—
B 中位団体 (中小都市)	200	100	100	—	—
C 低位団体 (農 村)	100	20	80	—	—
合 計	800	620	180	620	440

(備考) 財政移転は一般補助金を前提とする。
経費配分　国:地方=440:800=35.5:64.5
税源配分　国:地方=620:620=50:50
(出所) 筆者作成。

このモデルでは,富裕団体の支出規模,地方税収とも500で財政移転は0である。中位団体は支出規模200,地方税収100,財政移転100,低位団体はそれぞれ100,20,80である。合計では地方政府の支出規模800,地方税収620,財政移転180である。これは国と地方の間の財政調整であり,厳密にいうと地方政府と上位政府との間の調整であるので,垂直的財政調整である。すなわち税源配分は50:50であるのに対し,国と地方の間で財政調整が行われ,財源配分は支出規模(経費配分)に対応して440:800=35.5:64.5となっている。〔図表4-1 参照〕

財政調整を行う理由として2点あげることができる。1つは,地方都市・農村地域の経済活動が農林水産物などの価格に内部化されず,正の外部経済(支払いのない便益)を生み出し,これが都市的地域の多大な便益になっていることである。誰でも知っているように,地方都市・農村地域は食料生産,水源涵

養,清浄な空気の供給などの多面的機能を果たし,これらの機能は国民的意義を持つとともに,都市的地域の企業活動や人々の生活を支えている。ところが,市場経済や資本主義経済の下ではこれらの便益が農林水産物などの価格として実現（内部化）されない。このため農村地域の所得水準は相対的に低位であり,地方都市・農村圏の地方政府に地域社会を維持するのに必要な税収確保を困難にする。しかし農村地域を維持することなくして,都市における企業活動や人々の生活は成り立たないので,国から地方への財政移転によって農村の維持を可能にするのである。

その2は,国民はどこに居住していても憲法に規定された生存権（健康で文化的な最低限度の生活の保障,憲法25条）を保障されることである。生存権に関する地方政府の任務は,保育,義務教育,医療,高齢者や障害者への福祉,インフラ整備,防災,災害救済などにおけるナショナルミニマム（国民的最低行政水準）の確保である。しかしながら,商工業と農林水畜産業との間の不均等発展や,多大の外部経済にともなう所得格差ゆえに,ナショナルミニマムの維持に必要な支出と税収の間にかい離が生じる。このかい離を解消するのが,国から地方都市・農村圏の地方政府への財政移転に他ならない。この意味で,国・地方間の財政調整は生活保護（公的扶助）や医療保障などと同様,生存権の財政的表現の1つである。

この2点は先進工業国では共通のことであるので,地方財政調整は20世紀の進行とともにいずれの国においても制度化された。またいわゆる開発途上国においても1980年代以降,経済発展に伴って都市と農村の地域間経済格差が拡大すると,財政調整制度が整備されるようになる。

地域の所得水準や人口規模に制約されて,地方政府間に財政力,すなわち支出規模に対する地方税収のウエイトに格差が存在する。ところが地方自治の観点から,いずれの地方政府もできる限り必要な収入を地方税で調達することが求められる。そうでないとモラル・ハザード（倫理の欠如）や非効率が拡大しかねないからである。この2つの要請を満たすために,地方税の税源は財政力の格差を極力小さくする租税がふさわしい。ここから国税とは別に,地方税に

のみ特別に求められる原則，つまりいくつかの地方税原則が必要になる。

　ここでは最も重要な地方税原則として5つあげる。1つは普遍性原則，つまり税源がどの地域にも普遍的に存在することが望ましいことを内容とする。この原則は，地方政府の課税権が当該地方団体の域内に限定されていることから不可欠となる。逆にいうと，大都市に偏在するような税源は地方税として適しない。したがって移動性のない土地や建物などは地方税源として普遍性を持つが，法人所得や譲渡所得は大都市に偏在し，普遍性に乏しいといえる。

　その2は安定性原則である。中央政府の財政と比較すると，地方政府の財政活動は毎年必要となる経常経費のウエイトが高いために，地方税には安定性，つまり国税と比べて税収の変動性の小さい税種が求められる。特に基礎自治体である市町村では住民生活に密着した行政事務が多く，景気変動に左右される度合いが小さいといえる。

　その3は負担分任原則であり，地方税はできるだけ多くの住民が負担する，すなわち地方税の負担を分任できる地方税が望ましいとされる。個人住民税（地方所得税）の課税最低限や，かなり低い所得層も負担する個人住民税の均等割りの存在はこの原則を根拠にしている。地方税を負担すると，地方政府の行政や財政に関心を持ちやすいという理由から，この原則に肯定的な評価もあるが，租税の一般原則を重視して必ずしも必要ではないとの否定的評価もある。

　その4は，応益性原則であり，地方政府の行政サービスやインフラのもたらす便益と関連性があることを内容とする。地方政府が生み出す便益，または受益の形態には，3つある。第1に，公共施設の利用や行政サービスを受けることから生ずる直接便益（直接受益）である。この直接便益はまた，文化スポーツ施設の利用料金，言い換えると「直接利用者負担＝受益者負担」の根拠とされる。第2に，集積の利益と呼ばれる一般的及び間接受益である。地方政府が財政活動を通じて与える大部分の便益は，個別的であるよりも包括的である。それは，ある地域のインフラや公共施設は相互に関連した1つのシステムとして整備されて初めて，十全に機能を発揮できることに示されている。たとえば企業活動は道路網，鉄道バスなどの交通システム，港湾，用水，情報提供のワ

ンセットでの整備を必要とすることである。教育文化施設についても，保育所，幼稚園，小中学校，高校，大学，社会教育，文化スポーツの諸施設が整備されて，すべての世代の住民が行政の便益を享受できる。第3の形態は，現在および将来の便益（受益）が擬制資本化されて結実する地価上昇や土地譲渡益（キャピタル・ゲイン）である。地方財政の主たる任務の1つは広い範囲のインフラ整備（社会資本建設の総体）であり，これは土地と結び付いた条件の改良，土地利用度の増進によって地価を上昇させる。これは特に大都市地域にあてはまるが，体系的なインフラ整備に多額の投資が行われるからである。土地増価（地価差益）の実現は通常土地の売却であるが，実質的な土地譲渡である，不動産会社などの株式売却はこれに含めなければならない。歴史的な経験のある土地増価税や，土地譲渡税は拡充された応益原則の点から地方税としての適性を備えているといえる。

第5に，視認性原則であり，地方税を負担する住民が自身の負担する税の種類と負担額を直接確認できることを内容とする。この原則は地方自治を豊富化する上で欠かせない。住民が地方税の負担について知っていることは，地方政府の行政や財政に関心を持つうえで重要なインセンティブになるからである。これに準拠すると，地方税は直接税であることが望ましく，間接税には難点があることになる。本書ではこの原則を重視するが，まだ通説になっているわけではない。

以上の5原則の他に，地方政府を所管する政府当局は税収の伸長性原則と伸縮性原則をあげる。しかしこの両原則は，国税にも同様に求められる原則であり，地方税に固有の原則としての意義はそれほど大きいとは言えない。

地方政府の基幹税である固定資産税（市町村），個人住民税（市町村，府県），法人住民税（市町村，府県），法人事業税（府県，特に外形課税部分）は普遍性，応益性をはじめ地方税の5原則に概ね合致する。

地方税の収入に占める地位には都道府県，市町村とも大きな格差がある。歳入総額（2011年度決算）に占める地方税の割合は東京都の66.4％，愛知県の41.9％に対して，奈良県は23.5％，沖縄県は15.6％である（総務省ホームページ

第Ⅰ部｜現代財政のスケッチ

「決算カード」)。市町村間では政令指定都市，中核市の39.5％に対して，人口1万人以上の町村が25.8％，人口1万人未満の町村では14.1％である。

地方税収の規模や負担額についても同様である。都道府県では人口1人当たり税収額（2011年度決算）を指数（全国平均を100とした場合）でみると，最大の東京都が164.6，最小の沖縄県が64.8で2.5倍の開きがある。地方消費税（精算後）では最大の東京都138.4，最小の奈良県75.8で1.8倍である。これに対して地方法人二税（法人道府県民税・法人市町村民税，法人事業税）では，最大の東京都244.4，最小の奈良県45.9で5.3倍である。

3 日本の地方財政調整制度と問題点

現代において，ほとんどの地方都市・農村圏は国から財政移転を受けないと自治体や地域社会，住民の生活を維持できない。国の税金の相当部分は都市の商工業や市民によって支払われるから，農村の自治体が受け取る財政移転は都市地域で国に支払われた税金の一部であることになる。つまり国は財政移転を通して原理的に，都市と農村の財政力格差を調整するのである。この仕組みが地方財政調整制度であり，通常2つの方法でなされる。1つは一般補助金（general grant），もう1つは特定補助金（special grant）である。

> **【一般補助金と特定補助金】** 国から地方に交付される財源のうち，使途を特定しないものを一般補助金と呼ぶ。日本では地方交付税や地方譲与税がこれにあたる。使途を特定した交付金を特定補助金と呼び，国庫補助金や，府県から市町村に交付される府県支出金がこれにあたる。特定補助金は例えば公共施設の建設の際，費用の2分の1，3分の1というように交付される。

地方財政調整制度は20世紀以降，商工業と農業，都市と農村の不均等発展を背景として先進諸国で相次いで生成し，わが国においても1930年代半ば（36年「臨時町村財政補給金」，37年「臨時地方財政補給金」）に形づくられた。第2次大戦後は地方交付税（地方に交付する国税を意味する）と国庫補助金が中心的な地方財政調整の手段となっている。

地方交付税制度は，シャウプ勧告によって創設された地方財政平衡交付金を改編して1954年に発足した。それは使途を特定されない一般補助金であり，原資は4つの国税の一定割合，所得税・法人税の33.1％，酒税の50％，消費税の22.3％，と地方法人税全額（2018年度現在）である。法律に規定され，国の裁量が入らないことから，この財源は地方の固有財源（共有財源）として，地方税に準じた性格を有する。

交付税総額の原則として94％（2016年度95％）は「普通交付税」として，財源不足額に応じて各自治体に配分される。この不足額は各自治体の基準財政需要額（標準的行政を行うための経費）から基準財政収入額（標準税率での地方税収入の一定割合他）を引いた金額をベースとする。基準財政需要額はどんな自治体も「合理的，かつ，妥当な水準」（地方交付税法）の行政を維持するために必要な標準経費であるので，普通交付税は農村地域を含む自治体に対して必要な財源を保障し，本来の役割を果たすのである。

残りの6％（～2015年度6％，2016年度5％）は「特別交付税」であり，特別・臨時の財政需要が生じた自治体に配分される。具体的には特定の自治体が台風や地震などの自然災害や大火災などに対応せねばならない時に，財源交付の対象となる。

地方交付税はこれまで農林水畜産業や農林水畜産地域の外部経済の内部化（前述），ナショナルミニマム，つまり全ての国民，地域に最低限の行政を保障するという点で積極的な役割を果たしてきた反面，いくつかの重大な問題点を抱えてきた。第1に，交付税による財政調整が過度に行われている。財政調整は本来，財政的に貧困な自治体，つまり多くの農村自治体の財源保障を目的とするはずであるが，日本では財政力の高いはずの都市自治体のほとんど，また大都市でさえも普通交付税の交付団体になってきた。近年，不交付団体は府県では東京都のみで，市町村では100団体以下（2011年度58団体，2012年度54団体，過去30年で最低水準）にしかすぎない。これは地方，特に大都市の税源が貧弱であることから生じている。

第2に，交付税システムに存在する隠れ借金に注意する必要がある。交付税

は「交付税及び譲与税配付金特別会計」で管理されてきたが，国税にリンクした交付税総額つまり法定財源分と，実際に配分される金額に乖離があり，不足額が借入金によって補填されてきた（2007年より新規借入を停止）。交付税特別会計の借入金残高は2018年3月時点で約32.5兆円である。

第3に，準地方税であり，使途を特定されない一般補助金であるにもかかわらず，交付税と国庫補助金の一体利用が進み，固有の性格が弱体化，劣化していることである。一体利用とは国庫補助金が費用の一部に対する補助であるため，交付税が残りの費用に充てられ，事実上使途を特定された裏負担になっていることを指す。このため，交付税は国の省庁が自治体行政をコントロールする手段に転化し，自治体行政の自主性を損なう一因となっている。

国庫補助金（国庫支出金とも呼ばれる）は地方に移転されるもう1つの大きな財源である。これは本来，使途を特定して国の責任を果たすための財源手段であるが，他方で地方行政を国の政策に誘導するための強力なテコとなってきた。最近では地方財政収入に占める割合は16％前後（2011年度16.0兆円，16.0％）である。府県は13〜17％（同7.8兆円，14.9％），市町村は15％前後（同8.2兆円，14.9％）である。

国庫補助金の主要なものは，経常的な経費に対する補助金（法律上は負担金，全体の約75〜80％）と公共事業に対する建設補助金（約20〜25％）である。前者の代表的なものは義務教育費負担金（教職員給与3分の1負担，2005年度以前は2分の1負担）である。これは小中学校教育に国と地方が責任を分担することの財政的表れであるが，他方で国が義務教育を統制するテコとなっている。また，生活保護費負担金は，国の負担分4分の3に充てられる。国と地方の負担割合が適切であるか否かは，行政責任の分担のあり方に照らして慎重に議論されている。

建設補助金は全国的な見地からみて必要な特定の事務・事業を奨励する手段として支出され，国や各省庁の地方統制や政策誘導の中心的手段としての役割を担ってきた。このことはさまざまな弊害を生んでいる。第1に，自治体財政にハコもの（物的な公共施設）整備といわれた建設事業を優先させてきた。また，

その使途が国の基準に従うことを求められる結果，どの地域に行っても同じ，個性のない公共施設が作られる傾向にあった。第2に，地方財政の浪費，非効率の原因である。補助金欲しさに，それほど必要でない施設の整備，実情にあわない事業が実施されがちであった。地方分権が国民的課題となっている今日，地方交付税や国庫補助金はメリットを生かし，デメリットを排除する根本的な再編成の断行が不可欠である。

4　地方分権と国・地方の財政関係の改革

国際的には1980年代から，日本では90年代後半から中央政府中心の国民国家の変容を背景に地方分権への動きが強まる。資本主義市場経済のグローバル化およびボーダーレス化の進展にともなって，これまで圧倒的なウエイトを占めてきた中央政府の権限，役割が上下方向に融解し，縮小を余儀なくされてきた。上方にというのは経済政策や対外政策の決定においてサミット（先進国首脳会議）や，ＥＵのような地域統合，国連やＷＴＯなどの国際機関，国際会議における合意の影響力が飛躍的に高まり，各国政府の裁量，選択の余地，国内市場や産業への保護措置が制約されるようになっていることを指す。

下方にとは中央政府の権能の重要な一部が地方政府に移譲され，地方の役割が拡大していることにあたる。日本の社会保障において，国は年金給付や失業給付などの「現金給付」を担うが，地方政府が担当する医療や福祉，介護などの「対人社会サービス」の領域（現物給付）が拡大してきたということである。地方政府（自治体）の民生費は児童福祉費，老人福祉費，社会福祉費などから構成される。民生費（決算）は2001年度14.1兆円，全地方支出に占める割合14.4％から2006年度16.3兆円，同18.2％，2011年度23.2兆円，同23.9％へと一貫して増加し，このことを裏付けている。

グローバリゼーションの影響や少子高齢社会という経済社会の構造変化，成熟化によって，全国的に画一的な政策の有効性は既に失われた。住民の多様な価値観や地域特性にマッチした政策の実行は，地方政府に委ねざるを得ないの

である。この事情こそ，多くの国々で分権化を不可避としている最大の理由である（内山昭［2009］，重森曉・植田和弘編［2013］参照）。

　日本の地方分権は2000年から「地方分権の推進を図るための関係法律の整備等に関する法律」（475の法律の改定からなる）の実施により，機関委任事務が廃止され，事務配分（仕事の配分）に関する国と地方の明確な分担が大きな前進を遂げた。これによって自治体における政策決定の自主性・自己責任の比重が高まった。国と地方の財政関係改革は国から地方への税源移譲と財政移転（交付税，国庫補助金）の縮小という3点がセットであるので，この改革は「三位一体改革」と呼ばれる。2004年度から06年度にかけて，国から地方への税源移譲3兆円，財政移転の縮減9.8兆円（国庫補助負担金4.7兆円，及び地方交付税5.1兆円）の改編が実行に移された。

　この第1次税源移譲は規模が小さいうえに，財政移転縮減の規模が過大であるために，多くの地方政府の財政は苦境に陥ることになる。第2次税源移譲では，大府県や政令指定都市，中核市などを地方交付税の不交付団体とし，都市的自治体の交付税依存度を低下させるとともに，地方交付税制度（財政調整制度）は財政力の小さい地方政府の財源保障を担うという本来の役割に回帰しなければならない。そのためには国，地方の税源配分が現行の55：45から，50（または45）：50（または55）になるような第2次税源移譲が必要になる。〔図表4－2　参照〕

　国と地方の税源配分を50：50にする第2次税源移譲は約10兆円の規模である。すでに財政移転は過大な縮減が行われているから，現状の地方交付税や国庫補助金を維持することが前提となろう。また東京都や大府県，政令指定都市や富裕団体に税源が集中するが，この問題への対処，例えば逆交付税制度を創設し，一定の基準で超過税収をこの制度に繰り入れる制度設計が不可欠である。

　労働所得税（給与所得，事業所得）の税率10％部分10兆円を地方移譲（府県5兆円，市町村5兆円）する場合のシミュレーションによると，大府県を中心に14都府県が不交付団体になるか，交付税依存度を大幅に低下させ，財政的自立を確保できる。この14都府県に居住する人口は7,210万人，全人口比56.8％（2000

年）である。市町村では人口20万人以上の107市と，人口10～20万人未満の122市のうち55市，合計で229市（2000年）のうち，推計で162市が不交付団体になる（内山昭［2009］第2，3章参照）。

〔図表4－2〕　国と地方の経費・税源配分―イメージ図

（国・地方の経費配分）

中央：40	地方（府県・市町村）：60

（現行の税源配分）（国税：55，＊：地方交付税＊＊：国庫支出金）

	＊ ＊＊	地方税：45	国債 地方債

（税源再配分後）（国税：50 or 45）

	＊ ＊＊	地方税：50 or 55	国債 地方債

（出所）　筆者作成。

　この税源移譲によって，地方交付税制度は地方都市・農村圏における自治体の財源保障の役割を担うようになる。とはいっても，多額の交付税や国庫補助金を受けている自治体の財政に，かなりの浪費や非効率があることも事実である。地方都市・農村圏の自治体当局やそこに住む住民が，その排除に努めなければならないのは当然である。

　財政移転は，豊かな都市で支払われた税金が国を介して地方都市・農村圏に再配分されることを意味する。これは都市の市民生活や産業活動が，農業農村の存在を前提にはじめて成り立っていることから正当化される。そこでの食糧生産は大都市の市民に供給されるし，安全な水源なくして大都市の人々は１日も生きてゆけない。緑豊かな国土，美しい河川や湖，海浜などは国民の共有財産である。これらの自然環境はそこに住む人々の生活と仕事の持続性が確保されてこそ，保全される。農村地域の経済や自治体を維持できなくなれば，これらの機能は喪失する。都市の市民の安全で安心できる生活は脅かされ，国民共有のかけがえのない財産が荒廃の危機に瀕する。地方交付税を中心とする国か

らの財政移転は，これを防止するのに不可欠なインフラにほかならない。

　他方で，これとは別の考え方がある。国からの財源に依存し過ぎると，その地域・自治体はいつまでも自立できず，財政の非効率も温存されたままになるという。そして，単独で自立できない自治体は近隣の大きな自治体と合併するか，複数の自治体が合併して，大きな自治体を形成し，行財政力を高めるべきだと主張する。この考え方が国に与えた影響は大きく，国の強力な合併推進への誘導により市町村数は大幅に減少した。しかし，広い面積の山村地域や離島で合併した場合，人口の少ない集落や条件不利地域は，費用がかかりすぎるという理由で切り捨てられる危険が大きい。全国には合併を選択せず，「小さくても輝く自治体」をめざし，単独行財政を継続している自治体が多数ある。ここには生まれ育った地域を守るというだけでなく，かけがえのない国民の共有財産を大切にしようとの気概がある。私たちは孫子の世代のために，どちらを選択すべきかをよく考え，議論していくべきであろう。

〈参考文献〉
内山　昭［2009］『分権的地方財源システム論』法律文化社.
　─　［2010］「外部経済の理論と農村財政の課題」『地域経済学研究』20号.
金澤史男［2010］『福祉国家と政府間関係』日本経済評論社.
栗田但馬［2006］『過疎自治体財政の研究』自治体研究社.
小西砂千夫［2009］『基本から学ぶ地方財政』学陽書房.
佐藤主光［2011］『地方税改革の経済学』日本経済新聞出版社.
重森曉・植田和弘編［2013］『Basic地方財政論』有斐閣.
総務省編［各年］『地方財政白書』国立印刷局.
武田公子［2011］『地域戦略と自治体行財政』世界思想社.
地方交付税制度研究会編［各年］『地方交付税のあらまし』地方財務協会.
日本地方財政学会編［2005］『分権型社会の制度設計』勁草書房.

第Ⅱ部

租税と公債

第5章 所　得　税

<本章のねらい>

① 所得税の仕組みや現代税制における地位を知る。
② 所得税をめぐる対抗を考える。

「大きな政府」となって以降の現代において、政府財政が経済，社会の全面で重要な役割を果たしているが、その財源の中心となってきたのは所得税である。他方で、1980年代以降、いわゆる「小さな政府」への動きが強まる下で、所得税の最高税率引き下げや簡素化、金融所得に対する軽課措置などが繰り返され、所得税の税収基盤は低落傾向の中にある。本章では、所得税の仕組みと理論、そして現代の改革課題について論じ、現代財政における所得税の意義を考察する。

1　所得税の仕組み

日本では、個人の所得を10種類に分類している（丸数字で示した部分）が、経済的には以下の5つに整理できる。

1）賃金，役員の報酬 —— 給与所得①
2）自営業，農家など，個人で行う事業から得られる所得 —— 事業所得②
3）資産性所得 —— 金融資産からの利子所得③，株式からの配当所得④，
　　不動産所得⑤
4）キャピタルゲイン —— 土地，建物，金融資産の売却による譲渡所得⑥
5）その他 —— 退職所得⑦，山林所得⑧，クイズの賞金などの一時所得⑨，
　　その他の雑所得（年金，恩給を含む）⑩

課税期間を1年とすると、所得は年度初め（期首）と年度末（期末）の経済

力の増分であるといえる。しかし土地や株式が値上がりして資産価値が増加しても売却して貨幣の形になるまでは課税されない。また会社から社宅を提供され，家賃が不動産屋を通じて借りた場合より格段に安く，事実上，現物での給与に当たるとしても，その差額は給与として課税されない。だから経済力の増加分のうち，貨幣の形をとった所得，つまり実現所得だけが課税される。

さらに実際の所得にはさまざまなものがあり，どの所得種類かが分かりにくいものも少なくない。高齢者が受け取る年金は，かつて給与所得に分類されていたが，現在は雑所得である。職業作家の原稿料収入は事業所得となるが，サラリーマン作家の場合は雑所得となる。外資企業から受け取るストック・オプション収入のように，税務署の解釈に納得せず，裁判になるケースもある。このように経済活動の成熟化につれて新しい所得形態が生まれてくるのであり，絶えず課税の方法に工夫が求められる。

多くの人々は主たる所得を勤務先の会社から得るが，このほかに利子所得や譲渡所得（キャピタル・ゲイン）など他の所得がある。いくつもの会社の役員であるとか，複数の店を経営している場合，複数の源泉から所得を受け取る。これらの所得を合計したものは総合所得であり，これを課税ベースとする所得税は総合所得税と呼ばれる。これに対して，異なる所得種類ごとに課税するのが分類所得税である。日本の場合，総合所得税を建前とし，相当部分の所得は合算課税である。しかし利子や譲渡所得（キャピタル・ゲイン）などは例外として，分離課税となっている。

課税ベースとなる所得の算定は，次のようになされる。

$Y = Re - 経費Ko$

Y：所得（純収入）　Re：収入　Ko：経費

所得Yの全てが課税対象となるわけではない。課税所得Yt（課税ベース）は所得総額から一定の定めにしたがった金額を控除（所得控除Yd）して算出される。

$Yt = Y - Yd$

所得控除は第1に，所得を稼ぐために必要となった諸経費が差し引かれる。

自営業者などの事業所得を例にとれば，年間の売上げがその事業者の総所得となるが，その売上げを稼ぐために必要となった諸経費が差し引かれる。給与所得については，経費の範囲を決めることが困難であり，原則として経費の控除が認められない。そこで，必要経費の代替措置として，給与所得控除制度が設けられている。

第2に，納税者の家族構成をはじめとした生活実態に即した課税を行うために，所得から一定の金額が控除される。これを所得控除という。所得控除の中心は人的諸控除であり，全ての納税者本人に対する基礎控除，配偶者控除，扶養控除（子どもや同居高齢者）がある。これらは基本的人的控除と呼ばれ，世帯のうち対象となる者一人につきそれぞれ38万円が控除される。例えば，同じ所得を稼いでいる場合でも，単身世帯の場合は，本人の基礎控除が差し引かれるのに対して，専業主婦と子ども2人の世帯の場合は，基礎控除，配偶者控除，扶養控除（2人分）の計152万円が所得から控除されることになる。このほかに，障害者，寡婦（夫），勤労学生控除などがある。これらの人的控除は，所得が同じであっても，家族構成が異なれば，生活実態は当然異なることから，その違いによる担税力の差異を考慮するために設けられている。現在の日本の所得税制は，課税対象の単位は個人であるが，人的控除によって世帯間の公平性を確保するという制度設計となっているわけである。所得控除には，このような人的控除に加えて，医療保険や年金などの社会保険料控除，医療費控除（自己負担分）などの控除がある。これら所得控除に加えて，災害等で被災した場合には，家財等の被害額に応じて雑損控除が加わる。

所得控除の後，課税所得（課税ベース）が確定すると，これに税率をかけ税額控除を引いたものが納付税額となる。現代の所得税制では，超過累進税率で課税される。超過累進税率とは，一定金額の課税所得までを特定の税率で課税し，それを超える所得に対しては，より高い税率で課税するというものである。超過累進税率は，限界税率とも呼ばれる。

$Ty = Yt \times r - Tc$

Ty：所得税額　r：税率　Tc：税額控除（住宅ローン利子の一部，配当税額，

外国税額など）

税率は超過累進税率であるから，納付税額の算出式は次のようになる。

$$Ty = (Y_1 \times r_1 + Y_2 \times r_2 + Y_3 \times r_3 + \cdots\cdots) - Tc$$

現在の日本では，各段階の課税所得区分にしたがって，5～45％の7段階の限界税率が設定されている（2016年～）。

以上をまとめると，所得税額の算出は以下のようなプロセスを経る。〔図表5-1 参照〕

① 所得総額から必要経費（サラリーマンの場合は給与所得控除）が控除される。
② さらにそこから，人的控除をはじめとした所得控除が差し引かれ，課税所得（課税ベース）が確定する。
③ 課税所得に超過累進課税による税率が乗ぜられ，算出税額が確定する。
④ 算出税額から税額控除が差し引かれ，納税額が確定する。

〔図表5-1〕 所得税額算出のプロセス（給与所得の場合）

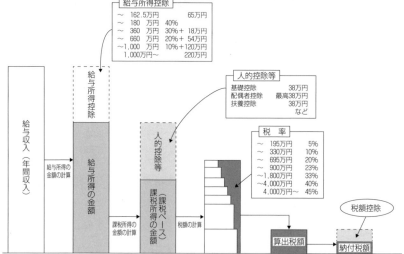

（出所）財務省「給与所得者の所得税額計算のフローチャート」。

所得税の徴収，納付の方法は，源泉徴収と申告との2つに区別される。第1は源泉徴収であり，会社や職場などの支払い源泉で徴税（源泉所得税）するものである。給与所得はこれを適用され，4,026万人（2014年）が納付する。一律20％の利子所得やキャピタル・ゲインも同じであり，銀行や証券会社などの金融機関を通じて徴収される。第2は申告所得税であり，自営業者や自由業などの各個人が自分で書いた申告書にもとづいて，納付する。申告による納税者は612万人（2014年）である。

2　所得税の理論

　19世紀の租税構造は間接税のウエイトが高く，直接税はまだ外形課税の収益税，とくに地租が中心であった。20世紀とともに所得税が発展するが，初期には収益税の代替の役割を果たした。というのは収益が大きくても純収入（所得）が大きいとは限らないのに対し，所得税は担税力の尺度として有効であったからである。株式会社の普及，発展とともに給与所得者や賃金労働者が急増するようになる1930年代に所得税は多くの先進諸国で基幹税の1つに成長する。当初，納税者数は少数であったものの，給与所得者への源泉徴収の導入とともに納税者数も飛躍的に増大する。それは第2次世界大戦から戦後にかけて定着するが，その理由として3点あげることができる。

　第1に，所得税の持つ多収性である。準戦時体制や第2次大戦時，政府は膨大な戦費調達を迫られたのに対し，所得税は経済成長や所得水準の上昇を税収として的確に把握できるシステムを持っていたのである。第2に，資本主義の発展は貧富や所得の格差を拡大し，その是正が不可避となるのに対し，累進課税によって所得再分配を大規模に行うことを可能にする。第3に，所得税は源泉徴収システムによって，大量の勤労所得者に負担を求めることを可能にする。とくに第2次大戦後，福祉国家の形成によって租税負担の水準が高くなり，大衆課税の強化が避けられなくなると，所得税はこれにきわめて適合的であったのである。

現代所得税が基礎としてきた「包括的所得」概念はドイツのシャンツ(Schanz, G.)によって最初に唱えられた。シャンツの定義は「ある一定期間における(個人の)純財産，または経済力の増加」であり，「すべての純収益，資産利用の経済価値，第三者からの金銭的価値のある給付，すべての贈与，相続，遺贈，富くじの当たり，保険金，あらゆる種類の相場の利益が(負債の支払いと資産の損失は除いて)所得に算入される」(1896年)。

　サイモンズ(Simons, H. G.)はシャンツから40年以上後に，『個人所得税』(1938)を著し，所得税の理論や所得概念を一層厳密なものとする。その根底にある考え方は，当時のアメリカで経済的資源配分をかく乱する2つの悪税，法人所得税と個別消費税を廃止して，個人所得税を基幹税とすべきだということ，そして累進課税による所得再分配こそが市場経済に直接介入することなしに，また市場と根本的に対立することなく，市場経済が不可避的にもたらす経済的不公平を是正する最も有効な手段である，ということである。サイモンズの包括的所得概念は，このような所得税を構築するために不可欠であった。それは次のように定義される。「個人所得は次の二つのものの合計である。①消費において行使された権利の市場価値，②当該期間の期首から期末の間の財産権の蓄積の価値の変化。言い換えれば，個人所得とは単に，期末の富にその期間の消費を加え，期首の富を差し引いたものに過ぎない。」

　所得をこのように一般的に定義したうえで，所得計算に困難をもたらす未実現所得，家事労働，現物所得，自家消費，消費と投資の区別，余暇所得，無償受贈などの具体的問題を取り上げ，個人所得に含めるのが妥当かどうかを，検討した。サイモンズの包括的所得概念は広く支持を集めることになり，現代所得税を構成する際の基礎理論となってきた。

　課税所得は所得から各種の所得控除を行うことによって算出される。所得控除の目的は，個人的な担税力の調整である。納税者が同じ所得を得ても，現実には個々の納税者の担税力は異なる。家族を多く持つ納税者は，衣・食・住の経費が多くかかるだけでなく，子供には教育費，高齢の両親には介護や医療費がより多くかかるからである。また火災や盗難で資産を失った場合も，担税力

は減少する。こうした納税者個人によって異なる生活状況に配慮して担税力，つまり課税所得を算出しようとするのが所得控除である。

　税の分類の仕方の1つに，人税と物税という区分があるが，人税というのは納税者のこうした個人的事情を考慮して担税力＝課税所得を求める税のことである。所得税は人税の典型例である。消費税込みで代金を支払うときに，家族が多いから，教育費がかかるから課税ベースである価格を安くしろという消費者はいない。それは消費税が人税ではなく物税であり，消費者の個人的経済状況をそもそも考慮しない税だからである。

　標準的な家庭，配偶者と子どもが2人（うち1人は特定扶養控除対象の大学生と想定）いる年収700万円のサラリーマンの場合，所得控除は次のようになる（2016年時点）。給与所得控除（194万円），基礎控除（38万円），配偶者控除（38万円），扶養控除（38万円），特定扶養控除（63万円），社会保険料控除（収入の10％として70万円）は必ず適用されるから，700万円のうち控除の合計額441万円は課税ベースに入らず，残りの259万円が税率のかかる課税所得となる。こうした標準的な家庭で，納付義務が発生する年収を課税最低限と呼んでいるが，2016年現在の夫婦子ども二人（高校生，大学生）のそれは，285.4万円である。つまり，年収がこの金額まで課税所得はゼロとなる。この水準が他の先進国と比較して高いか，低いかは，課税単位，諸控除，児童手当などの財政支出面など，総合的に判断されねばならないが，政府の税制調査会は高いと認識しており，整理合理化を検討している。

　一般に，課税の公平は租税原則の中心をなすものであるが，公平の基準は，垂直的公平と水平的公平とに分けて考えることができる。

　垂直的公平とは，租税は人々の経済力に応じて負担されるべきであるという応能原則に依拠したもので，より大きな担税力を有する人がより多くの租税を負担すべきという考え方である。先に述べたように，現代の所得税は超過累進課税を採用しており，所得段階の上昇に応じてより高い税率を適用している。

　〔図表5－2〕は，所得階級別に所得税の負担割合を見たものである（申告納税者を対象）。同図に明らかなように，所得が高くなるほど所得税の負担率は高

くなっている。すなわち，所得税は垂直的公平に資する税制であり，累進課税を採用しているがゆえに，低所得者と高額所得者との税負担のバランスを維持するとともに，所得の格差を是正するという所得再分配機能を果たすことのできる税制である（最富裕層の問題は後述）。

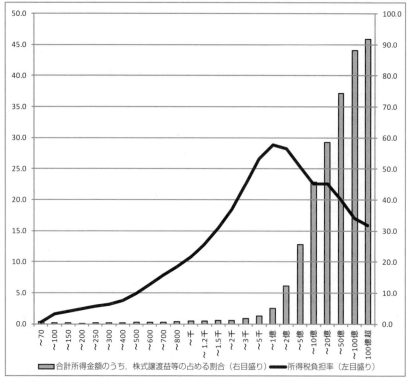

図表5-2　所得階級別の所得税の負担割合

（出所）　国税庁長官官房企画課（2018）『平成28年分申告所得税標本調査
　　　　──調査結果報告』より作成。

これに対して，水平的公平とは，経済力が等しい人の間での租税負担の公平のことをいう。所得税の水平的公平で典型的な事例とされるのが，いわゆるクロヨン問題である。クロヨンとは，所得の捕捉について，給与所得者の場合9

割,自営業者では6割,農業従事者では4割,というような,格差が生じてしまうという問題である。こうした問題は,源泉徴収と所得申告という納税方法上の違いから所得の捕捉に差異が生じることに起因する。

所得税の理論と歴史にもとづいて,包括的所得税が長く所得税の在り方として望ましいと考えられ,次のことを基本原則としてきた。

① 担税力を的確に把握する包括的所得を課税ベースとする
② 人的所得控除,税額控除による納税者の個人的担税能力への配慮
(課税最低限の設定)
③ 勤労所得と不労所得の担税力の差異を考慮した課税所得の算出
④ 垂直的公平を保障する超過累進税率の適用

3　所得税の動向と課題

日本の所得税はシャウプ税制勧告(1949年)にもとづき,1980年代まで包括的所得税を建前としてきた。実際には利子・配当所得,譲渡所得(キャピタル・ゲイン)への分離課税や非課税措置があり,内実は建前どおりではなかったが,1980年代以降建前も大きく変化している。とりわけ最高税率の引き下げと税率構造のフラット化によって累進課税の原則は後退を余儀なくされ,累進度は大きく低下している。1980年代以来,主要国の所得税において税率ブラケットの数が少なくなり,最高税率が70年代の半分近くに低下している。日本においても,1989年のいわゆる抜本的税制改革を境として,最高税率の引き下げ,税率のフラット化が進行してきた。〔図表5－3を参照〕こうした状況は右上がりであった累進度のフラット化と呼ばれるが,その実態は比例税に近い状態である。

こうしたトレンドを支える理論的バックボーンとなってきたのが,いわゆる「小さな政府」を志向する論者によって主張されてきた,経済活性化税制である。その論拠は,以下2点に集約できる。

第1に,所得税負担が重くなると,それが納税者の勤労意欲を阻害し,経済成長を妨げるというものである。しかし,租税負担が勤労意欲に与える影響は,

一律ではない。一方で、「小さな政府」論者が想定するように、重課により租税負担が高まれば納税者は労働よりは余暇を選択し、社会全体の労働供給は低下するかもしれない。こうしたケースは課税の代替効果と呼ばれる。しかし他方で、重課により可処分所得が減少することで、この減少分を埋め合わせるために、納税者は逆に労働を増やそうとするかもしれない。この場合は、課税の所得効果が働くことになる。税負担の変化が代替効果をもたらすか、所得効果をもたらすかは、納税者の所得水準や彼の置かれた雇用環境に依存するから、一律に租税負担が勤労意欲を阻害し、労働供給を低下させるとはいえない。

〔図表5-3〕 所得税の税率構造の変化 (単位:%, 万円)

1984年~		1987年~		1989年~		1995年~		1999年~		2007年~(現行)		2015年~	
税率	課税所得階級	税率	課税所得階級	税率	課税所得階級	税率	課税所得階級	税率	課税所得階級	税率	課税所得階級	税率	課税所得階級
										5	195	5	195
				10	300	10	330	10	330	10	330	10	330
10.5	50	10.5	150										
12	120	12	200										
14	200												
		16	300										
17	300												
		20	500	20	600	20	900	20	900	20	695	20	695
21	400									23	900	23	900
25	600	25	600										
30	800	30	800	30	1,000	30	1,800	30	1,800				
35	1,000	35	1,000							33	1,800	33	1,800
								37	1,800~				
40	1,200	40	1,200	40	2,000	40	3,000			40	1,800~	40	4,000
45	1,000	45	1,500									45	4,000~
50	2,000	50	3,000	50	2,000~	50	3,000~						
55	3,000	55	5,000										
60	5,000	60	5,000~										
65	8,000												
70	8,000~												
15段階		12段階		5段階		5段階		4段階		6段階		7段階	

(出所) 財務省「所得税の税率構造の推移」などより作成。

第5章 所 得 税

　第2に,「小さな政府」論は,租税負担が貯蓄・投資に及ぼす効果を重視する。すなわち,重い租税負担は投資源泉となる貯蓄を阻害するとの観点から,所得税減税により貯蓄・投資を促し経済成長をはかろうというものである。

　こうした「小さな政府」論をバックボーンとして,1980年代以降,課税の代替効果が高く,かつ,貯蓄性向の高い高額所得階層を対象とした最高税率の引き下げ,税率のフラット化が進められてきた。他方で,こうした所得税制の改革は,累進性の緩和により所得再分配機能の低下と,基幹税としての所得税の財源調達機能の低下を招いている。

　上記のような税率構造の問題に加えて,今日の所得税制が抱えるいまひとつの論点は,金融資産をはじめとした資産性所得の扱いである。この問題は,総合所得税か,2元的所得税かという問題に典型的に現れる。前者の総合所得税とは,資産性所得を含む全ての所得を合算してこれに税率を乗じて税額を算出するというものである。これに対して,2元的所得税とは,所得を労働所得(給与所得,事業所得など)と資産性所得(利子,配当,地代,譲渡所得(キャピタル・ゲイン))とに2分し,労働所得には累進税率を適用して重課し,資産性所得には比例税率を適用して軽課するというものである。伝統的には,総合所得税が所得税制の基本とされてきたが,近年では2元的所得税へシフトする傾向が強くなっている。

　こうしたトレンドの背景には,前述したような,経済活性化のための貯蓄・投資優遇という考え方と相まって,経済のグローバリゼーションの進展によって,金融資産をはじめとした資産性所得の国境を越えた移動が可能となり,これらの所得に重課するとより税率の低い国や地域に資本逃避(キャピタル・フライト)が起こるという事情がある。国際的な租税協調も含め,資産性所得の捕捉をどのように行うのかということが,グローバル化が進む今日の所得税制の一大論点となっている。

〈参考文献〉

馬場義久［1998］『所得課税の理論と政策』税務経理協会.
中村良広［2013］『所得税改革－日本とドイツ－』税務経理協会.
宮本憲一・鶴田廣巳編著［2001］『所得税の理論と思想』税務経理協会.
日本租税理論学会編［2005］『資本所得課税の総合的検討』法律文化社.

コラム 所得税への給付付き税額控除の導入問題

　超過累進税率を適用する課税所得の算出において，担税力に配慮するために人的所得控除が設けられている。所得のあるすべての人に適用する基礎控除，子供などを対象とした扶養控除，配偶者控除などである。所得控除は高税率を適用する高額所得者に相対的に有利に作用する反面，所得控除の合計額以下の低所得層，とくに有子低所得者は所得控除を枠いっぱい利用できず，きわめて不利である。このため所得控除に代えるか，縮小して，給付付き税額控除を導入すべきとの考え方が生まれ，アメリカのEITC導入（1975年）を皮切りにイギリス，ニュージーランドなどで導入されている。給付付きというのは低所得者に一定の所得水準を保障できるように，給付する仕組みを組み込むからである。OECDが2008年，09年の「対日経済審査報告書」で給付付き税額控除の導入勧告を行ったことと相まって，課税当局は検討を続けている。

　浅井俊輔氏は基礎的所得控除を維持しつつ，低所得者や有子低所得者への配慮を可能にする税額控除を併用すべきと主張する。同氏は次のような給付付き税額控除の姿を描いている（浅井俊輔「所得税法における給付付き税額控除導入に関する研究」立命館大学大学院2011年度修士論文）。

〔図表5－4〕　基礎及び児童両給付付き税額控除の姿

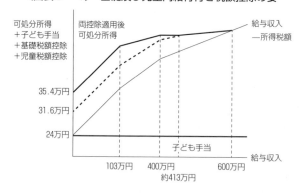

　この図は所得103万円まで基礎税額控除と児童税額控除を満額給付し，そこから所得403万円まで給付は逓減することを示している。　　　　　　　　（内山　昭）

第6章 法　人　税

<本章のねらい>

① 法人税の課税ベースについて知る。
② 法人税の理論や最近の動向を理解する。

　法人，または会社（以下，法人）は，現代の経済活動の支配的形態である。法人税は法人の所得（利潤）に課税され，その税収は全税収の20～30%を占める。それは2012年に9.75兆円（決算），全税収43.93兆円に対する割合は22.2%である。法人税は個人所得税と並ぶ基幹税として，税体系において重要な地位を占める。わが国において法人に課される税は，国税である法人税に加えて地方税である「法人住民税」，「法人事業税」があり，これらは法人3税と呼ばれる。法人住民税は実質的に地方法人税であり，法人事業税は法人の事業活動への課税を意図する。

1　法人税の仕組み

　法人税の納税義務者は，内国法人と外国法人である。内国法人は国内に本店または主たる事務所を有する法人で，その数は約299万社（2010年，以下同じ），外国法人は，内国法人以外の法人を指し，5,800社ある。内国法人は法人の性格に応じて，いくつかの種類に分類される。最も多いのは普通法人であり，その数は約288万社におよぶ。普通法人は，営利活動を行う会社等（株式会社や有限会社）283万社のほかに，非営利法人である医療法人約45,000，協同組合46,000，公益法人45,000などがある。法人税の主要な納税義務者は，内国普通法人である会社等である。

　しかし実際には，法人税を申告する法人すなわち活動法人は，約258万社

(2010年)であり、残りは休眠法人あるいは清算法人である。活動法人のうち、利益計上法人(黒字法人)は約70万社で、活動法人の27.2%にとどまる。他方、欠損法人(赤字法人)は約187万社と72.8%にのぼる。

法人税の課税ベースは、法人所得(利潤)である。法人所得とは、「売上－経費」であるが、それは企業会計上の利益と同一ではない。企業会計上の「当期純利益」を基礎として、税法上の概念に即して調整が行われる。このため、課税対象となる法人所得の計算は「益金－損金」とされ、次のようになる。

「課税所得＝企業会計上の当期純利益＋(益金算入＋損金不算入)
　　　　　－(益金不算入＋損金算入)」

企業会計上の利益と法人税の課税所得の計算が異なるのは、計算目的の相違にある。企業会計が外部の関係者に経営情報を知らせることを主目的とするのに対し、課税所得の計算は担税力のある所得の算出を目的とするからである。

〔図表6-1　参照〕

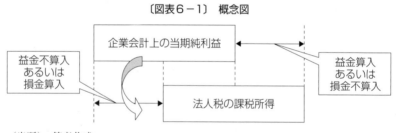

〔図表6-1〕　概念図

(出所)　筆者作成。

税率は原則として比例税率である。現在(2012年4月時点)は25.5%を基本税率とし、資本金1億円以下の中小法人に対しては所得800万円以下の部分に15%の軽減税率を適用する。ただし、2012年4月1日から2015年3月31日までの間に開始される事業年度については、復興特別法人税として基本税率に10%が付加(2.55%)されるため、実質的には28.05%となる(後述)。

「課税ベース×税率」によって算出した金額から、控除できるものとして税額控除制度がある。主なものに、外国税額控除および所得税額控除が挙げられる。日本は全世界所得課税制度を採用しているため、外国の法律に基づいて課

税された国外の所得には，国内と国外の両方で法人税が二重に課税される。外国税額控除制度とは，この二重課税を排除する目的で，外国で課税された部分の税額を法人税額から控除する。所得税額控除では，支払を受ける利子，配当等について源泉徴収される所得税額が，法人税額から控除される。

法人税は「法人税額＝課税所得×税率－税額控除」で算出される。したがって利益計上法人（黒字法人）には課税されるが，赤字法人は税額0である。資本金50億円以上の株式会社の法人所得が800億円，外国税額控除額が100億円，所得税額控除額が10億円のとき（ただし，復興特別法人税は考慮しない），納付税額は，次のようになる。

$$800 \times 25.5\% - (100 + 10) = 94億円（納付税額）$$

課税ベースが法人の所得であるために，法人税収は好不況の影響を受けやすく，法人所得の減少や赤字法人の増加などにより税収に大きな変動が生じる。変動幅は所得税や消費税よりも大きく，法人税の特徴の1つである。

2 法人税の理論

19世紀後半，欧米諸国で株式会社が普及するようになるが，資本主義が遅れて発達した日本においても，19世紀末にかけて（明治後期）法人形態をとる会社が急速に増加した。それに伴い1899年（明治32年），はじめて法人に対して課税がなされた。しかしながらそれは，税率2.5％の分類所得税の1つとして課税され，個人所得税の代替的存在であった。

20世紀に入ると，工業の発展に伴い資金需要は急増し，株式会社の規模が大きくなるものの法人内に蓄積される利益は少なく，利益のほとんどは株主への配当に回された。法人税は，引き続き所得税の徴収代行機関にとどまっていた。

1920年代になると，国際的には巨大株式会社の形成と資本金の増大を背景に株主構成において大株主と大衆株主へと分化・分散が顕著となり，所有と経営の分離が進むとともに，経営支配層が形成された。この結果，企業内への内部留保が拡大していく。このような株式会社の巨大化と実体変化を基礎として，

法人は十分な担税力を持つとみなされ、独立した納税主体となる。日本でも同時期、重化学工業を中心に大株式会社が形成され、財閥という閉鎖的な性格を持つものの、大きな利益留保を行うようになる。そして法人の経済的地位の上昇を基礎に、戦時税制を準備した1940年（昭和15年）の税制改革の一環として法人税は所得税から分離し、「固有の法人税」として成立する。税率は18％の比例税率である。

　第2次大戦後の1947年（昭和22年）、経済事情の変化に対応するために法人税法の全文が改正された。ついで1950年（昭和25年）にはシャウプ勧告に基づく税制改革によって、法人税の構造は新たなものとなり、税率は35％の単一比例税率となった。

　大株式会社の増大、そこでの所有と経営の分離、経営者支配の評価をめぐって、法人についての2つの学説とこれに対応した2つの法人税論が生まれる。法人実在説と法人擬制説であり、前者に対応した法人税論が独立課税主体説、後者に対応するのが個人源泉課税説である。2つの学説は所有と経営の分離した大株式会社、日本でいうと資本金10億円以上の大法人に関連する。株式所有と経営が一体的であるような中小企業については、株主数も少なく、通常株主が経営者であり、学説上の対立はない。

　法人実在説では、株式会社と個人株主は独立的実体であり、したがって株式会社は固有の担税力を持つと考える。この立場では、法人税と個人配当課税が認められ、配当に対する二重課税は否定される。一方、法人擬制説では、株式会社は利潤獲得の手段であり、法人所得は結局のところ株主の所得であると考える。すなわち、法人とは株主の集合体であって、法人税は株主に課せられる個人所得税の前取りであるとの見方をとる。そのため法人税と配当課税は二重課税であるとして、調整の必要が生じる。

　わが国の法人税は、シャウプ勧告以来、法人擬制説に立脚している。シャウプ勧告においては二重課税の調整について、法人段階と個人株主段階の税負担調整のための個人株主段階における配当税額控除、および法人間の重複課税排除のための法人間配当益金不算入制度が設けられた。現在では、個人株主段階

においては配当税額控除にその調整が一本化され，法人間配当に関しては，法人による株式所有の増大を理由に，一定の親子会社間の場合を除き20％を益金算入する制度となっている。

次に法人は規模の違いで経済活動における地位や役割が異なるので，規模別に法人を分類して特徴を整理する。法人類型は資本金1,000万円未満を零細法人，資本金1億円未満を中小法人，資本金10億円以上を大法人，資本金100億円以上を巨大法人に区分する。法人数では，中小零細法人は約254万社（2010年，以下同じ）あり，全法人の98.6％を占める。とりわけ零細法人は約147万社で，全体の過半を超える。一方，大法人は約6,000社で全法人の0.2％に過ぎない。

〔図表6-2〕 階級別・形態別の法人数内訳　2010年度分

資本金階級		会社数 (A) (社)	株式会社 (B) (社)	割合 (B)/(A) (％)	同族会社 (C) (社)	割合 (C)/(A) (％)
零細法人	～1,000万円未満	1,476,784	1,404,835	95.1	1,441,213	97.6
中小法人	1,000万円以上～5,000万円未満	999,654	967,709	96.8	957,146	95.7
	5,000万円以上～1億円未満	67,324	64,991	96.5	61,627	91.5
中堅法人	1億円以上～5億円未満	27,405	26,431	96.4	17,611	64.3
	5億円以上～10億円未満	2,199	2,002	91.0	1,173	53.3
大法人 (巨大法人)	10億円以上～50億円未満	3,923	3,488	88.9	2,353	60.0
	50億円以上～100億円未満	896	789	88.1	488	54.5
	100億円以上	1,279	1,163	90.9	585	45.7
計		2,579,464	2,471,408	95.8	2,482,196	96.2

（注）　連結親法人・連結子法人は含まない。
（出所）　国税庁「平成22年度分　会社標本調査」に基づき，筆者作成。

法人の態様を見ると，零細法人のほとんどが同族会社（約144万社，全法人の97.6％）で，資本金1,000万円以上～5,000万円未満の中小法人と並んで圧倒的なウエイトである。零細法人以外の階級においては，各階級とも，90％以上の法人が株式会社の形態をとる。同族会社は，資本金階級が大きくなるにつれて

その割合を低下させる。〔図表6-2　参照〕

　売上を表す営業収入金額は全体で約1,149兆円（2010年，以下同じ），このうち中小法人が約532兆円で全体の46.3％，大法人と巨大法人が約451兆円，同39.3％，両者の合計は全体の85％を超える。零細法人は法人数で全体の過半を占めるものの，営業収入金額では約118兆円と全体の10.3％にとどまる。売上から経費を引いた利潤にあたる調査所得金額は約30.0兆円，このうち大法人と巨大法人が約15.4兆円と全体の51.4％と半分以上であるのに対し，中小法人は約10.0兆円，同33.4％，零細法人では約1.7兆円，同5.9％である。

　法人税額は総額約7.9兆円（2010年），このうち大法人と巨大法人の支払いが約3.9兆円，全体の約半分（49.8％）にのぼる。中小法人は，全活動法人数約257万社の98.6％を占めるが，法人税額は約2.6兆円，同33.3％である。零細法人は約4,100億円で全体の5.3％である。中小零細法人の法人税額のウエイトが低いのは，法人所得が小さいことに加えて，赤字法人（欠損法人）の割合が高いことによる。大法人は約6,000社，全体の約0.2％にすぎないが，法人税収の約半分を納付しているのは経済活動，所得金額の規模が大きいことによる。

〔図表6-3　参照〕

　中小零細法人は圧倒的に大きなウエイトを持つ雇用の場であり，機動性に富むことから技術や商品の高い開発力を有する中小企業が少なくない。中小法人には大企業が欠いている優位性があり，国民経済的にはきわめて重要な意義を持つ。他方で規模や実態は多様であるので，若干説明する。法人税法上，資本金1億円以下の法人は中小法人とみなされる。中小法人は概ね所有と経営が一体的であり，出資者である株主がほとんど経営者を兼ねる。中法人であれば出資者も相対的に多く，出資総額も大きい。中法人といっても資本金5,000万円を超える中法人と資本金2,000～3,000万円の法人は一人当たりの出資額や従業員数にもかなりの違いがある。資本金1,000～2,000万円の小法人は，個人企業から脱皮し，実質的な会社の内容を備えるようにはなるが，個々の法人の経済活動の規模は小さく，従業員数もそれほど多くない。

第6章 法 人 税

〔図表6-3〕 規模別の営業収入金額および法人税額　2010年度

資本金階級		会社数	うち利益計上		営業収入金額	調査所得金額	法人税額
		(社)	(社)	(%)	(百万円)	(百万円)	(百万円)
零細法人	～1,000万円未満	1,476,784	338,592	22.9	118,434,305	1,783,685	418,327
中小法人	～5,000万円未満	999,654	315,346	31.5	307,326,004	5,821,597	1,548,297
	～1億円未満	67,324	30,507	45.3	106,552,550	2,434,066	681,353
中堅法人	～5億円未満	27,405	13,339	48.7	142,460,579	3,875,383	1,133,034
	～10億円未満	2,199	1,209	55.0	22,913,686	688,422	198,677
大法人(巨大法人)	～50億円未満	3,923	2,142	54.6	106,073,192	3,619,145	1,006,125
	～100億円未満	896	481	53.7	50,108,703	1,734,220	463,904
	100億円以上	1,279	648	50.7	295,251,313	10,112,703	2,481,446
計		2,579,464	702,264	27.2	1,149,120,334	30,069,219	7,931,162

（備考）　連結法人の分は含まない。調査所得金額は，利益計上法人の申告所得金額分である。
（出所）　国税庁「平成22年度分　会社標本調査」に基づき，筆者作成。

　零細法人は法人の形をとっているが，実質的には個人企業の性格が強い。自営業者や個人商店が法人化するのは，融資を受ける場合や仕入れなどの取引において社会的信用が得られやすいといったメリットがあることによる。したがって経営者は，生計を立てることを主目的とし，法人の会計上赤字であっても経営の維持が可能である。欠損法人であると，法人税の支払いはないものの，事業活動から得られる収益は経営者やその家族従業員などに給与等として支払われ，個人所得税が課される。

3　法人税改編の過程と90年代の法人税改革

　シャウプ勧告（1949年）以降の法人税の改編は，主として税率の上下にあった。1952年，朝鮮動乱による好況等を考慮し，42％まで税率が引き上げられた。1955年以降は，高度経済成長の中，企業の資本蓄積の必要性を勘案して，税率

は逐次引き下げられる。1961年には，配当軽課措置により，留保と配当を分離して税率が設定された。これは，シャウプ勧告より続いていた個人段階で配当二重課税を調整する受取配当税額控除に対し，法人段階においても調整を行うというものであった。税率は，留保分について基本税率38％，配当についてはその約4分の3の28％に設定され，受取と支払の双方から二重課税の調整を行うこととした。

　1965年，社会経済の進展に対応するとして法人税法が全文改正され，表現の平明化，法人規定の簡素合理化，課税ベースの見直しが図られた。税率については，配当軽課措置が設けられて以来引き下げ傾向にあったものの，1970年代には一転して引き上げられる。1980年代に入ると留保分に対し税率40％，配当に対しては28％とされ，1984年には最高水準の留保分43.3％，配当分33.3％にまで上昇した。これは，所得減税に伴う税収確保や財政再建に資するためであった。

　このように法人税率の見かけ上は高かったものの，他方で1960年代から80年代にかけて法人税の課税ベースが，多様な措置によってきわめて圧縮されていた。損金の過大算入（「利潤の費用化」と呼ばれる）と，益金の過少算入の両面からである。損金の過大算入の方法は，3つある。1つは，減価償却費である。これは，有形もしくは無形減価償却資産の取得原価を，使用年数（耐用年数）に応じて費用配分したものである。2つ目は，引当金である。これは，将来の特定の費用または損失に備えて，当期に負担すべき金額を合理的に見積もり計上し，当期の費用としたものである。具体的には，貸倒引当金，賞与引当金，退職給与引当金，製品保証引当金，返品調整引当金，特別修繕引当金があるが，2002年（平成14年度）の税制改正により，現在では貸倒引当金と返品調整引当金の2つのみに限定された（後述）。3つ目は，交際費である。これは，得意先や仕入先その他事業に関係ある者に対する接待，供応，慰安，贈答などの行為のために支出した費用を言う。2014年度税制改正により，交際費の損金算入については，限度額の拡充ならびに適用期限の延長がなされたことから，2014年4月1日から2016年3月31日までに開始する事業年度においては，次の

ような扱いとなっている。資本金1億円以上の法人においては，飲食等に伴う支出のうち50％相当額が損金算入できる。中小法人においては，飲食費50％相当額か定額控除額800万円までの支出のいずれかを選択可能となる。税法上において損金として認識されるのは，原則として費用の発生が確定したときであるにもかかわらず，見積もりや見越し費用（未来費用）についても企業会計の要求に応じて損金として認めるのである。益金の過少算入には，法人間配当の益金不算入がある。受取配当の取扱いについては，法人擬制説に基づいて，その80％を益金不算入することが認められていた。

　このように法人税には，課税ベースの可及的緩和措置が組み込まれてきたが，シャウプ勧告に基づく法人擬制説はこれに強力な根拠を与えたといえる。そして，課税ベースの圧縮は80年代までの産業構造にきわめて適合的であった。すなわちわが国の主力産業は家電，自動車，工作機械，石油化学などの重化学工業であり，それらは巨大な設備と大量の雇用を必要とするという意味で重厚長大型の産業である。これらの産業の設備・機械は巨費を要するから減価償却や加速度償却は課税ベースの圧縮に大いに貢献する。また数千人から数万人規模の雇用を必要とするから，寛大な計上を認める賞与引当金や退職給与引当金は課税ベースの縮小効果が高いのである。

　今日の法人税の枠組みは80年代末から90年代にかけての法人税改革によって形成されたが，その核心は「税率の引き下げと課税ベースの拡大」のワンセットにある。まず抜本的税制改革（1988年）の一環として実行された法人税改革では，自己資本比率が低下傾向にあることに配慮して配当分への軽減税率が廃止され，1990年から法人税率は37.5％に一本化された。これは，配当に対する二重課税の調整は個人段階でのみ，としたシャウプ税制改革時の状態に復帰することを意味する。

　ついで企業間・産業間における課税の中立性確保と，企業活力および国際競争力維持のために，1998年に課税ベースの大幅な見直しとともに，法人税の基本税率が34.5％へ，翌1999年に30％まで引き下げられた。法人事業税の税率11％から9.6％への引き下げを伴っていた。1990年以降，法人税に法人住

民税・法人事業税の負担を加えた実効税率は49.98％であったが，2013年には35.64％まで低下している。実効税率の引き下げは，経済活動のボーダレス化とともに企業活動が国境を越え，国際取引が膨大な量になる中で，国内企業の国際競争力を阻害しないことを意図する。〔図表6－4，図表6－5　参照〕

〔図表6－4〕　法人税の税率推移

適用事業年度		1990年4月～	1998年4月～	1999年4月～	2012年4月～
普通法人の法人税率	基本税率	37.5%	34.5%	30%	25.5%
	軽減税率	28%	25%	22%	15%

(注)　復興特別法人税の分は除く。

　他方で，税率引き下げに遅れてではあったが，課税ベースを狭めてきた諸措置が縮小，廃止される。前述の6つの引当金についていうと，損金計上枠を縮小していき，2002年に貸倒引当金と返品調整引当金の2つを残して，他の4つの損金計上は廃止された。

　法人税率引き下げの効果は甚大であり，課税ベースの縮小は限定的であったが，両者をワンセットにした理由は，主力産業の交代から説明できる。すなわち以前の重厚長大産業に代わって，経済を主導するようになっているのは情報産業などのハイテク産業であり，これらの産業は「軽薄短小」と呼ばれるように比較的小規模の設備投資で，少数の従業員で高い収益を上げることができる。したがって，ハイテク産業などにとって課税ベースを縮小する諸措置の有利性は消失し，高収益に対応する税率引き下げが最も効果的である。

　しかし課税ベースの整理，縮小が限定的であったのは，重厚長大産業の生産規模がなお大きく，雇用吸収力も小さくなったとはいえ重要なウエイトを占めているからである。この点に光を当てると，今日の法人税の枠組みを作った改革において「税率引き下げと課税ベースの縮小」をワンセットにしたことがよく理解できる。

　21世紀に入ってから目立った改編はなされなかったが，2012年から法人税の基本税率が25.5％，軽減税率は15％まで引き下げられるとともに，減価償却の見直しを含む課税ベースの拡大が行われた。これは「経済社会の構造の変化に

対応した税制の構築を図るための所得税法等の一部を改正する法律」(2011年)の一環である。一方で，2011年3月11日に発生した東日本大震災を機に，復興のために必要な財源確保に関する特別措置法において「復興特別法人税」が創設された。課税事業年度は2012年4月から2015年3月であり，税率は法人税額の10％（付加税）である。この制度により，適用期間（3年間）における基本税率は25.5％から28.05％へと引き上げられた。

わが国の法人課税の実効税率は，1990年の49.98％から，1998年46.36％，1999年40.87％，2012年から35.64％へと10％ポイント以上も大幅に引き下げられている。これは，各国における法人課税の実効税率引き下げの動きに歩調を合わせたものだといえる。ちなみに近年，実効税率はアメリカ40.75％，イギリス24.00％，ドイツ29.55％，フランス33.33％，中国25.00％，韓国24.20％である。〔図表6-5　参照〕

〔図表6-5〕　法人課税の実効税率の国際比較

	国税＋地方税	実効税率	備　考
日本	法人税率：25.5％ 事業税率：3.26％ 地方法人特別税：事業税額×14.8％ 住民税率：法人税額×20.7％	35.64％	2013年1月現在，事業税の税率は資本金1億円超の法人への適用税率
アメリカ	連邦法人税率：35％ 州税率：8.84％	40.75％	一部の市で市法人税がある
イギリス	法人税率：24％	24.00％	
ドイツ	法人税率：15％，連邦と州の共有税 連帯付加税：法人税額×5.5％ 営業税率：13.72％（全国平均値）	29.55％	営業税は市町村税
フランス	法人税率：33　1／3％	33.33％	このほかに法人利益社会税（法人税額の3.3％）がある
中国	法人税率：25％	25.00％	中央と地方の共有税
韓国	法人税率：22％ 地方所得税：法人税額×10％	24.20％	このほかに地方税として法人住民税

（出所）　財務省HP「法人所得課税の実効税率の国際比較」に基づき，筆者作成。

次にグローバリゼーションの進展やメガコンペティションの激化のもとで、企業の組織形態や会計システムなどが大きく変貌している。3つの税制措置はこれらに対応するものである。

＜連結納税制度－連結法人税＞

連結納税制度（consolidated tax return）は、企業グループ内の各法人の所得と欠損を通算して課税するしくみである。つまり、これまでは法人単体課税だけであったが、加えて法人グループ課税、つまり連結法人税へと、課税主体の在り方に対応したのである。導入目的は、企業集団の一体的経営の傾向が強まったことと、国際競争力をより強化させることにある。最大のメリットは、親子間の損益通算が認められることにより、企業グループ全体の税負担が軽減できる点にある。

わが国においては、2002年6月に成立し、同年8月から実施された。2010年度に申告した連結法人数は890社であり、うち601社が欠損法人となっている。

＜企業組織再編税制＞

企業の柔軟な組織再編を可能にするため、2001年に企業組織再編税制が創設された。これは、資産が移転する際に、原則ではその移転資産の譲渡益に課税するのであるが、特定の組織再編成については課税の繰り延べを認めるという制度である。具体的には、合併・会社分割・現物出資・事後設立の4つの場合である。

組織再編成により、法人に移転した資産の譲渡損益に対する課税は繰り延べられるほか、法人の株主が所有する株式の譲渡損益に対する課税も繰り延べられる。また、引当金の引き継ぎなどについても、組織再編成の形態に応じて所要の措置が講じられており、租税回避手段としての濫用防止のための租税回避防止規定も設けられている。

第6章 法　人　税

＜多国籍企業化と国際課税＞

　今日の大法人の多くは，多国籍企業化している。多国籍企業の行う国際取引は，モノ（財やサービス）の移動だけでなく，ヒトやカネの移動も伴う。企業の法人利潤が世界的に生じるため，国家間での課税問題が生じることになる。それは，国際的な所得配分をいかにして決定するかという問題であり，各国レベルで法人の生み出す収益の還流に対する調整が必要とされる。現在わが国における国際課税制度には，過少資本税制，移転価格税制，タックス・ヘイブン対策税制がある。しかしながら，今後，企業の国際取引数は益々増加の一途をたどり，それに従い，有害な租税競争を一層熾烈にすることが危惧される。法人税が抱える問題は，国内的な問題にとどまらないという点に注意したい。

4　法人税の企業間，産業間の負担配分

　実際に課税所得に対して支払った税の割合（納税負担割合）は，法人税の実効税率とは異なる。法人規模や法人形態に応じて軽減税率が適用されていたり，財務内容（とりわけ経費の規模）の特徴によって課税ベースが企業ごとに違うからである。

　そこで，実際の法人税負担の構造変化を見るために，留保分と配当分で税率が一本化され，なおかつ最高基本税率37.5％にあった1990年と，税率引き下げ後の基本税率30％の2000年，直近データである2010年を比較する。税収全体では，1990年は税率が2000年の1.25倍であったにもかかわらず，税収は1.7倍であり，2010年比では2.2倍である（1990年約17.7兆円，2000年約10.6兆円，2010年約7.9兆円）。利益計上法人割合が高いことから，1990年はバブルによる好景気にあったことが伺える。〔図表6－6　参照〕

　前述したように，法人税収の約半分は大法人（以下，巨大法人を含む）の納付による。大法人の税収占有率は1990年，大法人のうち利益計上法人3,298社，全体約207万社の0.16％であった。しかし納付する法人税額約8.7兆円は，法人税収約17.7兆円の49.6％を占める。2000年には，3,665社（全法人約253万社の

0.14％）で約5.3兆円を納付しており，これは法人税総額約10.5兆円の50.7％を占めている。2010年では，利益計上法人である大法人3,271社（活動法人257万社の0.13％）が納付する法人税額3.9兆円は，法人税総額7.9兆円の49.8％であり，平均して概ね50％前後を占める。〔図表6－7　参照〕

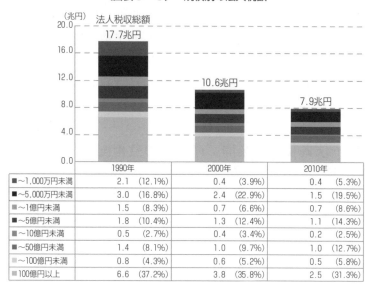

〔図表6－6〕　規模別の法人税額

	1990年	2000年	2010年
～1,000万円未満	2.1　(12.1%)	0.4　(3.9%)	0.4　(5.3%)
～5,000万円未満	3.0　(16.8%)	2.4　(22.9%)	1.5　(19.5%)
～1億円未満	1.5　(8.3%)	0.7　(6.6%)	0.7　(8.6%)
～5億円未満	1.8　(10.4%)	1.3　(12.4%)	1.1　(14.3%)
～10億円未満	0.5　(2.7%)	0.4　(3.4%)	0.2　(2.5%)
～50億円未満	1.4　(8.1%)	1.0　(9.7%)	1.0　(12.7%)
～100億円未満	0.8　(4.3%)	0.6　(5.2%)	0.5　(5.8%)
100億円以上	6.6　(37.2%)	3.8　(35.8%)	2.5　(31.3%)

（出所）　国税庁「会社標本調査」各年度分に基づき，筆者作成。

〔図表6－7〕　法人税額における大法人の地位

	法人数	うち利益計上	法人税額	
	（社）	（社）	（百万円）	（％）
（1990年）				
法人全体	2,078,270	1,072,334	17,711,876	100.0
うち大法人	(4,195)	(3,298)	(8,783,583)	(49.6)
～50億円未満	2,717	2,028	1,430,018	8.1
～100億円未満	623	508	767,996	4.3
100億円以上	855	762	6,585,569	37.2

第6章 法 人 税

(2000年)				
法人全体	2,536,878	802,434	10,595,910	100.0
うち大法人	(6,871)	(3,665)	(5,376,757)	(50.7)
～50億円未満	4,559	2,376	1,029,014	9.7
～100億円未満	975	543	552,345	5.2
100億円以上	1,337	746	3,795,398	35.8
(2010年)				
法人全体	2,579,464	702,264	7,931,162	100.0
うち大法人	(6,098)	(3,271)	(3,951,475)	(49.8)
～50億円未満	3,923	2,142	1,006,125	12.7
～100億円未満	896	481	463,904	5.8
100億円以上	1,279	648	2,481,446	31.3

（注）　連結法人の分は含まない。
（出所）　国税庁「会社標本調査」各年度分に基づき，筆者作成。

　税負担の面では，実際の負担割合を見るために，各階級1社当たりの所得金額と法人税額を求め，そこから法人税の負担率（法人税額÷調査所得金額）を算出した。1990年，2000年，2010年のいずれも実効税率と実際の税負担にかなりのずれがある。1990年においては，大法人（巨大法人を含む）と中小零細法人との間に，かなりのバラツキが見られ，最も高負担にあるのは資本金5,000万円以上～1億円未満の法人であった。対して，最低負担水準にあったのは，資本金100億円以上の巨大法人であり，その高低差は5.6ポイントになる。一方，2000年は，零細法人と巨大法人が最も軽負担にあり，他の階級については29.5％～30.5％の間でほぼ同水準にあるといえる。最高負担は，資本金階級1億円以上～5億円未満の法人で31.2％となっており，巨大法人との差は4.8ポイントである。2010年では，最高負担率は資本金階級1億円以上～5億円未満の法人の29.2％，巨大法人は24.5％であり，両者の差は4.7ポイントである。1990年に比べ，法人規模別の税負担格差は縮小傾向にある。近年における法人税改革，すなわち課税ベースの拡大と税率の引き下げは，企業間における税の中立性の点で効果が出ているといえよう。〔図表6-8　参照〕

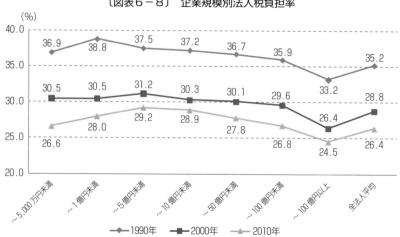

〔図表6-8〕 企業規模別法人税負担率

（出所）　国税庁「会社標本調査」各年度分に基づき，筆者作成。

　さらに産業間における格差の実態を見ると，1990年において，全産業を合計して算出した法人税負担率を上回ったのは建設業と不動産業であった。これらは1990年当時の中心産業である。一方，2000年においては，不動産業，運輸通信公益事業が，全産業での法人税負担率を大きく上回る結果となった。2010年では，運輸通信公益事業のみが突出した高さになっている。先にも述べたように，中心産業の移行に対応する形で法人税改革は行われてきたのであるが，それによって恩恵を受けた産業とそうではない産業が明確に表れている。しかしながら，企業規模での負担率格差に比べ，産業別での負担率格差は小さいといえる。〔図表6-9　参照〕

第6章 法人税

〔図表6－9〕 産業別法人税負担率

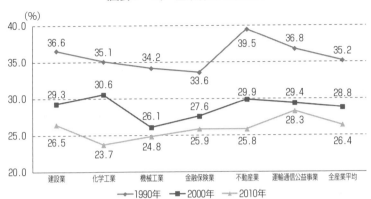

(出所) 国税庁「会社標本調査」各年度分に基づき，筆者作成。

〈参考文献〉
跡田直澄編著［2000］『企業税制改革－実証分析と政策提言』日本評論社.
内山　昭［1996］『会社主義と税制改革』大月書店.
『図説　日本の税制』各年度版，財経詳報社.
影山　武［2016］『図解・法人税』大蔵財務協会.
国税庁「会社標本調査」各年度分.
田近栄治・油井雄二［2000］『日本の企業課税』東洋経済新報社.
富岡幸雄［2014］『税金を払わない巨大企業』文春新書.

第7章 消費課税

<本章のねらい>

① 消費税（付加価値税）や個別消費税の仕組み，特徴を知る。
② 消費税の問題点や課題を理解する。

　日本では1989年に税率3％の消費税が導入され，所得税，法人税中心の税制が重要な変化を遂げた。その後税率は5％（地方消費税を含む）に引き上げられ，2014年からは8％に，2019年からは10％に引き上げられる見込みである。消費課税にはほかに酒税，たばこ税，ガソリン税などの個別消費税があり，少なくない意義を有する。

1　消費税の制度と仕組み

(1)　消費税制度の導入と変遷

　シャウプ勧告以来，戦後の税制の特徴として，所得課税のウエイトの高さが挙げられる。たとえば1985年の国税収入の構成比をみると，所得税が全体の約4割，法人税が約3割を占めていた。その後，紆余曲折を経て1989年消費税が税率3％で新設され，さらに1997年度より税率が3％から4％へ引き上げられ，新たに消費税額の25％（消費税率に換算すると1％）を税率とする地方消費税が導入された。このような変遷を経て，わが国の税収構造は大きく変化した。
　消費税に関しては，それ以前も類似の間接税の導入を目指す動きがあった。たとえば大平内閣での「一般消費税」や，中曽根内閣での「売上税」がそれである。しかし，国民の間には導入への反対意見が強く，挫折した。消費税の創設にともなって，約80の財やサービスに課税されていた物品税（個別消費税）が廃止された。物品税の課税・非課税が奢侈品か否かによって，または新商品

の普及を図るねらいから決められ，課税根拠が必ずしも明確でないとの批判が根強く存在した。〔図表7−1　参照〕

〔図表7−1〕　物品税の主な課税・非課税品目の例

課税品目	非課税品目
食器棚，金貨，ゴルフ用具，白黒テレビ，ラジオ，ストーブ，掃除機，コーヒー，ココア，ウーロン茶，化粧品	システムキッチン，金地金，テニス用具，液晶テレビ，パソコン，こたつ，紅茶，緑茶，美容サロン

（資料）　吉野維一郎編著『図説日本の税制　平成29年度版』p.190。

(2)　仕入税額控除と負担の転嫁

　消費税などの付加価値税は間接税としての性質を持つ。すなわち流通段階の各事業者が納税者となっているが，その負担は最終的に消費者へ転嫁されることを想定する。各事業者の納税額は次のように計算される。

　　納税額＝売上額×税率−仕入額×税率＝（売上額−仕入額）×税率
　　　　　＝付加価値額×税率

　ここで製造業者，卸売業者，小売業者間の流通過程を例にとり，そのしくみを見よう。製造業者の仕入れをゼロ，売上額を3,000としたとき，仮に10％の消費税が課されると，製造業者の納税額は300となる。次に卸売業者はそれを仕入れて，4,000で販売すると400の税がかかる。しかし，すでに仕入額に300の税が含まれているので，卸売業者はそれを売上にかかる税額から控除することができる。これは仕入税額控除と呼ばれる。その結果，卸売業者は差引額100を納付することになる。同様に仕入額4,000,売上額6,000の小売業者の納税額は200である。最終的にこれら各業者の納税額の合計600は，消費者に転嫁されることが想定されている。このように税の納付者と負担者が異なること，これが間接税と呼ばれる所以である。〔図表7−2　参照〕

　ただし租税の転嫁と帰着の実態は明確に把握できているとは言えない。想定通り財の需要者に負担を転嫁することを「前転」と呼ぶ。これに対して，たとえば小売業者の力が強い場合，値引きを求めることで課税部分を卸売業者に負

担させることも考えられる。これは負担の「後転」である。同様に小売業者においても特に中小零細の小売店では，販売競争上，消費者に対して負担を完全に転嫁できないケースもある。

〔図表7-2〕 消費税のしくみ

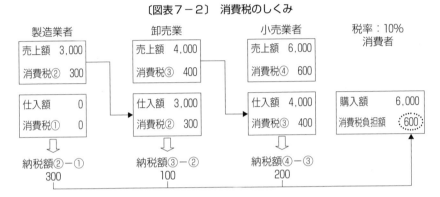

このように転嫁の実態は業者間の力関係や市場での競争の状況等によっても左右される。これは2014年度以降の税率引き上げに際しても大きな課題点の1つとなっていた。これを見越して，2013年10月より「消費税転嫁対策特別措置法」が施行された。これは消費税の転嫁を拒むいわゆる「買いたたき」などの行為を禁止するものである。ただ実際には規制当局である公正取引委員会にとっても，実態の把握は困難だとされており，今後の動向が注目される。

(3) 非課税対象品目

このように消費税は原則として国内における全ての取引を課税対象としているが，税の性格上の理由または政策的配慮から非課税とされるものがある。前者には土地の譲渡及び貸付，有価証券の譲渡や利子を対価とする資産の貸付など，不動産・金融取引に関するものである。後者には，医療保険法に基づいて行われる医療の給付や介護保険法に基づく居宅サービスの提供など，医療や福祉，教育関連のサービスがある。〔図表7-3　参照〕

〔図表7-3〕 消費税の非課税取引

税の性格上課税対象とならないもの
① 土地の譲渡および貸付け
② 有価証券等，支払手段の譲渡
③ 貸付金等の利子，保険料等
④ 郵便切手類，印紙等の譲渡
⑤ 行政手数料等，国際郵便為替，国際郵便振替，外国為替取引
政策的配慮に基づき非課税とされるもの
① 医療保険各法等の医療
② 介護保険法の居宅サービス等
③ 社会福祉事業等で行われる譲渡等
④ 助産に係わる資産の譲渡
⑤ 埋葬料又は火葬料を対価とする役務の提供
⑥ 身体障害者用物品の譲渡，貸付等
⑦ 学校等の授業料，入学金，施設設備費，入学検定料等
⑧ 教科用図書の譲渡
⑨ 住宅の貸付け

（資料）　吉野維一郎編著『図説日本の税制　平成29年度版』p.199。

(4) 消費税の規模と国・地方間の配分

　国税としての消費税収入の推移をみると，導入当初の1989年度は約3兆2,700億円で国の税収全体の6.0％を占めるに過ぎなかった。しかし，税率が引き上げられた97年度には9兆3,000億円と前年度に比べ約3兆2,500億円増加し，国税収入の17.2％を占めるに至る。1999年度の約10兆4,500億円をピークにいったん減少傾向が見られたものの，2008年～2009年の期間を除き増加傾向にある。2016年度（補正後）は約16.8兆円と税収全体の28.3％を占め，所得税（同29.9％）や法人税（同18.8％）と並ぶ国の基幹税となっている。

　1997年度より導入された地方消費税（道府県税）は，消費税を本税とする付

加税であり、税率は消費税額の63分の17と定められている。徴収は国が消費税と併せて行い、都道府県と市町村に各2分の1配分される。2016年度の地方消費税収は4.7兆円であり、まず都道府県に配分される。各都道府県への配分額は商業統計やサービス業基本統計の消費支出データ、国勢調査の人口数、または事業所統計の従業者数に基づいて算定する。ついで市町村へは、都道府県への配分額の2分の1を人口及び雇用数に基づいて按分し、交付する。

ここで消費税税収のうち、地方の財源となっているものは地方消費税だけではない。本税である消費税（国税）の22.3％は地方交付税の財源として充当される。その結果、消費税および地方消費税を合わせた従来の税率8％の場合3.10％分が実質の地方配分となる。また、それを差し引いた消費税（国税）収入の13.1兆円（2016年度）は、基礎年金・高齢者医療・介護・子育て支援等に充てられることとなっている。

2　付加価値税（消費税）の理論

(1)　多段階課税と単段階課税

一般に商品やサービスの消費一般にかかわる税は一般売上税と総称される。これには課税段階により「多段階課税」と「単段階課税」に分類される。

そのうち多段階課税とは全て又は複数の取引段階で課税されるもので、これには売上額を課税ベースとする「取引高税」と、付加価値を課税ベースとする「付加価値税」とに区分される。わが国の消費税はその仕組みが一部異なるものの、EU諸国で採用されている付加価値税と同様の形態をとっている。

一方、単段階課税とはいずれか1つの流通段階で課税されるもので、製造段階で課税される「製造業者売上税」、卸売段階で課税される「卸売売上税」、小売段階で課税される「小売売上税」の3類型がある。そのうち製造業者売上税は1990年までカナダで実施されていた。また、卸売売上税は1994年までスイスと、2006年までオーストラリアにおいて課されていた。さらに小売売上税は現在でもアメリカやカナダにおいて州税として採用されている。

第1次世界大戦末期から戦後にかけて，フランスやドイツなどのヨーロッパ諸国において最初に採用されたのは取引高税である。それは，全ての流通段階での課税が可能となるので，低い税率で大きな収入をもたらすといった利点による。一方，取引高税は売上高を課税ベースとするため，商品の流通段階が多くなるとその回数だけ課税され，税の部分に対して税がかかる（tax on tax）といったいわゆる税負担の累積という不均衡が生じる。したがって全く同じ財であっても製造から販売まで同一の企業でなされる場合に比べて，多くの流通業者間取引を経るほど税込の価格は高くなり，価格競争上の不公平が生じる。これにより流通業者間の垂直的な統合を促し，ひいては市場独占を生じさせかねないという問題点が指摘されていた。

　このような取引高税の問題を避けるため，課税方法として創出されたのが単段階の売上税である。前述の通り，これは「製造業者売上税」，「卸売売上税」，「小売売上税」の3類型がある。単段階売上税の導入により，税負担の累積を回避することは可能となった。単段階課税では，特定の取引段階にのみ課税の衝撃や事務負担が発生し，他方では課税の対象が限定されるため，一定規模の税収確保にはより高い税率を必要とする。これらの理由から，多くの国において単段階売上税から次第に付加価値税へと移行していった。

　多段階課税である付加価値税は，生産から販売にいたる全流通段階で課税される。事業者を納税義務者とし，各段階の納付税額は，売上げにかかる税額から仕入れにかかる税額を控除して算出される。つまり，このことは控除型の付加価値が課税標準であることを意味する。付加価値税は，同じ多段階税の取引高税と違って負担の累積を回避できる。つまり，各流通段階の付加価値を課税ベースとするため，流通の回数にかかわらず当該商品にとって税負担は一定である。1954年にフランスではじめて導入され，1970年代にＥＵが採用を決定し，加盟国で移行していったのは，この優位性による。

(2) 帳簿方式とインボイス方式

　消費税をはじめとする付加価値税は，仕入税額をどのように算定するかによって，税額別記載の書類によるインボイス方式（伝票方式）と，自己の帳簿上の記録による帳簿方式に分類される。インボイス方式とは，各流通過程における付加価値額と税額の明細が記載されているインボイス（送り状）の発行を取引のつど義務付け，これを用いて売上税額から仕入税額を差し引いた額を納税する，つまり前述のような仕入税額控除により納付税額を計算する。これはEU諸国において広く採用されている。これに対して，帳簿方式（アカウント方式）は，各事業者が納付税額を会計帳簿に基づいて計算するものを指す。すなわち半年ごとの売上額と仕入額を自身の帳簿にもとづいて納付税額を計算する。

　この両者を比較した場合，インボイス方式は脱税防止の点で優れている。インボイスには仕入額と仕入税額，売上額と売上税額が記載されているため，流通過程においてある業者が売上額を過少に申告し脱税を図ることは難しい。各取引業者間で不正なインボイスの発行を互いに牽制し合うクロス・チェック機能が働くためである。

　前掲の図を用いて，脱税の発生を見る。今，製造業者が3,000の売上額を2,000と過少に記載されたインボイスを発行したものとする。これにより製造業者の消費税納税額は本来の300ではなく，200の税を納めればいいことになる。しかし卸売業者は仕入れに際してこの不正なインボイスを受け取ると，販売に際して本来の100よりも多い200の税を納めなければならず，両者の取引は成立しない。（前掲〔図表7－2〕参照）

　これに対して帳簿方式の下では，各業者間の取引が各々の帳簿によって処理されるため，インボイス方式ほどの透明性の確保は困難である。インボイス方式の優位点にもかかわらず，わが国において帳簿方式が採用されたのは，消費税の早期導入を図るため，特に小規模事業者の納税事務負担を軽減するという政治的な配慮によるものである。ただ，導入から10年近くを経て，当初は仕入税額の控除を帳簿に記載するだけでよかったものの，1996年以降はそれに加え

て請求書等の保存を義務付けることに変更され、改善へ向けた動きもみられる。

(3) 非課税とゼロ税率

消費税率引き上げに際して、逆進性緩和や低所得者への配慮から食料などの生活必需品に課税の特例を拡大する動きがある。その場合の方法が、「軽減税率」や「非課税」、「ゼロ税率」の採用である。日本の消費税では、現在一定の商品への「非課税」措置が導入されている。「軽減税率」は、特定の品目に対して相対的に低い税率を適用することで、消費者の負担軽減を図る。

「非課税」と「ゼロ税率」には、大きな差異がある。「非課税」措置は、対象となる商品に課税されないが、仕入れにかかる税額は控除されず、価格に上乗せされていくから、消費税が部分的に、財の需要者または消費者へと転嫁される。納税義務者である事業者から見ると、非課税商品にかかる売上分は消費税計算から除外される。「ゼロ税率」は対象の商品に０％の税率で課税したとみなして、仕入れにかかる税額を控除することを認める。したがって消費税の負担は実質上ゼロとなり、事業者に納税額は発生しないし、価格に転嫁されることもない。ゼロ税率はイギリスやアイルランドで食料品や子供用衣服などに広く採用されている。

前掲の表で両者の違いを具体的に見る。小売業者に対して非課税（免税）措置が取られた場合、売上高6,000は課税されないが、小売業者は仕入段階までに課された税額400が上乗せされた価格6,400で販売しなければならない。これは最終的に消費者に転嫁される。これに対して小売業者にゼロ税率が適用される場合、小売業者への課税が免除されるのに加えて、仕入高にかかる税額400は税務当局への申告によって還付される。つまり小売業者の税負担はなく、消費者へ転嫁されることもない。

海外への輸出に関して仕向地主義原則、つまり消費地で課税する原則に従い、輸出品の売上を免税にするのに加え、仕入税額控除を認める。この「輸出免税制度」では、申告に基づいて輸出事業者に税還付が行われる。ここでは、実質上ゼロ税率が適用されている。

3 消費税の政策課題

(1) 逆進性問題

　消費税負担の逆進性とは，低所得者ほど所得に対する負担率が高くなることを指す。すなわち所得水準の異なる納税者が同じ財・サービスを購入したとき，同額の消費税を支払うと，課税の公平性（垂直的公平）に反する可能性がある。

　ここで所得水準の異なる個人A，B，Cの3人のケースで逆進性の問題を見る。Aの年収（＝可処分所得）を400万円，BとCのそれをそれぞれ800万円，2,000万円とする。次に年間（課税）消費額をそれぞれ360万円，560万円，1,000万円とし，仮に消費税率を10％とすると，Aの年間消費税負担額は36万円，Bは56万円，Cは100万円と，所得水準の高い個人Cの負担額が最も大きい。ところが，消費税負担額を年所得で割った負担率を求めると，Aが9％，Bが7％，Cが5％となり，先とは逆に所得の低いAの負担が最も重くなる。〔図表7－4　参照〕

　もちろんこれは，所得水準の高い人ほど所得の増加分に対する消費の増加分，すなわち限界消費性向が低くなることに起因する。このことは，家計調査等を使った実際の分析結果でも一般に検証されている。

〔図表7－4〕　消費税による負担の逆進性問題

	A	B	C
年収	400万円	800万円	2,000万円
年間（課税）消費額	360万円	560万円	1,000万円
年間消費税負担額	36万円	56万円	100万円
消費税負担率（年間消費税負担額／年収）	9％	7％	5％

（注）　消費税（地方消費税を含む）10％とする。

(2) 逆進性の緩和と複数税率の導入問題

わが国の消費税率8％はEU諸国の付加価値税率15〜20％水準と比べてかなり低かったため、これまで税負担の逆進性問題はさほど顕在化してこなかった。しかし、今後予定されている税率引き上げでは、逆進性緩和が大きな政策課題となる。

税率の高いEU諸国においては、低所得者への配慮から食料品など必需品に対して非課税措置または軽減税率を適用し逆進性の緩和に努めている。たとえば、付加価値税の標準税率が19.6％のフランスでは、食料品などは5.5％、医薬品などに対しては2.1％の軽減税率で課税する。わが国においても2019年度に予定されている消費税率10％への引き上げに併せて、特に低所得層の負担増を考慮して食料品などへの軽減税率の採用が検討されている。

これに対しては税務行政の煩雑化を懸念する声や、課税原則に反するとの批判がある。第1に課税・非課税品目を決定する際、明確な基準、根拠を示しうるかが問題視される。これは特定の商品に課税したかつての物品税の問題として指摘されたことであり、「課税のアンバランス」が資源配分を歪めかねない。第2に低所得者への配慮は、所得課税や資産課税を含め包括的に行うべきで、消費税のみでその達成を図るべきではないという意見である。

(3) 中小事業者への特例と益税問題

「事業者免税点制度（納税義務の除外）」や簡易課税という特例措置は本来、中小事業者の転嫁の困難や事務負担に配慮したものであるが、他方では益税の発生という問題を伴う。事業者免税点制度は、前々事業年度の課税売上高が1,000万円以下の法人、あるいは前々年の売上高が1,000万円以下の個人事業者に対して納税義務の除外を認める。免税業者が課税事業者と同様に消費税分を上乗せして販売したとすれば、この制度により財の需要者が負担した消費税の一部が免税業者の手元に残る。つまり売上にかかる税額から仕入れにかかる税額を差し引いた差額分が納付されない。これが事業者免税点制度における益税

問題と呼ばれるものである。これは消費税制度に対する不信感を助長する一因ともみなされ，2004年度以降免税制度の適応基準がこれまで課税売上額3,000万円から現在の1,000万円に引き下げられた。

益税はまた「簡易課税制度」から発生しうる。この制度により税抜きの年間課税売上高が5,000万円以下の事業者に対しては，課税売上高から納付税額を計算することが認められている。卸売業者は売上額の90％，小売業者は80％，製造業者は70％，サービス業者等は50％，その他の事業者については60％相当額を仕入額とみなす「みなし仕入率」を採用する。当該事業者は課税売上額のみによって簡便に消費税の納付額を計算することができ，納税事務を簡素化することができる。しかし，これによって益税が発生する可能性がある。消費税率10％のときの事例を示す。

卸売業者の場合，仕入額を売上額の90％とみなすことが可能なので，納付税額は下記のように計算される。ここで売上額×0.9が仕入額に相当する。

$$納税額 = 売上額 \times 0.1 - 売上額 \times 0.9 \times 0.1$$
$$= 売上額 \times 0.1 - 売上額 \times 0.09 = 売上額 \times (0.1 - 0.09)$$
$$= 売上高 \times 0.01$$

この場合，消費税として売上額の1％を納付すればよい。しかし，実際の仕入率が「みなし仕入率」より低いケース，たとえば売上額の70％であったとするならば，本来納付すべき税額は次のようになる。

$$本来の納付税額 = 売上額 \times 0.1 - 売上額 \times 0.7 \times 0.1$$
$$= 売上額 \times 0.1 - 売上額 \times 0.07 = 売上額 \times (0.1 - 0.07)$$
$$= 売上額 \times 0.03$$

両者の差額分（0.03 − 0.01 = 0.02），つまり本来納付されるべき売上額の2％分が事業者に帰属する。これが簡易課税制度による益税の発生である。

この制度は，帳簿方式の採用や事業者免税点制度と同様に，消費税導入に際して特に小規模事業者の事務負担を軽減し，転嫁の困難，政治的な抵抗を緩和するために設けられた。しかし税の透明性を欠くことから，1991年から簡易課税制度の適用条件は，消費税創設時の課税売上高5億円以下から4億円以下へ，

1997年度よりこれが2億円以下へ，さらに2004年度以降はこれが現在のような5,000万円へと段階的に引き下げられた。また，みなし仕入率の適用業者の分類も創設時の2区分から4区分へ，さらに現在の5区分へと改められ，改善へ向けた取組みが続いている。

(4) 消費税の福祉目的税化

少子高齢社会の進展の中で，社会保障の財源として消費税が有力視される。これは法人税や所得税といった他の基幹税と比べて景気動向に左右される度合いが低く，安定的な税収が見込めるからである。しかしこれについては強い批判がある。第1に，消費税と福祉との関係性を問うもので，両者の間には明確な関連性は認められないという指摘である。第2に，道路特定財源で問題視されたように福祉目的税となった場合，歳出構造の硬直化が懸念される。国民の社会保障への信頼が揺らぐなかで，消費税の使途を福祉目的に限定しようとの主張は広く賛同を得やすい。しかし，それを単なる税率引き上げへ向けての説得材料とすべきではなく，長期的な視点でその使途を含めて議論する必要がある。

4 個別消費税と課税根拠をめぐるトレード・オフ

(1) 個別消費税

消費税の導入とともに物品税は廃止されたが，その他の個別消費税は，現在も一定の税収をあげている。2017年度の予算ベース（特別会計を含む）で最大のものは揮発油税（ガソリン税）の2.39兆円で国税収入の3.9％を占める。以下，酒税の1.3兆円（同2.1％），たばこ税0.9兆円（同1.5％）とつづく。〔図表7－5参照〕

これらの個別消費課税をめぐっては，そのあり方について議論も多い。たとえば，一般にガソリン税と呼ばれる揮発油税と地方揮発油税（地方道路税）などはかつて道路特定財源であった。これらは，戦後の交通インフラ整備に大き

な役割を果たした。しかし全国的に道路整備も一段落し，2009年度より一般財源化されたが，いまだに暫定税率分も含めて税として存続している。経済社会の環境が急速に変化する中で，個別消費税の在り方が問われている。

〔図表7－5〕 個別消費税

	税　目	課税の内容および税率	税収2017年
国　税	酒　税	酒類の製造場からの移出や輸入の段階で課税。1kl当たり20,000円～390,000円。	13,110億円(2.1%)
	たばこ税	一般のたばこ（紙巻たばこ，パイプたばこ，葉巻たばこ等）は1,000本当たり5,302円。	9,290億円(1.5%)
	たばこ特別税	上記のたばこ税の他，一般のたばこは同820円。	1,437億円(0.2%)
	揮発油税	1kl当たり48,600円の従量税。うち本則税率は24,300円。2009年度より一般財源化。	23,940億円(3.9%)
	地方揮発油税	1kl当たり5,200円。うち本則税率は2,600円。	2,562億円(0.4%)
	石油ガス税	自動車用の石油ガスを対象。1kg当たり17.5円	160億円(0.0%)特別会計分を含む。
	航空機燃料税	1kl当たり18,000円。税収は空港整備財源。	669億円(0.1%)特別会計分を含む。
	石油石炭税	「地球温暖化対策のための課税の特例」2016年4月まで税率を段階的に引き上げ現行税率（2016年度）原油など1kl当たり2,800円。天然ガス等は1t当たり1,370円。	6,880億円(1.1%)
	電源開発促進税	1,000kw時375円。	3,130億円(0.5%)
	関　税	輸入品目に応じて課税。	9,530億円(1.6%)

都道府県税	道府県たばこ税	一般のたばこは1,000本当たり860円。	1,508億円(0.8%)
	ゴルフ場利用税	1人1日当たり800円（制限税率は同1,200円）。	449億円(0.2%)
	軽油取引税	1kl当たり32,100円。うち本則税率は15,000円。	9,310億円(5.0%)
市町村税	市町村たばこ税	一般のたばこは1,000本当たり5,262円。	9,228億円(4.3%)
	入湯税	1人1日当たり150円。	223億円(0.1%)

（注1）　税収は2017年度予算（国税）および地方財政計画（都道府県税，市町村税）における税収額。
（注2）　税収の（　）は国税および都道府県税，市町村税に占める割合。
（注3）　税目の網掛けは特定財源。
（資料）　吉野維一郎編著（2017）『図説・日本の税制』平成29年度版より作成。

(2)　課税根拠をめぐるトレード・オフ

　一般に特定の財やサービスへの課税は，税の中立性原則に反し，効率的な資源配分を阻害する。これが物品税の廃止と消費税導入を正当化する理由とされた。資源配分のゆがみ（課税の超過負担）を最小にとどめつつ一定の税収をあげるには，一定の条件下で各財やサービスに対する税率は，需要の価格弾力性に逆比例しなければならない。これは最適課税の理論における「ラムゼイの逆弾力性命題」として知られる。需要の価格弾力性の低い財とは一般に必需品を，逆に高い財とは奢侈品を指す。この命題にしたがうと，必需品には高い税率を，奢侈品には低い税率を課すことが望ましい。
　ところが，高所得者に比べて低所得者は消費額全体に占める必需品への支出割合が高く，低所得者ほど重い負担を強いられ，公平性の観点から問題となる。これは課税の「効率性」と「公平性」がトレード・オフであることを意味する。消費税の食料品等への軽減税率採用をめぐる議論においても同様である。

> **コラム** 消費税率の引き上げと景気対策
>
> 　2012年6月15日,当時の与党民主党と,野党の自民,公明両党の3党合意を経て,8月10日に消費増税法が成立,2014年4月から税率が8％に,翌15年10月には10％に引き上げられる（その後,2019年に延期された）。税率引上げに反対または修正を唱える論者は,現在の景気は回復への力強さに欠けるとみなし,引上げによる将来の景気の腰折れを懸念した。一方,賛成論者は,すでに引上げの環境が整っているとし,景気への影響は限定的なものだと考えた。これは5％への税率引上げ（1997年）後に,景気が悪化したが,その要因をめぐる見方の相違とも関係する。税率引上げが主因だとする評価と,アジア通貨危機や金融不安によるものだとする主張の間で激論が交わされた。政府は景気の先行きについての懸念払拭のため,消費税の8％への引上げと一体で震災復興特別法人税の前倒し廃止や2015年度以降の法人実効税率の引下げ,設備投資や賃上げなどを促す経済対策を打ち出した。その規模は約5兆円を超え,消費税率引上げ幅3％の2％分に相当する。

〈参考文献〉

石　弘光［2009］『消費税の政治経済学』日本経済新聞出版社.
内山　昭［1986］『大型間接税の経済学』大月書店.
税務大学校［各年版］『消費税法』（教本）.
シャウプ.C.［1988］『間接税で何が起るか』下条進一郎訳,日本経済新聞出版社.
租税理論学会［2017］『消費課税の国際比較』財経詳報社.
平　　剛［2008］「消費課税」渋谷博史編著『日本の福祉国家財政』所収,学文社.
東郷　久［2006］「消費課税」内山昭編著『現代の財政』所収,税務経理協会.

第8章　公債と財政赤字

<本章のねらい>

① 公債の制度と理論を知る。
② 財政赤字の大きさと原因を学ぶ。

　日本政府は，1990年代のバブル崩壊後から大量の公債を発行してきた。その結果，公債残高は累積を続け，2019年3月時点で883兆円（見込み）とGDPの約1.6倍に達している。本章では，公債の制度と理論について解説した上で，限度を超える公債の発行や累積，すなわち財政赤字，政府債務がもたらす問題点について考える。

1　公債の制度と仕組み

　公債は政府の借金（債務）であるといわれるが，簡単に定義すると「公信用（政府の信用）を基礎とした債務証書の発行による財源調達」である。銀行から現金を短期に借り入れる場合は借入金と呼び，証書を発行しないから公債には含めない。

　公債の定義から2つの一般的性質が出てくる。第1に，公債という債務は最終的に租税で返済するので，租税の前取り（または将来の租税）である。言い換えると公債を購入した人や銀行に対し元金に利子を加えて返済（元利償還）しなければならないが，それは将来の租税で支払われる。この支払が困難になると，激しいインフレーションが起こり，返済されるとしても単に名目的な金額が支払われるにすぎない。第2に，公債証書は証券市場で売買される有価証券であり，会社の株式や社債と同じ性質を持つ。これらの証券は会社が利益を上げることが確実であり，また政府の信用が存在するという条件の下でのみ，価

格，つまり価値を持つ。そうでなくなると，これらの証書はただの紙切れになってしまう。このような性質を持つ有価証券や土地は擬制資本と呼ばれ，公債証書はその一種である。

　公債には多くの種類がある中で最も重要なのは普通公債であり，上記の性質が特にあてはまる。これには中央政府が発行する国債と自治体が発行する地方債がある。公債問題あるいは財政赤字問題とは「国債・地方債の残高が大きくなること」だと言っても過言でない。というのは，この問題は財政や経済，国民生活に重大な影響を与えるからである。地方債は多数の自治体によって発行され，一律に論じられないが，国債との決定的違いは，背景に中央銀行（日本銀行）による直接の信用がないことである。他にも財投債（財政投融資活動の資金を調達する），政府保証債（公的企業の発行する債券に政府が返済の保証を与える）や財投機関債（財投対象機関の発行する債権）は国債したがって普通公債に近い性質をもつ（詳しくは，第3章第2節参照）。

　しかしどの国においてもそうであるが，公債問題の中心は普通国債（以下，単に国債という）である。国債発行や残高の規模が大きく，特に重要な経済的影響をもつからである。国債残高は2015年3月末時点で，806兆円，対GDP比約161％である。この内訳は建設国債266兆円，赤字国債534兆円，これに東日本大震災対策のための復興債6兆円が加わる。地方債残高は199兆円，両者の合計は1,005兆円である。これに国の他の長期債務28兆円を加えると総計1,033兆円，GDP比2倍以上になる。これだけ大きいと公債問題が深刻であることは直ちにわかるが，まず日本における公債（国債）の制度と公債管理政策を簡単に整理する。

＜償還期間＞
：長期公債　期間10年（10年，15年，20年，30年）以上のものをさし，財源調達手段として発行される。
：中期公債　期間2〜5年までのものを中期公債と呼び，長期公債を補完する。
：短期公債（政府短期証券）

財務省証券，食糧証券，外国為替資金証券など。期間１年未満（通常６ヶ月以内），支出と収入に時期的な乖離があるので，資金繰りの手段として発行される。会計年度内に償還される。

<２つの発行目的>

：収入調達手段　普通公債のことで，さらに次の２つに区別される。

　a）建設公債　インフラを建設する公共投資の財源のために発行される。債務ではあるが，同時に長期的に利用できる固定資産が形成される。日本では，財政法４条（建設公債の原則）で発行が認められている。

　b）赤字公債　特例債ともいう。年々必要な経常経費に充てるために発行される公債。日本では，財政法４条で禁止されているので，発行するときには特例法を制定して発行する。

：支払手段　収入の手段ではなく，交付公債，出資・拠出公債のように支払手段として発行される。遺族国庫債券，ＩＭＦ通貨代用証券などがこれにあたる。

<起債地（発行場所）>

：内国債　自国内で発行する自国通貨建ての公債。公債利子は国内の公債購入者に支払われる。

：外国債　外国で発行する外貨建ての公債。国内に資金が不足しているときに発行され，外国に支払われる利子は国民所得の一部が外国に流出することを意味する。現在の日本では，全て内国債となっている。

<発行方法>

：市中消化　公募発行で，資金を持つ金融機関や個人が購入して，引き受けられる。財政法５条は中央銀行引き受けを禁止しているので，日本では建前上，市中消化である（市中消化の原則）。市中消化には国債シンジケート団（募集引受団）方式と公募入札方式がある。

：中央銀行引受　中央銀行（日本銀行）が当年度に，政府から公債を直接引き

受ける。

<国債の償還と管理>

：定率繰り入れ　国債発行の対象となる資産の平均的耐用年数を60年とみなして，この期間内に全額現金償還するという考え方に立つ。原則として，前年度期首の国債総額（短期証券，交付国債などを除く）の100分の1.6（60分の1）に相当する金額が年々の償還財源とされる。

：借　　　換　国債の償還財源を調達するために新たに国債，つまり借換債を発行することをいう。10年物国債の場合，60年間での償還のもとでは，発行後10年を経ても全額償還しないから，借換が必ず必要となる。

　大量の公債が長期間発行され，残高が大きくなると，公債の発行，消化，流通，償還がいつも円滑にできるとは限らない。この一連の過程をコントロールする政策が公債管理政策である。具体的には以下のような方法がある。

① 　市場のニーズ，動向をふまえた公債の種類の選択や，短期，中期，長期の発行計画策定による満期構成の調整
② 　為替決済制度の改善や国債のペーパーレス化，入札前取引に見られるような公債インフラ整備
③ 　公債の安定消化や公債市場の流動性向上
④ 　公債の商品性や保有者層の多様化

2　公債の理論

　一般に，限度を超える公債発行や巨額化，それに伴う公債残高の累積は，以下3点の問題を生じさせる。第1に，公債発行や累積が経済過程に及ぼす負の影響の可能性である。この問題は，発行された公債をいかなる経済主体が引き受けるのかによって，2つの面から整理することができる。一方で大量の公債を中央銀行が引き受けた場合，中央銀行は購入した公債分だけ信用創造を行う

ので，中央銀行券（通貨），つまりマネーサプライが政府を介して市場に出回ることになるわけだから，中央銀行券の価値が減価し，インフレーションを招く危険が高くなる。

他方では，市場消化で公債を金融機関や企業，家計など民間の経済主体が引き受けた場合，金利の上昇によるクラウディングアウト（借り手の締め出し効果）が生じる。民間経済主体が公債を購入するということは，政府が民間の経済活動から資金を吸収することを意味する。そうすると，民間の資金需給は逼迫し，市場金利は上昇する。金利の上昇は，借入により投資資金を調達したいと考えている企業や，ローンによって住宅購入を考えている家計などの投資・住宅購入意欲を阻害する。その結果，企業の設備投資や家計の住宅投資が減退し，これが景気後退を招く要因になる。信用力の小さい中小企業や中低所得層への影響は，特に大きい。このようにクラウディングアウトとは，企業や個人など民間の借り手が金融市場から閉め出されることを指す。

クラウディングアウトが生じるのか否か，またどの程度生じるのかは，一面で政府が発行する公債の規模，すなわち政府がどの程度民間の資金を吸収するのかによる。他面で，金融市場における資金需給の状況に依存する。すなわち，不況期に典型的に見られるように，金融市場での借り手がなく遊休資本が支配的な状況では生じにくいし，景気の上昇局面で投資需要が高く，資金需給が逼迫している状況下では，公債発行は容易にクラウディングアウトを引き起こす。

公債の大量発行がもたらす第2の問題点は，それが財政構造に及ぼす作用である。公債は政府の債務であるから，公債残高が大きくなるにつれて，元金の返済に加えて利子の支払いが増大する。すなわち，政府の財政支出に占める国債費が増加する。国債費が増えると，これが他の政策的経費に充てる財源を圧迫し，必要な政府の財政機能を発揮できなくなる。このことを財政の硬直化という。

第3に，世代間不公平の問題である。長期的にみると，公債の元利償還は将来の租税負担によって賄われる。すなわち公債を財源とした財政支出の恩恵（便益）は現在の世代が享受し，公債の元利支払いは将来世代が負担する租税

によって償還されることになり，世代間で不公平が発生する。

　世代間の不公平問題を考察する場合，建設公債と赤字公債とで，その作用に一定の違いがある。建設公債の場合，その使途は公共施設の建設やインフラ整備であり，これらは長期間にわたって使用され，現在世代だけでなく将来世代も便益を享受できる。これに対して，赤字公債の場合は，その当該年度で費消する経常経費を賄うための財源調達であるから，その便益は現在世代にしか及ばない。このように考えると，建設公債に比べて赤字公債の方が，世代間不公平の度合いは高いといえる。

　しかし，経常経費を賄う赤字公債も含めて，世代間不公平は生じないとする考え方がある。リカード・バローの中立命題がそれである（コラムを参照）。バローの中立命題には，個人が制約なしに借入や貯蓄ができること，子孫の効用を考慮して遺産を残すことなど，経済的現実とはかけ離れた前提条件が置かれており，こうした前提条件の現実妥当性を踏まえて評価されなければならない。とはいえ，公債によって当面増税を先送りしたとしても，実際は現在世代が生きている間に増税がなされ，公債発行の負担を現在世代が負担するという場合もありうる。こうした想定にたった場合，個人は将来の増税負担に備えて消費を抑制しようとし，政府による裁量的財政政策の効果は減殺される。したがって，中立命題の含意は，世代間不公平の有無にあるというよりも，むしろ裁量的財政政策の実行とその規模に対する１つの基準を提供することにあると考えられる。

> **コラム**　リカードの等価性定理とバローの中立命題
>
> 　古典派経済学の代表的学者であるリカード（Ricard, D.）は1820年に書いた論文で，同一世代内で公債発行と元利償還が行われるならば，課税と公債は経済的に等価である（等価原理，Ricardian Equivalence）と主張した。人々は公債償還のための課税に備えて消費を減少させ，貯蓄を増加させることになり，租税であれ，公債であれ，民間貯蓄は長期的に同じである。公債は将来の租税で支払われるだけであり，政府支出の水準と税負担の水準は一致する。
>
> 　ロバート・バロー（Barrou, R.）は1970年代に，この考え方を「合理的期待形成」という理論的枠組みを用いて，「公債発行のマクロ経済に与える影響は世代間

においても中立的である」という主張に拡張した。「中立的」というのは一定の前提の下で，公債発行による政府支出の追加や減税が　①マクロ経済に長期的な効果はなく，国民所得の増減に影響しない，②世代間の公平を阻害しない，ことをさす。ここにおかれている前提は，①各個人は将来を合理的に予想する，②各個人は自分の効用を最大化するよう消費と貯蓄の配分を行い（借入や貯蓄に何の制約もないと仮定），流動性制約がない，③各個人は子孫の経済状態も自分の効用と見なして適切に遺産を残す，などである。

こうして各個人は公債の発行が将来の増税をもたらすと考えれば貯蓄を増やし，またそれが子孫の税負担の増加につながると予測すれば，その分だけ遺産を増額するという行動をとる。この結果，公債発行による政府支出・減税の増加は中立化され，世代間の不公平も生じないとする。

3　日本の財政赤字と公債問題の軌跡

公債問題の深刻度は，さしあたっては公債発行額および公債依存度（一般会計収入に占める公債発行額の割合），公債残高によってみることができる。〔図8－1〕にあるとおり，第1次石油ショック後の1975年度以降，低成長による税収の低迷と景気対策による公共事業費の拡大により，赤字公債を含めた公債発行は巨額化し，公債依存度が高くなった。当時はインフレの進行とも相まって，民間金融機関は未だ経験のなかった大量の公債を引き受けることに消極的であったから，公債は事実上中央銀行である日本銀行が引き受けることとなり，公債問題の負の影響は，インフレーションをさらに加速化させるという形で現れた。

このような事態に対応して，政府は「増税なき財政再建」のスローガンの下，財政支出の削減，抑制を進めた。また，1980年代後半にはいわゆるバブル経済での経済成長によって増収が実現し，公債依存度は10％台にまで低下し，財政状況は赤字公債の発行0を可能にするまでに改善した。1990年の国債発行額は建設国債のみ6.3兆円，公債依存度9.2％，年度末の国債残高は166兆円（うち建設国債101兆円，赤字国債65兆円）であった。

しかしそれもつかの間，バブル経済の崩壊後，とくに1990年代中葉以降，国

債発行額は再び上昇に転じる。上昇局面は3つに区別できる。1995年から97年にかけて，発行額は18〜19兆円台（97年18.5兆円，うち建設国債9.9兆円，赤字国債8.5兆円，決算，以下同じ），公債依存度23〜25％（97年23.5％）である。不況が深まる98年以降公債発行額は急増し，2004年にかけて国債発行額は33〜37兆円（2004年，35.5兆円，うち建設国債8.7兆円，赤字国債26.8兆円），公債依存度40〜43％（2004年41.8％）であった。

2005年から2007年にかけて小泉政権の構造改革の成果が出てきたことを背景に，公債発行の圧縮が可能になる。2005年の国債発行額は31.3兆円（うち建設国債7.8兆円，赤字国債23.5兆円），公債依存度36.6％から，2007年25.4兆円（うち建設国債6.0兆円，赤字国債19.3兆円）に減少，公債依存度は31.0％まで低下した。上記の数値に見るように，90年代末以降の国債発行は，建設国債に比して赤字国債のウエイトが圧倒的に高いという特徴を刻印される。これは社会保障費の増勢とともに，デフレ不況と，無理な所得税や法人税の減税によって税収が落ち込んだことが主要な原因である。

ところが2008年の世界同時大不況（世界恐慌）の発生によって，景気対策の財源として公債発行は急増し，2009〜2013年の国債発行額は43〜51兆円，公債依存度43〜52％にも達する。個別に見ると2009年の発行額52.0兆円（うち建設国債15.0兆円，赤字国債36.9兆円），公債依存度51.6％，2012年49.5兆円（同11.4兆円，38.0兆円，補正後予算），2013年42.9兆円（同5.8兆円，37.1兆円，当初予算），公債依存度46.3％である。また2011年からは，東日本大震災からの復旧復興財源として復興債の発行が加わる。とはいえ公債依存度が50％前後にのぼるというのは，きわめて異常な状態である。しかもこの原因は，赤字国債が発行額の4分の3以上（2012年76.8％，2013年86.5％）を占めることによる。年々必要な経常経費は本来租税収入で賄うのが本来の姿であり，そのかなりの部分の財源を赤字国債に依存するのは決して望ましいことではない。〔図表8－1，8－2参照〕

第8章　公債と財政赤字

〔図8−1〕　建設公債と赤字公債（特例公債）の発行額推移

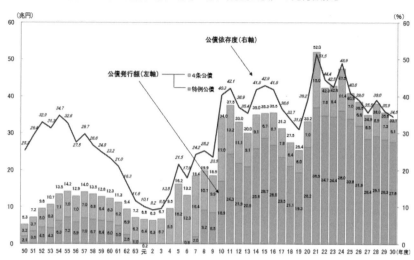

（出所）　財務省「わが国の財政事情」より。

〔図8−2〕　国債残高の推移

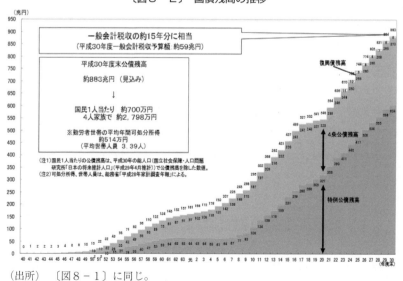

（出所）　〔図8−1〕に同じ。

〔図表8-3〕　財政収支の対GDP比―国際比較

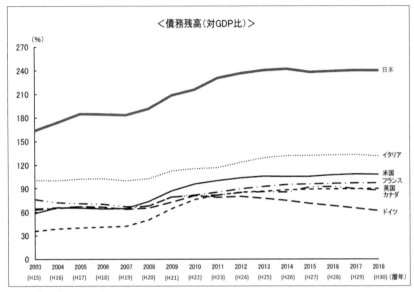

（出所）〔図8-1〕に同じ。

　現在の公債発行額や公債残高は国際的にみても際だって高い。〔図表8-3〕は、先進各国の国と地方をあわせた一般政府の債務残高を対GDP比でみたものである。いわゆるリーマンショックを画期とした2008年以降全先進諸国が政府債務残高の上昇傾向に転じている点は別として、1990年代以降他国の政府債務残高は上昇の度合いを低め、さらには低減させているのに対して、日本は一貫して上昇の一途をたどってきた。2014年末時点で247％というその水準は、2位のイタリアの156％を大きく引き離し、群を抜いている。〔図表8-3参照〕

4　財政赤字の原因と課題

　1990年代以降日本が長期にわたって大量の公債発行と公債残高の累増を続けてきた主な原因は、以下の4点に要約できる。

第8章　公債と財政赤字

　第1に，バブル崩壊後の長期不況の中で景気浮揚，ないし不況の深化を防ぐために公債を財源とする有効需要の創出政策がとられたことである。景気回復を図るために92年3月の「緊急経済対策」から2002年12月の「改革加速プログラム」まで（11年間），財政出動による「経済対策」は16回にものぼった。1990年代の公債発行は建設公債が中心であり，需要創出による景気刺激に重点を置いたものであった。このため必ずしも必要でない公共事業が多く行われ，その浪費的性格が強まったといえる。95年から96年にかけて景気回復の兆しが見られたことから，いったんは公債依存度も97年23.5％に低下し，「財政構造改革」の取り組みも開始された。しかし同年秋以降，金融システム不安の顕在化，企業倒産，失業の増加，アジア通貨危機の影響などによって景気は急速に悪化し，98年は経済成長がマイナスに陥った。「財政構造改革法」も98年末に凍結されるに至る。98年以降，赤字公債のウエイトが大きくなるとはいえ，再び景気政策のために相当規模の建設公債が発行され続けた。

　第2の要因は，税収の停滞である。これはデフレ不況の影響だけでなく，法人税，所得税の大幅な減税政策の結果である。89,97,99年の税制改革を通じて所得税の最高税率や法人税率が大幅に引き下げられた。これは高所得層や高収益をあげた大企業に恩恵の大きいものであり，税収の減少の主要因となった。この税制改革と減税政策は，市場の働きを過度に重視する新自由主義の政策にもとづき，経済の活性化やメガ・コンペテイションを乗り切るために必要だとして正当化された（第9章，参照）。

　第3に，財政の非効率が国，地方とも決して小さくないことである。公共事業やインフラ整備が景気政策の重要な手段とされたことから，その浪費や非効率はひどくなっている。ダムや大堰の建設中止，凍結（たとえば群馬県八ッ場ダム，熊本県川辺ダム，長良川大堰，徳島県吉野川大堰）や海浜の埋立（長崎県諫早湾）中止の問題は生態系や環境への悪影響の他，それが浪費そのものであるとの批判にもとづく。

　第4の要因は，少子高齢化の進展である。急速に進む少子高齢化によって，年金，医療，介護をはじめとした社会保障支出は不可避的に上昇を続けてきた。

これに対して，社会保障支出を担保する財源の確保がなされてこなかったため，恒常的に赤字公債に依存した財政体質が今日に至るまで続いている。

　以上のように歴史的にも，また国際的にみても，日本の財政赤字と公債残高は，1990年代以降20年以上にわたって異例ともいうべき高水準を続けてきた。それにもかかわらず，これまでのところ，公債の累増は，前述したような金利上昇によるクラウディングアウトやインフレーションの問題を顕在化させていない。

　その第1の理由は，長期にわたるデフレ不況下において，これまた異例ともいうべき超金融緩和政策が採られ続けてきたことにある。皮肉にも，不況で国内の投資需要が低迷していることが，公債累増が経済過程にもたらす悪影響を顕在化させない原因となっているわけである。しかしこうした事態は，逆に景気が回復軌道に乗り，金利水準が標準化した段階において，金利上昇やインフレが急激に進展するリスクを構造的に抱え込んでいることを意味する。

　第2の理由は，国内の貯蓄が大量の公債の消化，引受け手となっているという点である。途上国や新興国での政府債務危機やリーマンショック以降の欧州での財政危機はいずれも，もっぱら外国人投資家によって保有されていた公債が一気に売却されることにより，金利の急騰やインフレーションの進行という経済危機に至るという経路をたどった。これに対して日本では，公債保有に占める外国人投資家の比率は10％に満たず，8割以上が郵便貯金を含めた金融機関によって保有されている。それゆえ，外資引き揚げによって財政危機が経済危機として顕在化するという事態にはなりにくい。しかし，長期的視点からみれば，大量の公債残高を支えている家計の金融資産は，少子高齢化の進展によって今後伸び悩んでいくことから，現行のような巨額の公債発行に依存した財政運営が持続不可能なことは明らかである。

　これまで論じてきたことから明らかように，収支ギャップ（税収を上回る財政支出）を長期にわたって拡大させ，そのギャップを新規の公債発行で賄っている現在の財政運営は持続不可能である。このギャップを埋めるためには，財政支出を削減するか増税するかしかない。しかしながら，増税にしても歳出削減

にしても多くの国民に痛みと負担を強いるものであり，それが景気を悪化させることにつながる。それゆえ，現在の日本は，景気動向と財政再建との双方に配慮したきわめて難しい財政運営を余儀なくされている。

その上で当面の財政運営の目標とされているのが，プライマリー・バランス（基礎的財政収支）の均衡である。プライマリー・バランスとは，歳入のうち公債発行以外の収入（税収等）と国債費を差し引いた歳出との収支をいう。逆に言えば，歳入面における新規の公債発行と歳出面における国債費との収支均衡をはかるということであり，このことは単純化していうと，過去に借りた債務返済に充てる費用以上には公債を発行しないことを指す。経済成長率が金利水準と等しいことを前提とした場合，プライマリー・バランスが均衡した状態では公債残高は一定に保たれる。すなわち，プライマリー・バランスの均衡を目指すという政策目標は，公債残高を現在以上には増やさないことを意味する。
〔図表8－4　参照〕

〔図8－4〕　国・地方のプライマリー・バランスの推移

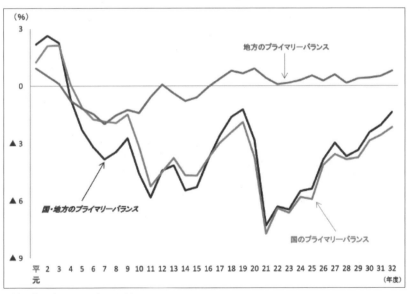

（出所）〔図8－1〕に同じ。

政府がプライマリー・バランスを財政再建の政策目標として掲げたのは2001年に発足した小泉政権以降のことであるが，リーマンショックによる景気後退，東日本大震災に伴う財政需要などによりその目標達成年次は先送りされてきた。景気動向への配慮をにらみつつも，政府や国会は構造的な収支ギャップを抱えた財政運営は持続不可能であることをよく説明し，これを転換するための国民的合意形成が課題でありつづけている。

〈参考文献〉
井手英策［2012］『財政赤字の淵源』有斐閣．
井手英策，ジーン・パーク編［2016］『財政赤字の国際比較』岩波書店．
小黒一正［2014］『財政機構の深層』NHK出版新書．
代田　純［2017］『日本国債の膨張と崩壊』文真堂．
田中秀明［2013］『日本の財政』中公新書．
土居丈朗編［2012］『日本の財政をどう立て直すか』日本経済新聞出版社．
冨田俊基［2006］『国債の歴史』東洋経済新報社．
米澤潤一［2013］『国債膨張の戦後史』きんざい．

第9章　税制改革の展開と課題

<本章のねらい>

① 日本の税制の大きな流れを知る。
② 消費税増税をめぐる賛否両論を考える。

　税システムや増税の問題は1990年代から現在まで一貫して，わが国の政治経済の大きな焦点であり続けている。その根底には，膨大な公債残高の累積，厳しい抑制を継続しているにもかかわらず，止まらない社会保障費の増勢，消費税に傾斜する増税政策への少なくない国民の不同意といった問題がある。4つの税システム論　①所得税中心主義　②所得税・法人税基幹主義　③支出税主義　④混合税主義（タックス・ミックスシステム）を手がかりに，日本の税制の大きな流れを解説する。

1　シャウプ勧告と日本の税制

　シャウプ税制勧告（1949年）は1950年代から約40年間，日本税制を規定してきたが，その租税システム論は①所得税中心主義である。それは個人所得税を中心とした税制を構想し，法人擬制説にもとづいて法人税に重要な地位を与えない。④混合税主義（Tax–Mix System）は所得，資産，消費への課税の組み合わせが最適な税制であるとみなす。今日の日本税制は，この考え方にもとづく。②所得税・法人税基幹主義は大会社が実体的存在であり，固有の担税力があるとして所得税と法人税の2つを税制の柱に位置付ける。③支出税主義は家計支出（＝所得－貯蓄）への課税，つまり支出税を税制の中心に置く考え方で，貯蓄非課税に特徴がある。

　シャウプ勧告は日本の税制を近代化し，所得課税（所得税，法人税）中心の税

制を定着させるうえで重要な役割を果たすとともに，総合累進課税を一大原則としていた。それは1988～89年の抜本税制改革まで，わが国税制の根底を脈々と流れてきたといえる。21世紀初頭の税制調査会答申「あるべき税制の構築に向けた基本方針」（以下，「2002年基本方針」と呼ぶ）がその冒頭で「（現在も）税制の基本的理念，骨格は昭和25年（1950年）に導入されたシャウプ税制に大きく依存している」と述べるほどである。

【シャウプ勧告】　日本が占領下にあった1949年，連合国総司令部の要請でシャウプ博士（Shoup, c. s.）を団長とする税制使節団が来日した。メンバーは後にノーベル経済学賞を受賞したヴィッカリーなど7名である。同年及び翌50年の2回来日して税制の実情を調査し，第1次，第2次の報告書を作成し日本政府に勧告した。第1次の「日本税制報告書」（The Shoup Mission, Report on Japanese Taxation）が重要であり，とくに断らないときのシャウプ勧告はこれを指す。この勧告は税制自体だけでなく，日本における税制研究にも多大の影響を与え，貢献した。

シャウプ勧告がめざした税制の主要な論点は次の3点である。
1）所得税が現代において最も優れた税であり，税制はこれを中心に構成するとしたこと。所得税は総合課税，つまり株式売買益（キャピタル・ゲイン）を含むあらゆる所得種類を合算して課税すること，税率は5～55％の累進構造（8段階）とし，最高税率を55％以上に高くすることは望ましくないとした。
2）法人税について，法人擬制説（第6章参照）に立脚し，課税は個人段階で厳密に行われるので，企業の損益計算に対し近代会計原則に沿って可及的に緩和する。そして法人税は個人所得税の前取りであるので，税率は高くすべきではないとし，35％の単一税率を設定した。
3）所得税中心主義の観点から広い課税ベースを持つ間接税，すなわち一般売上税（現在の消費税はこれの1形態である）を否定し，前年9月から実施されていた取引高税（1949年12月廃止）の廃止を勧告した。

同勧告は精巧な論理で組み立てられ，盾の両面というべき2つの側面がある。1つは所得税中心主義に代表される「合理的課税」の側面である。所得税は現

代財政が要求する高度税収を実現する手段として適しているが，勧告は一方でこれに大衆所得税の性格を与えていた。大量の勤労者への所得税はその典型であり，給与所得への源泉徴収制度と特有の税率構造（少ない人的控除と低い所得からはじまって急激に上昇する累進負担）を通じて弾力的な税収を確保しようとした。

　高額所得層については，最高税率を課税所得30万円超55％（富裕税が成功した場合は，45％に引き下げる）に抑えていたものの，これに加えて500万円を超える純資産の所有者に0.5％から3％の累進税率で課税する富裕税（経常的財産税）の導入を図った。注意したいのは税率面での課税の優遇が同時に，厳密な所得把握と総合の上に成立していたことである。つまり勧告は所得税制度を恒久的税制の中核として確立するために，最高税率の高さよりも総合課税の徹底をより重視した。全額総合課税は，利子所得，配当所得（これには25％の配当控除を認める），全キャピタル・ゲインを含むものであり，税務行政を改善する多様な措置（高額所得者のバランスシート申告義務，無記名または偽名預金の禁止，無記名証券の強制登録，税務調査の強化など）によってこれを保証しようとしていた。

　シャウプ勧告のもう1つの側面は，法人課税の全面的軽課に代表される高度の資本蓄積税制である。これは法人税を軽減して，とくに大会社の投資にインセンティブを与え，その成長を支援することを指す。個人株主に配当課税の優遇措置を講じたことよりもむしろ，その核心は会社，とりわけ大会社の内部蓄積に対する課税優遇の仕組み，具体的にいうと近代会計理論を税法に導入し，未来費用（現在の費用ではないが将来のコストになる引当金や準備金）を大幅に損金として認める仕組みを提供したことにある。勧告が立脚した法人擬制説（第6章，参照）は法人税軽課の理論的基礎となった。法人擬制説は株式会社を株主の集合体と考え，法人所得は株主に配分されたときに，課税すればよいとする。ここでは会社の留保所得は，まだ分配されていない株主の所得とみなされ，法人税は個人株主への所得税の前取りと位置づけられるにすぎない。この考え方にもとづくと，課税ベースとなる企業の利潤計算そのものは必然的に重要な意味を持たず，大ざっぱな課税と厳密でない損益計算への道を開く。この帰結として，相対的に軽度の法人税率（留保分，配当分とも35％の一律税率），配当課税

の優遇，資産再評価（減価償却費の捻出を可能にする）など，大会社の税負担を軽減する諸措置が提案されたのである。

　上記の2側面は表裏一体であり，したがって所得税と法人税は密接な関連を持つ。すなわち，第2の側面は税制の首尾一貫性や整合性という第1の側面に支えられてその威力は倍加するという関係にある。これは2つの理由からわかる。第1に法人擬制説の下では，個人所得税の課税が適正に行われれば行われるほど，法人税は相対的に軽くてよいことになる。法人税は個人所得税の源泉徴収的前取りとしての意義しか与えられず，課税の完結は，個人段階の所得税にゆだねられるからである。

　第2に，キャピタル・ゲイン全額課税制度（キャピタル・ロスの全額控除と一体）が法人軽課の論理をいっそう強固にする。このシステムは勧告において所得税－法人税体系の中枢であり，税制改革プログラムのキーストーンたる地位を与えられていた。たしかにこれが，総合所得税の実質を保証するポイントである。だが，ここにとどまる限りは全く不十分である。肝要なことは，勧告が個人所得として分配されない法人利潤，つまり内部留保について個人株主段階における株式譲渡益（キャピタル・ゲインの実現形態）の全額課税によってこれを捕捉できるとみなしたことである。内部留保には当然，秘密積立金を含む。内部留保の大きさが株価に反映されることは一面の真実だが，キャピタル・ゲインと法人の内部留保を同等なものとみなし，前者への課税で後者を捕捉できるというのは1つのフィクションにすぎない。これが果たした客観的役割は，法人課税を優遇する諸措置がこれによって強力な支柱を与えられたことにある。広い範囲に及ぶ企業の損益計算の可及的緩和（棚卸資産の経費，修繕費の取り扱い，減価償却方法の選択，貸倒引当金などの設定における企業経理の是認，これらに対する税務行政の干渉排除），低い法人税率，住民税の免除等がそうである。

　このようにシャウプ勧告には重要な2面があるために，いずれを重視するかによって2つの評価が生まれた。筆者は本質を「合理的税制」の点にあるのではなく，その外観の下に明確に打ち出されている強度の資本蓄積税制にあるとの評価である。最大の根拠は勧告に特有の法人軽課，とりわけ大会社を優遇す

る資本蓄積税制は個人所得税の確立を前提とし，支柱として樹立されているからである。そしてキャピタル・ゲイン全額課税制度は，擬制説にもとづく法人課税の構成を補強し，資本蓄積税制の仕上げをなすものに他ならない。

シャウプ勧告は1950年代から80年代にかけての約40年間日本の税制に大きな影響を与えてきたが，その中身はかなり錯綜しており，単純でない。主な理由はその後の税制改正が勧告の方式を受け継ぎ拡大させた面と，勧告を修正ないし逸脱した面が絡み合っているためである。

一方でシャウプ税制がめざした資本蓄積税制，税制で企業の成長を最大限支援することは，法人税負担を低位に抑えることによって長期にわたって生き続けた。はじめは法人税の税率が低かったし，税率が40％を超えて高くなったとしても，課税ベースが様々な措置（租税特別措置を指す）によって狭くなって実質的な税負担は低位のままであったからである。課税ベースを狭くする諸措置は当然許容できることであり，決して矛盾しないが，それは勧告の論理が法人の損益計算を可及的に緩和することを認めていることにもとづく。

しかしながら他面で，勧告のいくつかのキーポイントが放棄され，基本原則からの逸脱がある。第1に次の改編措置によって，総合所得税が解体された。利子所得，配当所得に対する源泉徴収制度がまもなく復活し，分離選択課税が導入され，有価証券譲渡益課税（キャピタル・ゲイン課税）が原則的に廃止されている。さらに日本政府が資産性所得を把握するために必要な行政措置を軽視，ないし無視する態度をとり続けたことは，総合課税の前提が整備されないことを意味したのである。第2に，キャピタル・ゲイン課税の廃止や資産所得（利子，配当）への総合課税の断念は法人税を擬制説によって構成する論理の一貫性を断ち切ることになった。前述のようにキャピタル・ゲインの全額課税制度は総合課税のキーポイントとされ，個人所得税と法人税の統合および法人税の構成自体のアキレス腱たる位置を与えられていたからである。

両面のうちどちらを重視するかによって，わが国税制の展開が基本的にシャウプ勧告の貫徹であるという見方と，そうではなくシャウプ税制の解体，崩壊であるという見方が生じた。筆者は前者がより実態に即していると考える。勧

告の主要部分は，高度成長期以降の税制にその枠を拡大しつつ濃厚に受け継がれたからである。貫徹の方法は巨大企業の急成長，強度蓄積の局面にふさわしい'なりふり構わない'という徹底した仕方となり，その結果シャウプ勧告が組み立てた個々の税制間の関連はバラバラに分解された。しかし，この逸脱や修正にみえるかなりの部分は勧告の論理構造の延長線上に位置するものであった。こうしてわが国の税システムは全体として資本蓄積税制という性格を刻印され，重化学工業の大企業群を基軸とした経済成長の重要なテコとしての役割を果たしたのである。1988-89年の税制改革がシャウプ以来の抜本改革といわれたのは，この事情による（加藤睦夫［1989］第1編，参照）。

2　消費税シフトの税制改革

　1980年代はグローバルな税制改革の時代であった。10年余の間にアングロ・サクソン系諸国をはじめ多くの国で基本的性格を共有する大改編が実行され，税制は目立った変容を遂げた。この改編は第1次，第2次の両世界大戦前後の税制大刷新（innovation）に匹敵し，先進資本主義諸国にとって20世紀3度目となる変革であった。日本の場合も，国際的潮流と軌を一にする（内山昭［1996］第11章，参照）。

　わが国税制は「1988～89年抜本税制改革」（実施年）と「1997～99年追加大改編」によって，それまでとは全く異なる姿へと変貌した。前者は税制の枠組みを構築し，後者はその内容を拡充したといえる。

＜1988～89年抜本税制改革＞
- (1)　消費税（付加価値税）の導入　1989年　基本税率3％
- (2)　所得税率のフラット化（平坦化）
　　最高税率の引き下げ　　　　1988年　70％→60％，ブラケット数15→12
　　　　　　　　　　　　　　　1989年　60％→50％，　　同　　　12→6
- (3)　法人税率の引き下げ　　　　1989年　標準税率40％→37.5％，

＜97〜99追加大改編＞
(1) 消費税の税率引き上げ　　1997年　3％→5％
　　　　　　　　　　　　　　特例措置の縮小（簡易課税）
(2) 所得税の税率フラット化
　　最高税率の引き下げ　　　1999年　50％→37％，ブラケット数6→4
(3) 法人税の税率引き下げ　　1998年　標準税率37.5％→同34.5％
　　　　　　　　　　　　　　1999年　　　→同　30％
　　　　　　　　　　　　　　課税ベースの若干の拡大（1998年）

　ここからわかるように，税制の改編は2つの内容を中心とする。1つは消費税（厳密には付加価値税）シフト，つまり税制における所得税や法人税のウエイトを低下させ，消費税の地位を高めることである。第2に，所得税，法人税の税率引き下げと税率構造のフラット化である。

　消費税シフトはその導入，および97年の消費税率引き上げによって急速に進んだが，8％（2014年），10％（2015年）への引き上げによってさらに進むことは確実である。導入前の1988年，国税収入52.19兆円（決算，以下同じ）において所得税のウエイトは34.4％，法人税35.3％，計69.7％を占めていたのに対し，間接税は26.8％であった。これが1999年にそれぞれ31.4％，21.9％，計53.3％に対し，消費税だけで21.9％，間接税全体で42.8％となる。消費税シフトの税制改革は混合税主義（タックス・ミックス），つまり所得，資産，消費への各課税のバランスのとれた税システム論に依拠する。ところが実際の税制は消費課税のウエイトが小さいので，消費税の導入や税率引き上げはこれを解決することになる。〔図表9-1　参照〕

　第2の税率フラット化は所得税の最高税率引き下げと法人税の税率水準（標準税率および軽減税率）の引き下げ，他方で消費税の導入および税率引き上げによって行われた。所得税の最高税率と最低税率の差異は1987年の59.5％（＝70－10.5）から，1999年以降27％（＝37－10）に縮小した。所得税の最高税率と消費税率の差異は1999年からは32％（＝37－5）であり，消費税率が10％になれば，さらにフラット化する。

〔図表9-1〕 主要3税の構成比

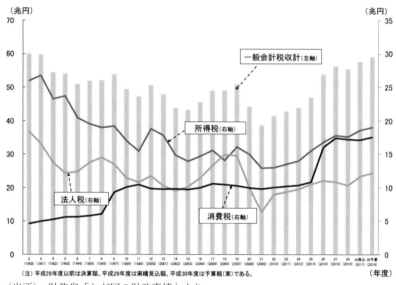

税収の内訳と推移

(注) 平成28年度以前は決算額、平成29年度は実績見込額、平成30年度は予算額(案)である。

(出所) 財務省「わが国の財政事情」より。

【税率構造のフラット化】　フラット化に最も近い日本語は「平坦化」または，「なだらかにすること」である。税率のフラット化とはとくに累進税率を持つ所得税について最高税率を引き下げ，これと最低税率との差異を小さくすることを指す。フラット化の行きついた姿は単一の比例税率であり，差異は0である。

　近年の税制改編を消費税シフトの税制改革と名づけるのは，改革や増税の焦点が消費税にあることによる。注意したいのは，80年代の国際的税制改革が税率のフラット化を共通の特徴としたが，消費税（付加価値税）シフトは必ずしも共通ではないことである。日本，イギリス，カナダなどの諸国は付加価値税の導入，他の形態からの移行，税率引き上げによってシフトしたが，アメリカのレーガン税制改革（1986年）は連邦への付加価値税導入を行っていないからである。

　このような税制改革の理念は，政府税制調査会の文書に鮮明である。「税制

の抜本的見直しについての答申」(1986年),同「税制改革の答申」(1994年,97～99年の追加大改編を準備),「あるべき税制の構築に向けた基本方針」(2002年,長期答申),「少子・高齢社会における税制のあり方」(2003年,中期答申)。

　これらの基本方針では,(水平的)公平,中立,簡素という3原則が改革の理念として重視された。公平原則の準拠に関しては水平的公平を重視するとの立場であるが,その理由は垂直的公平,別言すると税制による所得再分配機能の必要性が薄れているからだとする。この点は,たとえば「今後の税制改革のあり方についての答申」(1993年)で明快に述べられている。「所得水準の上昇・平準化と,租税負担の増大にともない,水平的公平がより重要になってきている」(同答申,10頁)。所得不平等度の尺度であるジニ係数は,70年代に低下傾向がみられたが,80年代以降はむしろ上昇傾向をたどってきた。21世紀に入ってから非正規雇用や貧困の増大によって所得格差は拡大するばかりだが,税制はこの是正に背を向けてきたといえる。

　中立の原則は税制が企業や個人の経済活動に対する介入を避け,企業間,個人間に有利,不利を生じさせないという原則である。税制によって経済活動を左右しない方が,むしろ企業や個人の活力を一層引き出し,経済効率をより高めるからだとされる。したがって,中立と効率というタームは税制に関してほぼ同義である。中立原則はタックス・ミックス論において強調され,「1986年抜本答申」では次のように述べる。「税制面からは,個人と企業の事業活動や消費行動に対し極力介入を避けて中立的に対処し,民間部門の自由な判断と選択にゆだねることが,経済全体としての活性化に資する」(同答申17頁)。

　簡素の原則について政府の税制調査会は次のように説明する。「税制が簡素でわかりやすいこと,透明性が高いこと,自己の税負担の計算が容易で予見可能性が高いこと,さらに納税者にとってのコストが安価であること」。しかし,簡素の原則に沿って実行された措置はきわめて少ない。消費税における簡易課税の存在は,一見簡素の原則と関係があるようにみえるが,実際はそうではない。これによって消費税の算出税額は本則による本来の税額から乖離し,不透明なものとなる(第7章,参照)。

したがって一連の税制改革が上記3つの租税原則に準拠したといっても，実質的意味を持ったのは水平的公平と中立＝効率の両原則である。混合税主義に沿って，所得税，相続税，法人税の税率引き下げや課税ベースの変更が行われたといえる。

　こうして消費税シフトの税制改革の帰結はシャウプ税制（1950年）以来曲がりなりにも堅持されてきた所得課税中心の税体系，累進的な税負担のあり方を基本的に否定し，逆進的な税制を正当化する。この結果，税負担全体の配分が逆進的になる，つまり高所得者の税負担を減少させ，国民の大部分を占める中低所得層の税負担を増大させてきたのである。

【累進負担（progressivity）】　高所得はより高い税率で負担し，低所得になるにつれてより低い税率で負担するか，免税にすることを指す。累進税率を有する所得税は累進負担に適している。
【逆進負担（regressivity）】　低所得で税の負担率が最も高く，高所得になるにつれて，負担率が低下することを指す。すべての人が，同種の商品購入に際して同じ負担をする消費税は，逆進的である。

　消費税シフトや税率フラット化という戦略は，市場の働きを全面的に信頼する新自由主義の経済社会観にもとづく。これは企業や個人の市場における自由な活動こそ，効率を達成し経済発展を可能にすると考え，政府の経済への介入，規制は極力排除すべきことを主張する。したがって市場の活動を制約する政府の活動はできるだけ狭く，租税負担は低いほど望ましい。政策論の基調は一方で国営企業の民営化や規制，介入の縮小であり，他方で福祉国家の解体をめざす。社会サービス費（教育費，社会保障費，住宅費）の切り下げ，高度累進課税の廃止はその重要な政策を構成した。新自由主義は1980年代以降，多くの国の政府が依拠するようになったが，その背景には長期の経済停滞や不況があり，福祉国家や政府の介入，規制を主要因とみなしたのである。

3　消費税中心の増税論と非消費税による増税論

　財政赤字の膨大な累積や社会保障費の増勢によって、10～15兆円規模の増税が不可避であるが、増税の手段や税体系論をめぐって2つの方向が、厳しい対抗の中にある。1つは、課税当局の一貫した方針である消費税増税、および他の租税を含む大衆課税の強化という方向である。

1）消費税の税率の10％以上への引き上げ

　消費税率の8％（2014年）、10％（2015年）への引き上げはすでに法定され、さらに15％への引き上げが議論されている。課税当局はこの根拠について、増大し続ける社会保障の財源として消費税が最もふさわしいことをあげる。「消費税は、社会保障財源の中核を担うにふさわしい」、「勤労世代など特定のものへの負担が集中せず、その簡素な仕組みとあいまって貯蓄や投資を含む経済活動に与える歪みが小さい」（政府税制調査会の中期答申「抜本的な税制改革に向けた基本的考え方」2007年、21頁）。

2）所得税，相続税の大衆課税の拡大

　「個人所得課税を将来にわたり構築することは、国民の負担増をともなうものとならざるを得ない」（「2003年中期答申」）。「経済社会の構造変化に対応するため、諸控除の見直しなどを図る」「累次の減税の結果、（所得税の）税負担水準が極めて低いものとなっており、基幹税としての機能を回復する」（「2002年長期答申」）。このことは、最高税率の引き上げ、高所得者への負担増によるのではなく、多くの人々への負担増、つまり大衆課税の一層の強化によることを指している。

　相続税についても、所得税と同様の方針である。「基礎控除については……「広く薄く」の観点から引き下げ（る）」「最高税率については……諸外国の例に比しても相当高いことに鑑み、引き下げる」（「2002年長期答申」）。現在相続人が2人のとき、1人3,500万円、2人で7,000万円まで財産額が控除を認められるから、この引き下げは小さな相続財産への課税の拡大、負担の強化を意味す

る。他方で相続税の最高税率を引き下げることになれば，巨大な財産を持つ人の負担は大幅に軽減される。たとえば最高税率が10％引き下げられると1人の相続財産が3億円を超える人は2,500万円以上（概算）も減税となる。

以上の増税プランは，累進課税を否定し，すべての人々に「広く薄い負担を求める」という新自由主義の租税観の帰結であり，同時に強度の大衆課税による増税である。しかも近年貧富の格差，所得格差が拡大し，ワーキング・プアや非正規雇用の低所得者が急速に増大してきた。大衆課税の強化はこれを是正するのではなく，逆にこれを強めつつあり，社会的弱者といわれる人々に特につらくあたる。

問題は景気政策と整合的でないことである。現在も続く世界恐慌の影響を克服し，デフレ不況から脱却するためには，賃金の引き上げ，これによる国内消費を拡大し，これを投資への誘因とすることが不可欠である。国内消費低迷の最大の原因は低中所得層の消費が低迷していることにあり，この原因はこの階層の所得減少ないし停滞である。さらに社会保障を中心とするセーフティネットの弱体化が，高齢者や低中所得層から安心を奪い，消費の抑制に拍車をかけてきた。景気政策は人口の大きな部分を占める低中所得層の需要を引き出し，消費を可能とするものでなければならない。ところが消費税の増税，具体的には税率10～15％への引き上げは停滞的な消費をさらに抑制する恐れが極めて強いのである。

加えて消費税増税に不可避的にともなう小零細企業や個人事業者に対する負の影響が，デフレ脱却の障害になりかねない。景気が上向きで消費が拡大傾向にあるときには，転嫁の困難は相対的に小さいが，デフレ不況下では増幅され，収益悪化の要因になる。

もう1つの増税の方向は，非消費税による増税プランである。政策経費や財政再建に10兆円規模の増税が不可避である。以下に示す増税プランはデフレからの脱却や成長政策を可能にし，政策体系と整合的である。これは消費税増税によらないオルタナティブ，つまり「低中所得者に傾斜した増税ではなく，富裕層や大企業への課税強化」に求める増税の方法である。「非消費税による10

兆円増税プラン」は次の内容を持つ。

1) 所得税改革（2.5〜3兆円）

：最高税率の引き上げ—現行の40％台（2015年から45％）から1986年までの水準70％に復帰する。さしあたって60％に戻す。

：給与所得控除の圧縮—1,000万円超の給与所得について、5％が控除されるが、上限を1,000万円の給与所得控除である220万円とする。

：分離課税となっている資本所得（利子，配当，譲渡所得）への課税は現行の一律20％から30％に引き上げる。所得税の適用限界税率Rmが30％より低い場合，簡便な方法でその差額［資本所得×（30％−Rm）］を還付する。

2) 相続税の強化（5,000億円）

：最高税率を現行の50％（2015年から55％）から所得税と同じ70％に復帰する。

：選択制である「贈与税の相続時精算課税制度」を縮小し，基礎控除額2,500万円（住宅取得の場合は3,500万円）を各1,000万円引き下げて1,500万円（同2,500万円）とするとともに，一律税率20％を累進課税とする。

3) 法人税改革（1.0〜1.52兆円）

：標準税率を25.5％から1998年の水準である34.5％（中小企業などへの軽減税率は25％）に戻すとともに，現行の課税ベースを維持する。赤字を計上した法人は法人税を負担しないから，景気への影響はそれほど大きくない。

：課税ベースの拡大

：EU諸国の事例を参考に社会保険料の事業主負担を30〜50％引き上げる。

4) 環境税（CO_2税）の導入（5兆円）

：環境税は消費課税の性質を併せ持ち，基本的に比例税の構造を持つために，逆進負担の問題が生じる。しかし消費税と比較して許容度は相対的に高く，消費税増税より望ましい選択である。

炭素排出量約12.4億トン（2011年）のうち，削減分を考慮して11億ト

ンを対象に1キログラムの排出に5円（1トン当たり5,000円）の負担で5.5兆円，このうち5,000億円をエネルギー多消費産業などの負担軽減に充てると5兆円規模の税収が可能となる。ここでは地球温暖化防止対策にかかる炭素税を想定しているが，他の形態を組み合わせるとすれば，その分，炭素税を軽減することがありうる。

(注) ＥＵ諸国では，税制における環境関連税の地位が高く，環境政策としても望ましい効果を発揮している。またＥＵ諸国は国民負担率が50％を超える高い水準に達していたから，グリーン税制改革が税収中立の下で行われ，所得税，法人税の減税，または社会保険負担の軽減と組み合わされた。これに対して日本の国民負担率はかなり低いから，高税率の環境税を導入する余地はきわめて大きく，税制のグリーン化と他の税目の減税を組み合わせる必要はない。

5) **富裕税（経常的財産税）の導入（5,000億円）**

：軽度の累進税率0.5～2％，基礎控除2億円付とする。

6) **消費税の位置付け**

：基本税率は，当面5～8％水準を維持する。消費税は税システムの中で基幹税ではなく補完税に位置付ける。

増税をめぐる消費税か，非消費税かの対抗は今後も継続するとみられるが，その根拠や経済への影響のプラス，マイナスが十分検討されねばならない。

〈参考文献〉

内山　昭［1996］『会社主義と税制改革』大月書店.
浦野広明［2016］『税が拡げる較差と貧困』あけび書房.
加藤睦夫［1989］『日本の税制—歴史・理論・改革』大月書店.
政府税制調査会　各長期答申　各中期答申.
関口　智［2015］『現代アメリカ連邦税制』東大出版会.
関野満夫［2014］『現代ドイツ税制改革論』税務経理協会.
日本租税理論学会［2013］『税制改革と消費税』法律文化社.
日本租税理論学会［2014］『格差是正と税制』法律文化社.
諸富　徹［2013］『私たちはなぜ税金を納めるのか』新潮社.

第Ⅲ部

現代財政と産業・国民生活

第10章　インフラ整備の財政

<本章のねらい>

① インフラ整備, 社会資本, 公共事業費, および公共投資の関係を理解する。
② これからのインフラ整備の特徴と課題を考える。

　私たちは朝起きると歯を磨き, 洗顔する際, 水道を使用する。トイレに行って排水するとき, 下水道が使われる。学校や職場に行くために, 家を出て公道を歩き, 鉄道やバスを利用する。このように, 私たちの生活は政府や自治体が整備したさまざまな公共財（公共施設）, 厳密にはインフラストラクチャー（infra-structure, 以下, インフラと略す）に支えられている。これは産業活動にとっても同様で, 道路, 港湾, 空港, 通信, 工業用水などを不可欠の条件とする。インフラは1つのシステム, ネットワークであり, これを構成する個々の要素, 道路や港湾, 教育文化施設などは社会資本と呼ばれる。資源配分機能は現代財政の主要機能の1つであるが, インフラの整備や維持はそのもっとも重要な内容をなす。本章ではインフラ（経済社会基盤）に関する財政の仕組みや理論, 最近の動向, 課題を解説する。

1　日本の公共事業費

　道路, 港湾, 公園などを整備する公共事業（public work）は中央政府や自治体の主要な仕事の1つである。第2章で説明したように国の財政では, インフラの整備に充てる経費は国の一般会計では公共事業費という名称で4大経費の1つに位置するとともに, 地方財政では土木費, 衛生費という支出項目で, 地域的な公共事業を担う。国の公共事業費は当初予算でみると, 2010年の5.77兆

円から2011年5.47兆円，2012年4.57兆円へと減少してきたものの，2013年以降増加に転じ2018年5.28兆円が計上された。一般歳出（第2章参照）に占めるそのウエイトは概ね9〜11％である。2018年度公共事業費の内訳をみると次のようになっている。〔図表10－1　参照〕

：公共事業費の配分　　　　　　2018年度当初予算　　5.28兆円

・道路整備1.03兆円　　　　　　・港湾・空港・鉄道3,481億円
　　　　　　　　(19.5％)　　　　　　　　　　　　　　　(6.6％)

・住宅・都市環境4,202億円　　・上下水道・廃棄物処理1,249億円
　　　　　　　　(8.0％)　　　　　　　　　　　　　　　(2.4％)

・農林水産基盤整備5,662億円　・社会資本総合整備交付金1.95兆円
　　　　　　　　(10.7％)　　　　　　　　　　　　　　　(37.1％)

（財務省資料による）

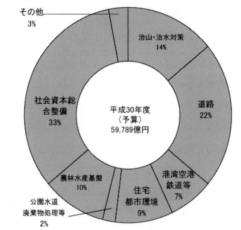

〔図表10－1〕　公共事業費の配分　2018年（予算）

（出所）　財務省「日本の財政関係資料」より。

公共事業費は従来，道路や港湾，空港，上下水道といった個々の社会資本の分野ごとに予算を配分，計上するという方式をとってきた。現在も予算の約60％はそのように配分されているが，2010年から社会資本総合整備交付金とい

う手法が導入された。この背景にはインフラが一通り整備されると，地域の自然的歴史的条件によって社会資本整備への各地域の需要が異なってくるということがある。総合整備交付金という配分方法は，地域の実情や住民の意向に応じて社会資本の整備ができる余地を与えたものである。これらの公共事業費によるインフラ整備は，租税や公債（将来の租税）を財源とし，政府本来の役割を果たすための固定資本形成という意味で，行政投資と呼ばれる。

また公共事業費は財政による景気政策の主要な手段として多用され，現代財政の経済安定機能を果たす。特に不況時に国内需要を拡大するために補正予算を編成する際，その追加が選択される。公共事業費は大部分，固定資本を形成する投資的経費であり，社会保障費や教育費などと比較して需要創出効果が相対的に大きいからである。1998年，2009年，2012年に補正予算による公共事業費の追加が大きいのは，景気の悪化に歯止めをかけるためであった。したがって各年度における公共事業費の実際の規模は，当初予算と補正予算の合計である。〔図表10－2　参照〕

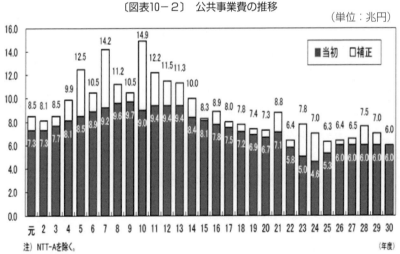

〔図表10－2〕　公共事業費の推移

（出所）　財務省「日本の財政関係資料」より。

公共部門による社会資本の整備は行政投資のほかに，国公営企業（特殊法人，地方公営企業など）によるものがあり，ここでは有償の財政投融資資金や民間資金を活用する。高速道路や上下水道，公営交通などの国公営企業による固定資本投資である。この両者は民間設備投資（民間固定資本投資）に対して，公共投資という概念で総括され，国民経済計算では公的総固定資本形成と表現される。社会資本は一般に用地を必要とするから，厳密にいうと公共投資は公的総固定資本形成に用地費を加えたものである。

一般会計（地方財政では普通会計）レベルの行政投資と公的企業投資は，次のように整理される。

1）行政投資

一般会計の公共事業費を通じた固定資本形成であり，政府本来の役割を果すためのインフラ整備である。主要な財源は租税であり，国民経済計算上は一般政府固定資本形成と用地取得費からなる。

2）公的企業投資

一部租税を財源とするが，原則として財政投融資など有償の資金による投資であり，利用の際公共料金を徴収し，この料金収入によって償還する。空港，港湾，高速道路，公共交通，上下水道などの分野がこれにあたる。

次にインフラ整備の財政理論を説明するように，その核心はインフラ，公共投資，社会資本の概念とこれら3者の関係にある。

2　インフラと公共投資の理論

(1) インフラと公共投資の概念

インフラは産業活動や国民生活の共通の基盤，条件として，不特定多数の企業や人々が利用する。すべての企業活動において原材料を搬入し，製品を運び出すうえで，道路網や港湾，空港がなくてはならないことは自明である。経済

第10章　インフラ整備の財政

活動の規模に対してそれが不足すると，産業活動の隘路となり，経済や企業の成長を妨げる要因になる。今から60年以上前の1950年代，多くの人々が住む農村では飲み水を自宅の井戸から確保し，排水やごみは川や海に流し，あるいは自家処理していた。しかし現代では，人々は公的に準備された上水道や下水道，あるいはごみ処理を行う清掃行政なくして，人々の生活は成り立たなくなっている。

インフラを構成する個々の公共財は社会的間接資本（以下，社会資本と略す）と規定される。そして，インフラとはさまざまな社会資本のシステム，ネットワークである。道路は1つの社会資本であり，道路網と表現されるように高速道路，国道，府県道，市町村道が有機的に連結されていないと十分機能できない。たとえばA－Bという特定の区間で道路の一部が片側1車線，かつ迂回道路もなく交通渋滞がひんぱんに起こる場合，A－B間の道路網の機能は著しく低くなる。さらに港湾や空港はそれらにアクセスできる道路や鉄道が十分整備されていないと，十全な機能を発揮するうえで支障をきたす。開発途上国で大河に大きな橋をかけても，十分に利用されないのは，道路網や港湾へのアクセス道路が不足すること，つまりネットワークとして不完全であることを原因とする。

さらに，インフラや社会資本の整備はフロー（新規建設）とストック（過去の整備分）の概念で理解されねばならない。公共事業費やその年のインフラ整備は，過去のインフラや社会資本の累積に追加されるということである。延長された道路網や港湾設備の拡充はそれまでのインフラに加わり，両者が一体的に利用される。

インフラや社会資本をこのように整理すると，社会資本は政府によってのみ整備されるわけではなく，民間資本によって整備されるものがある。それは民営の鉄道やバス，電力，ガス供給に代表される。それらは民間資本によって建設されてきたストックとしてのインフラである。公共投資による特殊法人のJR鉄道（例えば「東海旅客鉄道株式会社」）に対する民間鉄道（私鉄），公共事業によって建設される公営住宅に対する民間集合住宅などがそうであり，まるまる

民間資本で建設される物流施設も社会資本の1つとしてあげることができる。
　社会資本，インフラ，公共投資の関係は次のように整理される。
　　　　：社会資本の概念
　　　　　　社会的性格，共同利用の性格を持つ固定資本とそのストック
　　　　：社会資本形成の2つの主体
　　　　　　政府－　一般政府（中央政府，地方政府）と公的企業（財政投融資を活用する）
　　　　　　公益産業の私企業－　交通，通信，電力，ガス
　　　　　　（注：高速道路の延長や郵政事業は従来，政府が主導してきたが，民営化されると公益産業の性格を強めることになる）
　　　　：インフラストラクチャー
　　　　　　産業や国民生活の基盤となる社会資本ストックのシステムやネットワークを指す。
　　　　：公 共 投 資
　　　　　　国家が行う社会資本の建設，インフラ整備の活動であり，公的固定資本形成と用地取得からなる。それは社会資本形成中の政府担当分であり，公的なインフラ整備の経済的表現である。
　体系的なインフラ整備や社会資本の巨大なストックは，資本主義経済の機能不全や欠陥にもとづくことが明らかになるにつれ，社会資本概念を拡張しようとする試みが生まれる。宇沢弘文氏の経済的資源を私的資本と社会的共通資本に二分する構想である。後者は土地や環境などの自然資本，ハードの社会資本（インフラストラクチャー），教育や社会保障，地方自治など法的枠組みを持つ制度資本の3者から構成される。ここでの制度資本はソフトの社会資本と呼ばれることがある。そして，これらの社会的共通資本を有機的に結合することによって，資本主義的市場システムを制御し，市民的権利が保障される社会の形成を意図するのである（宇沢弘文［2000］）。

(2) インフラの経済的機能

　インフラは理論的に産業，生活の各インフラ，投資需要としてのインフラという3つの経済的機能に整理される。このほかには災害で破壊されたインフラを回復する災害復旧，インフラの破壊を予防する防災対策が，ストックされたインフラをマイナスにしないための活動も公共投資の一環をなす。公共投資は経済の発展段階や構造と密接な関連を持つので，その特徴は経済構造との関連で把握しなければならない。また公共投資がいつでも積極的な役割を果たすわけではなく，つねに非効率や浪費の問題をともなうことに注意する必要がある。

＜産業インフラ＞

　道路網や通信網，港湾，空港などの産業インフラは企業全体（社会的総資本）によって共同利用される。地域的全国的な企業活動において，個々の社会資本は事実上企業設備（私的な生産手段）の延長であり，間接的に固定資本の一部としての役割を果たす。これが不足すると経済活動の隘路となり，経済成長を阻害する。この意味でハード，ソフト両面のインフラは資本，労働，土地につぐ，第4の生産要素である。

　公共投資は日本の場合，20世紀後半の高度経済成長を担った素材型重化学工業（大企業）の生産規模の拡大において，その産業インフラを先行的に整備するものとして形成された。原燃料の大量調達，生産規模の拡大に必要な工業用地の拡大，市場への製品の大量搬出，これらと結びついて，港湾や道路，さらには上下水道などへの公共投資が展開された。主力産業の設備大型化に連動した，産業インフラの整備を通して，規模の経済（scale merit）による生産性の上昇を経済全体に拡大したのである。

　公共投資による産業インフラの整備はまた，経済社会の情報化と深い関連を有する。経済活動のなかで生産管理システムが重要になるとともに，産業インフラに技術開発，情報集積，高速交通などが組み込まれてきた。また，大都市圏などにおける都市再開発は，より高度な産業インフラを集積するという意味を持つ。

＜生活インフラ＞

　生活インフラは教育文化や福祉に関する公共施設（社会資本）とともに，生活の条件や環境にかかわる社会資本から成る。後者は都市地域への人口集中，農村地域への都市的生活様式の浸透が要請するインフラとして，現代の市民生活になくてはならない手段である。これらは各個人の生活に必要な衣食など私的な消費手段の延長に位置し，社会的消費手段である。水，電気，ガス，通信手段などは，生命の維持にとって1日たりとも欠かせないことからライフラインと呼ばれ，特に大災害時に人々はその意味を痛感する。

　生活インフラの財源となる個人や企業の支払う租税は，個人にとっては賃金・給与からの支払い，企業にとっては社会保険料の事業主負担に近似の間接的な賃金・給与の支払いの性質を持つといえる。

　住宅，上下水道，交通などの生活インフラは，労働力の再生産や市民生活を成り立たせる土台である。ただし，産業インフラと生活インフラは相対的な区分であり，両者はともに，生産・流通・消費の活動を可能する土台としての意義を持つ。たとえば産業インフラとしての道路網がモータリゼーション社会を形成し，同時に通勤・通学やレジャーといった生活条件でもある。逆に，生活インフラとしての住宅が労働力流動化の1条件となり，他方でこれが企業からは労働力確保の条件として，産業インフラ機能を果たす。情報インフラもまた，今日の産業や生活の共通基盤となっている。

　しかし，産業インフラと生活インフラの区別には重要な意味がある。日本の公共投資において，これまで生活インフラの「不足」や後追い投資が強い批判を浴びてきた。これは，主力産業，それも大企業の必要とする産業インフラに公共投資が集中し，生活インフラの整備は後追いとなり，不足と非効率に直面してきたからである。生活インフラが整備されるにしても，産業インフラが先行し住宅建設や人口増加が進行した後に，後追い的に整備されると，非効率が大きくならざるをえない。地価が上昇した後にインフラ用の土地を取得せざるを得ないし，道路が開通した後に上下水道を整備すると，道路を再び掘り返すことになるからである。産業インフラの整備が優先される一方，生活インフラ

第10章　インフラ整備の財政

がひどく不足し，後追いとなる問題は経済成長を優先してきた途上国，特に開発独裁の国々において顕著であった。

＜投資需要としてのインフラ＞

　公共投資は，国民所得の循環のなかでは投資需要に当たり，経費の性質は資産を形成する投資的経費である。その投資は，経済成長に寄与する生産力効果と投資需要，つまり市場創出という2つの効果を生み出す。投資需要としての公共投資は第1に，景気政策や需要管理政策において重要な役割を発揮する。日本では1950年代から今日に至るまで，とくに不況時に大型予算や補正予算が編成され，公共事業費や公共投資が景気回復の手段として多用されてきた。バブル崩壊後の90年代に不況対策の一環として，全国各地で大型の箱もの（公共施設）が建設ラッシュとなったことは記憶に新しい。近年では1998年，リーマンショック後の2009年，2012年に不況脱却の手段として公共事業費の追加が行われている。

　第2に，投資需要としての公共投資は経常収支を調整する手段となる。1990年前後に国際的政策協調である日米構造協議において，IS（貯蓄投資）バランスが問題となった際，アメリカから経常収支の黒字を縮小するために国内投資を増大させることを求められ，公共投資の拡大が対米合意，かつ日本の国際公約となった。

　このように公共投資には，産業，生活のインフラの整備を通じた生産力効果と投資需要を拡大する効果があり，前者が基礎になって後者の効果が発揮される関係にある。投資需要効果は1980年代のバブル経済期や90年代のバブル破綻期に拡大されたが，需要効果，いい換えるとフィスカルポリシーの手段としての効果は大きいものの，しばしば過剰な社会資本投資となり，深刻な浪費や非効率の問題を顕在化させる。イギリスではこの問題に対処し，効率化を図るために公共事業に民間資本を導入し，社会資本整備を民間主導で行う仕組みとしてPFI（Private Finance Initiative）が多くの分野に普及している。日本でも近年，公共事業にＰＦＩを導入する試みがみられる。

　産業，生活の各インフラを構成する個々の社会資本は，次のように類型化で

きる。

(a) 産業インフラ
  幹線道路（高速道路，国道），港湾，空港，工業用水，工業用地
(b) 生活インフラ
  生活道路（市町村道），公園，医療・福祉の各施設，教育，文化，スポーツの各施設
(c) 産業・生活共通のインフラ
  鉄道，通信，上下水道　廃棄物処理　防災施設
(d) 国土保全，災害復旧――治山，治水，砂防，堤防

3　日本の公共投資の動向と課題

(1)　公共投資の規模と水準

　インフラ整備を行う公共投資は，中央政府レベルでは一般会計の公共事業費を中心とするが，近年減少傾向にある。その規模は2000年代初めの9～10兆円規模（2001～04年）から7兆円台（2006～08年）である。2008年の世界同時大不況（世界恐慌）対策予算として2009年には8.8兆円の公共事業費が予算化された。2011年の東日本大震災からの復旧・復興のために震災関係の公共事業費が拡大しているが，2012年7.0兆円（補正予算の追加後），2013年8.4兆円（同）であった。
　東日本大震災関係を除くと，公共事業費はかつてと比べて縮小傾向にある。これは長期の公共投資によって必要な社会資本のストックがほぼ整備され，その維持・更新が課題になってきたことを表す。この結果，公共投資の対GDP比は1990年代の5～6％台の水準（1995年6.4％，2000年5.1％）から次第に低下し，2008年には3.0％であった。主要な欧米諸国の公共投資は，対GDP比1.5～3％程度であるから，欧米並みの水準に近づきつつあるといえる。また情報社会や高齢社会の到来によって，内容的にも情報インフラ，地域インフラ，防災インフラの整備に政策の重点が移行してきた。

第10章　インフラ整備の財政

〔図表10-3〕　公共投資の水準

日本は大きく低下しているが，欧米諸国の平均より高い水準にある。

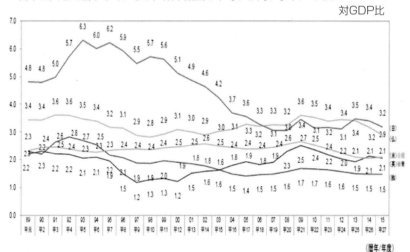

（注）　日本…内閣府「国民経済計算」に基づいて計算した数値。
　　　　諸外国…OECD「National Accounts」等に基づいて計算された数値。
（出所）〔図表10-1〕に同じ。

(2) インフラ整備の長期計画

インフラ整備は1950年代から長期計画に従って実施されてきた。近年では日米の貿易不均衡の是正を図る日米構造協議の合意にもとづき，1990年に公共投資基本計画（1991～2000）が策定された。その規模は総額430兆円で，道路，下水道，廃棄物処理施設，都市公園などの5年計画に沿って実行され，日本の内需を拡大する手段の1つに位置づけられた。1994年にはアメリカの強い要請に応えて，200兆円を上乗せし630兆円規模（1995～2007年）に改定され，ついで1997年には第2次改定が行われ，総額は470兆円（1998～2007年）となった。〔図表10-4　参照〕

しかし小泉政権は構造改革政策の一環として公共投資の抑制，合理化の方向を打ち出し，同上基本計画を廃止し，これに代わる社会資本整備重点計画法を

制定した。これを根拠法に2003年、第1次社会資本整備重点計画（2003～07年）、2007年第2次計画（2008～12年）が策定され、2012年からは第3次計画（2012～16年）が実行を見た。第2次計画ではIT革命、環境問題、高齢社会への対応、防災、都市基盤整備が重点分野とされるとともに、公共投資の非効率、浪費問題、配分比率の硬直性、政官業の癒着問題を解決することが課題とされた。

〔図表10-4〕 インフラ整備の長期計画の推移

1990	公共投資基本計画（1991～2000年）	総額430兆円
1994	公共投資基本計画（1995～2007年）の第1次改定	総額630兆円
1997	公共投資基本計画（1998～2007年）の第2次改定	総額470兆円（2002年廃止）
2003	社会資本整備重点計画法の制定（同法にもとづく5カ年計画の策定）	
	第1次社会資本整備重点計画（2003～2007年）	
2005	住生活基本計画（2006～2015年）	
2007	第2次社会資本整備重点計画（2008～2012年）	
2012	第3次社会資本整備重点計画（2012～2016年）	
	第4次社会資本整備重点計画（2015～2020年）	

2011年3月の東日本大震災を受けて同年7月、社会資本整備審議会・交通政策審議会交通体系分科会の緊急提言「津波防災まちづくりの考え方」が公表され、ついで同年8月、第3次社会資本整備重点計画（2012～2016年）が閣議決定をみた。同計画は今後のインフラ整備の制約要因として既存ストックの老朽化、災害リスクの高まり、少子・高齢化、厳しい財政状況、グローバルな競争の進展をあげ、この下での中長期的な社会資本整備の姿を提示した。ここでは「選択と集中」を基準とし、4つの重点目標を掲げた。「大規模又は広域的な災害リスクの低減」、「我が国産業・経済の基盤・国際競争力の強化」、「持続可能で活力ある国土・地域づくりの実現」、「社会資本の適確な維持管理・更新」である。そしてこの目標達成の手法として、ハード・ソフト施策間の連携、多様な主体の協働等、事業・施策間の連携を徹底するとした。

(3) インフラ整備の課題

インフラは経済社会の構造と密接に結びついており、今後の整備も経済社会

の展望との関連で検討されるべきである。その際インフラには物的施設の建設（ハード，hardware）だけでなく，運営やシステム化（ソフト，software）との一体化が求められる。インフラが経済の知識集約化やサービス化と連動しているからである。

　第1に，情報化社会の進展と高度化にともなう，情報インフラについてである。しかし，情報化は企業間競争の契機になって，情報インフラは市場で民間企業を主体に整備されつつある。政策当局に求められるのは，どのような情報化社会の方向付けであり，これに即して民間企業と情報インフラの整備を規制・誘導することにある。その際，情報の地域偏在や格差の解消，情報公開，双方向での情報交流が確保されなければならない。

　情報インフラとは，情報が決定的な役割を果たす経済社会においてその土台となる情報通信ネットワークを指し，産業インフラの性格が強い。政府の情報化政策は「情報通信技術（ＩＴ）戦略本部」によって作成された「ＩＴ基本戦略」および，これを具体化した「e-JAPAN重点計画」に示されている。ＩＴ基本戦略では，情報化がめざすものは「知識の相互連鎖的な進化により高度な付加価値が生み出される知識創発型社会」である。その重点の1つは「高度情報通信ネットワークの構築」や「デジタル・ディバイドのないインフラ整備」である。それは光ファイバーを含むブロードバンドの収容空間の整備や携帯電話用の鉄塔建設などである。情報インフラが民間市場で整備されているものの，これらのネットワークやインフラが情報化政策上の意義を有するとき，国の補助金や国から地方への補助金・交付金で整備され，2009年までは公共事業と同様に扱われてきた（総務省からの聞き取り，2013年）。

　今日，利用可能環境面で超高速の情報インフラ整備の目標は達成され，通信料金も世界に比肩しうる安価な水準となっている。しかし，ＩＴ化において，「高速インターネット網の整備などの分野において大きく進展し目覚ましい成果をあげた反面で，ＩＴの利活用面においてはその進展が遅れ，具体的な果実を国民に提供しきれていない」（ＩＴ戦略本部関連の「評価専門調査会」の指摘）。超高速の情報インフラの整備が先行し，その利活用が後追い状況になっている

点が情報化政策における問題である。電子申請システムの利用にみるように，情報インフラの拡大に比してその利用者は少なく，企業活動の面では情報インフラの整備と生産性の上昇との関連は希薄である。

　第2に，地域インフラの整備についてである。それは地域づくり，つまり地域の経済的文化的資源を基礎として行われる地域の再生，その土台や基盤となる公的施設のネットワークである。地域インフラは「真の豊かさ」や「生活の質向上」の全国民への普及，浸透にとって不可欠である。旧来の経済社会インフラは大都市に偏重して整備されてきたが，国土利用のもう1つの柱である地方都市・農村圏における地域づくりにおいて特に必要とされる。また地域インフラの整備は，自治体（地方政府）のイニシアティブが決定的に重要であり，地方分権の実質化，豊富化なしでは十分な成果をあげることができない。地域の経済的文化的資源は地域の住民や地方自治体によってこそ，その有効な活用が可能となるからである。

　地域に密着した中小企業をめぐる共同受注，ビジネスマッチング（受注の紹介），団地化などにみられるネットワーク化（自立化）事業であり，また，植林や山林保全にみられる「緑の公共事業」，風車等の自然エネルギーの活用事業などがある。さらに，福祉や環境問題に対応するまちづくり事業などもそうである。これらは，経済インフラの整備から地域インフラの整備への重点の転換が必要であることを意味する。

　しかし現在，政府の「経済活性化戦略」は，経済改革特区にみられるように，経営資源や技術資源の「選択と集中」で地域の競争力を強化し，規制改革による「民業拡大」・市場拡大によって「地域力」の形成を図る。しかし国土交通省，農林水産省，経済産業省，文部科学省等々がタテ割りで地域の活性化を推進しており，実効性を弱めているといわざるをえない。

　第3に，インフラの老朽化問題についてである。国土交通省の資料によると，建設後50年以上経過し老朽化しているインフラは2010年に道路橋で約8％，2020年に約26％に，港湾岸壁でそれぞれ約5％，25％に増加する見通しである。他方，インフラ整備費における維持管理費のウエイトは2005年に2.2％，2009

年に25.0%と推計される（国土交通白書，および国土交通省ホームページ，http://www.mlit.go.jp/common/000991905.pdf　2013年7月アクセス）。

そして，建設後50年以上となるインフラは間もなく4分の1を占めるようになり，維持管理費は急増が見込まれる。インフラ整備はフロー（投資・事業）からストック（維持・利用）が中心の時代に入ったということである。これまでインフラ整備が経済開発と結びつき，新規投資が重視されてきたがゆえに，政策当局にも国民的にもこの認識が強いとはいえない。意識の転換が求められることを強調したい。

情報インフラや地域インフラの整備，その老朽化対策にしても，これまでの経済開発型の財政運営からの脱却が求められる。情報インフラに関しては，その超高速化や大型化以上に，情報への接続や情報の公開などが徹底され，情報ディバイドを最小化する情報化社会こそめざすべきである。地域インフラに関しては，競争原理の強制や市場メカニズムの拡大ではなく，地域住民と自治体主体の地域再生のテコとしなければならない。

〈参考文献〉
五十嵐敬喜［2013］『「国土強靱化」批判』岩波ブックレット．
宇沢弘文［2000］『社会的共通資本』岩波新書．
岡田知弘［2005］『地域づくりの経済学入門』自治体研究社．
根本祐二［2011］『朽ちるインフラ』日本経済新聞出版社．
橋本卓爾・大泉英次編著［2008］『地域再生への挑戦』日本経済評論社．
広井良典［2011］『創造的福祉社会』ちくま新書．
藤井　聡［2015］『超インフラ論』PHP新書．
諸富　徹［2010］『地域再生の新戦略』中央公論新社．
鷲谷いずみ編［2007］『コウノトリの贈り物』地人書館．

第11章　社会保障の財政

<本章のねらい>

① 社会保障財政の重層的仕組みや理論を知る。
② 少子高齢社会および格差社会の財政的課題を考える。

　再分配という現代財政の基本的機能は，主として社会保障の財政を通じて果たされている。具体的には失業，医療，介護，公的年金，生活保護などの給付を通じてである。社会保障の財政は通常，一般会計の社会保障費と社会保険の組み合わせである。本章ではこの重層的仕組みや理論を学ぶ。また超高齢社会の到来とともに，莫大な財源確保がきわめて困難になり，他方では経済格差の拡大と貧困の増大は社会保障の財政に新しい課題を突き付けている。

1　社会保障財政の仕組み

　社会保障は生存権，つまり健康で文化的な最低限度の生活を営む権利を実現するために国民の生活を生涯にわたって支える。日本の社会保障制度は医療，介護，年金，雇用，労働災害などの社会保険を中核とする。社会保障の財政は一般会計の社会保障費と社会保険からなる。その財源は保険料（約3分の2）と租税（公的負担，3分の1）である。社会保障費は生活保護費（公的扶助），社会保険費，社会福祉費を3大構成部分とする。
　社会保障関係費（以下，社会保障費）は21世紀に入ってからも一貫して増加傾向にあり，2005年20.38兆円（当初予算，指数100），2012年26.39兆円（同129）である。2013年は29兆1,224億円（同143），うち①生活保護費2兆8,614億円（全体の9.8%），②社会福祉費3兆8,610億円（同13.3%），③社会保険費（年金，医療，介護など）21兆8,475億円（同75%）である。このほかに，④保健衛生対策費と

⑤失業対策費があり、それぞれ同1.2％と0.7％である（市川健太編（2013）、数値については以下同じ）。

　生活保護は公的扶助のことであり、病気やけがなどで仕事ができず、困窮に陥った個人およびその家族に現金を給付する。これによって、ナショナルミニマムを保障するとともに、自立を助ける。生活保護には生活扶助、住宅扶助、教育扶助、介護扶助、医療扶助、出産扶助など8種類ある。生活保護を受ける人員は、1993年の88.3万人（指数100）から2003年の134万人（指数152）、2013年の216万人（指数245）、2017年212万人（指数241）へと、この20年間で2.5倍近くになった。この主な原因は長期的な不況や経済格差の拡大による貧困人口の増加を背景に、高齢化の進展、家族関係の希薄化が加わったことにある。

　生活保護の給付額は同法第8条に基づき厚生労働大臣が定める保護基準により決定される。たとえば、1級地－1（東京都区部）の標準3人世帯で15万8,380円／月（2017年4月）である。2015年の生活保護費総額（当初予算）は2兆9,042億円（国と地方の負担の合計）、2003年の2兆3,881億円の1.2倍である。8種類の生活保護について医療、生活、住宅の3つの扶助費は生活保護費全体の96.8％（2011年, 3兆3,906億円）を占め、うち医療扶助費は46.9％（1兆6,432億円）で最も大きい。続いて生活扶助費が34.5％（1兆2,090億円）、住宅扶助費は、15.4％（5,384億円）である（宇波弘貴（2017）108頁、および国立社会保障・人口問題研究所（2013）による）。

　社会福祉費は障害者や子供、高齢者など社会的弱者と呼ばれる人々への給付（手当）や福祉施設の整備、あるいはそれへの補助金である。その主な内容は社会福祉施設整備費、身体障害者保護費、児童保護費、児童扶養手当給付費、母子福祉費、婦人保護費、老人福祉費である。子育て支援として保育所運営費負担金4,256億円（2013年、対前年294億円の増加）が計上され、約7万人の受入児童数の増加を図り、待機児童の計画的解消を推進することとした。また2012年には経済危機対応・地域活性化予算で保育士の確保策などに充てる「安心こども基金」に1,675億円の積み増しが行われている。

　社会保険費は2012年19兆3,049億円、うち医療保険に8兆6,036億円（44.6％）、

年金に同8兆1,417億円（42.2％），介護に2兆3,392億円（12.1％）を投入した。これは高齢化の進行に伴い医療，年金，介護への給付が激増したことの反映である。4大社会保険のうち，日本では雇用保険（失業保険）に関して，失業者の認定が厳しく，これにもとづく失業率がヨーロッパ諸国と比べてかなり低く表れる。このため雇用保険料で失業給付を賄うことができ，租税財源の投入はごく小さい。たとえば，2018年の当初予算で251億円であった。しかし，医療，介護，年金の社会保険は保険料だけでは給付の財源を確保できず，給付費の約3分の1にあたる巨額の租税財源が投入されている（「第3章　1」参照）。

医療保険は，職域保険，（被用者保険）と地域保険（国民健康保険）から成る。総加入者数は1億2,622万人（100％，2015年3月末），うち，健康保険組合2,913万人（同23.1％），共済組合883.6万人（同7.0％），全国健康保険協会（協会けんぽ）3,639万人（同28.8％），国民健康保険3,593.7万人（同28.5％），後期高齢者医療制度1,576万人（同12.5％）である。〔図表11－1　参照〕

国民健康保険は，原則として市町村単位で運営される。その加入者は農民，自営業者，非正規雇用の労働者，退職者，無職者や失業者などであり，低所得層の割合が高い。また市町村には人口100万人を超える大都市や数千人から2～3万人の町村があるため，財政状況や保険料の格差が非常に大きい。これに対して，健康保険組合や共済組合は財政状況が良く，国費（租税）負担は相対的に低い。それは加入者の所得水準が高く，保険料収入も多いうえに，現役者であり疾病が相対的に少ないからである。中小零細企業従業員を対象とする全国健康保険協会に対する国費負担は16.4％，市町村国民健康保険に対する給付費は41％であり，疾病の多発や高齢人口の増加によって国費負担も増えてくる仕組みとなっている。

老人保健制度は医療保険が分立していることから生じる不合理をなくすために1983年に発足（法律は82年成立）した。会社従業員が現役時に職域保険に加入し，給与に応じた相対的に高い保険料を払うが，疾病率は低い。ところが退職後は国民健康保険に加入し，保険料は低くなるのに対し疾病率は高くなり，保険財政を圧迫するからである。2009年4月から老人保健制度（1984～）が廃止

され，「後期高齢者医療制度」が発足した。この制度は75歳以上の高齢者を対象とし，持続的で安定的な高齢者医療を確保することを意図する。加入者数は1,576万人（2015年3月末），運営主体は全市町村が加入する都道府県単位の後期高齢者医療広域連合(47)で，市町村が保険料を徴収する。本人負担は医療費の1割，残りは高齢者保険料から約10％，各医療保険からの支援金約40％，公費負担約50％（内訳，国：都道府県：市町村＝4：1：1）という負担配分である。
〔図表11－1 参照〕

〔図表11－1〕 医療保険の仕組み （2015年3月，単位：兆円）

	保険者 （運営団体）	加入者数	保険料率	国庫負担補助
Ⅰ 職域保険				
① 健康保険組合 （大中企業従業員）	健康保険組合 (1,419)	2,913万人	保険組合毎	定額補助
② 全国健康保険協会 （中小零細企業従業員）	国	3,639万人	10％	給付費の 16.4％
③ 共済組合（公務員など）	共済組合(85)	883万人	———	なし
④ 船員保険（船員）	国	12万人	9.6％	定額
Ⅱ 地域保険				
⑤ 国民健康保険 農業者，自営業者，退職者等（職域医療保険に加入しない人）		3,593万人	———	
	市町村(1,716)	3,302万人	給付費等の41％	
	国保組合(164)	291万人	給付費等の47％	
⑥ 後期高齢者医療制度 （75歳以上）	府県単位の 広域連合(47)	1,576万人	保険料約10％，各保険から約40％。公費50％（国：府県：市町村 4：1：1）	

（出所） 宇波弘貴『［図説］日本の財政』2017年版（平成29年度版），99頁により作成。

　高齢者の介護を保障する介護保険制度は，「介護保険法」（1997年）に基づいて2000年4月から導入された。介護は，何らかの身体面や精神面などの理由で自立した生活ができない高齢者の日常生活を助けることである。具体的には特別養護老人ホーム，老人保健施設（中間施設）など特定施設での施設介護と，

ホームヘルプサービス（訪問介護）などの在宅サービスから成る。ここには次の深刻な問題がある。それは介護を理由とする長期入院などのサービスが不適切に利用されていること，医療の不適切な利用は病室不足や財政負担増大の原因となること，長期入院（社会的入院）と老人ホーム利用の間，さらに在宅介護による家族の負担との間の不公平があること，介護サービス利用の選択に制約があることである。

　介護保険とは，介護に関する様々な問題を解決し介護を社会全体で支える財政システムである。この財源は，40歳以上の国民が支払う保険料と公費（租税）負担から成り，要介護，要支援と認定された高齢者に対して施設サービスや在宅サービス（家族への費用給付を含む）を提供する。医療保険は疾病に対する治療を対象とするのに対し，介護保険は治療が完了したが，自立した生活を営めない高齢者を適用対象とする。

　介護保険の保険者は各市町村である。介護給付の負担はその50％を40歳以上の国民が納付した保険料，残り50％を公費とする。公費負担のうち国が全体の25％，府県，市町村が各12.5％である。保険料は，65歳以上の人が全体の18％，40歳〜64歳の人が同32％を負担する。〔図11－2　参照〕

　公的年金保険は退職後，または生業からの引退後の所得を国民全体に保障する。現役世代はすべて被保険者として保険料を支払い，高齢期（支給開始年齢65歳）に基礎年金および上乗せ年金の給付を受ける。また民間企業の従業員や公務員などは厚生年金または共済年金に加入し，基礎年金の上乗せとして報酬部分の給付（60〜64歳に一部支給）を受ける。このため，国民年金（基礎年金）は年金システムの１階部分，上乗せ分は２階部分と呼ばれる。年金受給権者は，年金給付を受ける権利が確定された者であるが，支給年齢に達してもほかに高い所得があると，年金は給付されない。2011年度末の老齢基礎年金等受給権者数2,864万人（100％）に及ぶ。このうち，会社などを退職した人（第２号被保険者）1,760万人（同61.5％），１号（自営業者など）と３号（専業主婦など）計1,104万人（同38.5％）である。

　基礎年金の月額は６万5,000円（40年間保険料納付，2018年）である。農民や

自営業者などの加入者（1号被保険者）の多くは基礎年金だけの支給を受ける。これに対して会社などの退職者（2号）には上乗せ分がある。会社従業員などの退職者が受け取る厚生年金の平均支給月額は16.1万円（2011年度，受給者1,484万人）であるのに対し，国家公務員21.4万円（同，70万人），地方公務員22.1万円（同，194万人）と相対的に恵まれている。しかし，これはあくまで平均であり，当然のことながら現役時代に受け取った所得の大小で保険料が異なり，上乗せ分にも差が出る。現役時代に所得が高ければ年金額も多く，そうでない場合には少ない。

〔図表11-2〕 介護保険の仕組み

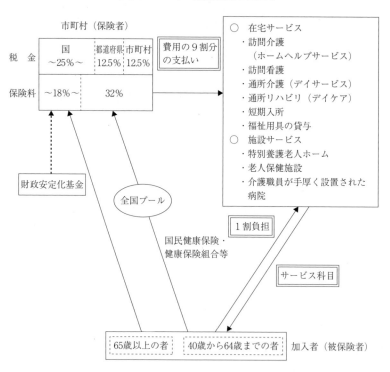

（出所） 市川健一編『日本の財政』2013年版。

第11章　社会保障の財政

　2015年3月末までの公的年金加入者数（被保険者数）は6,713万人（100％）であり，そのうち，農民，自営業者である国民年金の第1号被保険者は1,742万人（全体の25.9％），企業の従業員である第2号被保険者は3,884万人（同57.9％，うち厚生年金保険3,599万人，共済組合441万人），企業従業員などの被扶養配偶者（専業主婦）である第3号被保険者数は932万人（同13.9％）である。専業主婦を除いた2号と1号の加入者数の割合は69：31である。賃金を得て生計を立てる会社従業員が全体の約3分の2，また自営業者や農民ほかの個人事業者などが3分の1である。〔図表11-3　参照〕

　社会保障給付は，2010年度100兆円（103兆48億円）を超え，国民所得の29.6％に相当する。このうち年金給付52兆41億円（50.7％），医療給付32兆33億円（31.2％），である。医療給付のうち国民健康保険（地域保険）へは9.35兆円（全体の28.9％），後期高齢者医療費11.73兆円，（同36.3％）である。2017年度は総給付120.4兆円を見込み，年金給付56.7兆円（47.1％），医療給付38.9兆円（32.3％）である。（国立社会保障・人口問題研究所（2013），〔図表11-4〕　参照）

〔図表11-3〕　日本の年金システム

（数値は，平成27年3月末）

第3号被保険者	第1号被保険者	第2号被保険者等	
第2号被保険者の被扶養配偶者	（自営業者等）	（民間サラリーマン）	（公務員等）
932万人	1,742万人	4,039万人	

国民年金（基礎年金）

国民年金基金［加入員数45万人］　　厚生年金保険［加入員数 3,599万人］　　共済年金［加入員数441万人］

確定拠出年金（個人型）［加入員数21万人］　確定拠出年金適用型［加入員数505万人］　確定給付企業年金［加入員数782万人］　厚生年金基金（代行部分）［加入員数365万人］　（職域加算部分）

合計6,775万人

（出所）　窪田　修編著『［図説］日本の財政』2016年版。

〔図表11-4〕 社会保障給付の構造（2017年度）

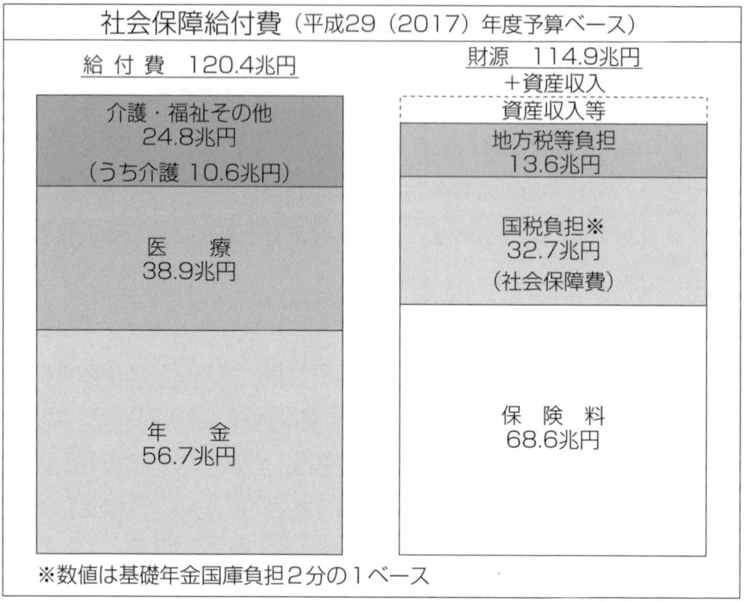

```
社会保障給付費（平成29（2017）年度予算ベース）

給付費　120.4兆円            財源　114.9兆円
                                    ＋資産収入
  介護・福祉その他              資産収入等
    24.8兆円                 地方税等負担
  （うち介護10.6兆円）          13.6兆円

   医　療                     国税負担※
   38.9兆円                   32.7兆円
                            （社会保障費）

   年　金                     保険料
   56.7兆円                   68.6兆円

※数値は基礎年金国庫負担2分の1ベース
```

（出所）　財務省「日本の財政関係資料」16頁，2018年3月。

2　社会保障の財政理論

　社会保障の財政システムは，国民が貧困に陥る危険を防止するための費用に関する仕組みである。社会保障の財政学はどんな費用がどれだけ必要か，また財源について保険料や租税をどんな割合で調達するかについて研究する。貧困をもたらすリスクは次の3つである。一つは失業，つまり労働機会を失い，所得を得られないことである。第2に，病気やけが（疾病），障害や老齢などで労働能力が失われるか，低下することである。第3に，子供の多い家族や障害者である場合，生活や労働能力の維持に多額の費用がかかることである。これらのリスクが誰かの家族を襲ったとき，対処するシステムがないと，その家族は貧困に陥る。ここでの貧困とは，「健康で文化的な最低生活」を送ることが

できないという意味である。

社会保障の財政，すなわちリスクに対応し，貧困に陥ることを防ぐための支出と財源の確保は2つの重要な役割を果たす。一つは直接間接の所得保障である。もう一つは職業訓練や労働能力を回復する社会的施設の整備，維持の費用である。具体的には次のように整理できる。

(1) **直接および間接的な所得保障**

失業給付，病気やけがで仕事のできない人およびその家族への生活費を支給する公的扶助（生活保護），公的年金，社会保険を通じた医療費や介護費用の負担，障害者手当，児童手当。

(2) **社会的施設の建設および社会サービスの提供**

職業訓練，公的病院，診療所，老人ホーム，障害者施設などでの福祉サービス（保育所や養護学校などは教育と福祉両方の役割を果たしている）。

2つの役割を果たすために膨大な費用が必要であり，先進国の社会保障費は財政支出において最大のウエイトを占める。この支出の大部分は直接間接の所得保障に充てられ，政府から国民の家計への財政移転（移転的経費）である。この財源の相当部分は所得の高い人が支払う税金であるから，この財政移転は高所得者から低所得者への所得移転，つまり再分配を意味する。現代資本主義において，再分配の役割はきわめて大きく，財政の主要な機能の一つとなる。

社会保障制度は50年以上の歴史的運動によって整備されてきた。ヨーロッパでは19世紀の終わりごろから，その枠組みの形成が始まる。帝政ドイツの宰相ビスマルクが創設した1883年の社会保険（失業，医療）はその典型事例である。20世紀に入って西欧諸国や北欧諸国でその整備が進み，1930年代にはアメリカなどで目立った発展を遂げた。そして第2次大戦後に体系的な社会保障システムがヨーロッパEU諸国で成立した。ベバリッジ・プラン「社会保険と社会サービス」(1942) は総合的な社会保障制度の構想を示したものであり，大戦下のイギリス国民に「揺りかごから墓場まで（生まれてから死ぬまで）」人間ら

しい生活保障を約束し、第2次世界大戦後のイギリスにおける社会保障制度の土台となった。

　1950年代以降の高度経済成長を基礎に、60年代に西欧や北欧の諸国で人々に高い生活水準を可能にする福祉国家が成立した。それは総合的な社会保障をセーフティ・ネットとし、ゆとりのある住宅、快適で便利な生活環境、中高等教育の普及など豊かな暮らしの物的文化的条件が整備された社会である。80年代以降、経済成長の停滞や少子高齢社会の進行、地球環境問題の深刻化を原因として、再編成を余儀なくされるが、ヨーロッパ諸国が今日も福祉国家、高度な福祉社会であることに変わりはない。

　日本における社会保障の本格的整備は1950年代後半以降の高度経済成長の時代からである。1961年に「国民皆保険皆年金」が実施され、すべての国民が医療保険と年金保険の適用を受けるようになった。福祉元年と呼ばれた1973年に児童手当が導入されて総合的な社会保障の形が整い、日本の福祉国家が成立したといえる。1985年には会社従業員だけでなく、農業者や自営業者などを含む国民全体に共通の「基礎年金（国民年金）」制度が導入された。

　19世紀の資本主義社会は「働かざるものは食うべからず」、つまり生活の自己責任原則を鉄則としてきた。ところが、19世紀末から社会保障が不可避となるのは、市場の失敗や資本主義の欠陥を放置できなくなるからである。その理由は次の2つに整理できる。第1に、不況における失業の大量発生、技術の高度化に伴う労働災害の多発によって多くの人々が貧困に陥ったことである。大量の貧困は一方で窃盗や略奪などを多発させ、社会不安を生み出す。他方では、大量の失業や労働災害は本人自身よりもむしろ、経済や社会に大きな原因があることが社会共通の認識となる。政府はこれらの社会問題を解決するため、失業手当、疾病保険などの労働者保護措置を講じることになる。この時期、対象の多くは賃金労働者であり、国民全体にまで及ばないものの、社会政策は生活の自己責任原則に対する大きな修正を意味した。

　第2に、労働組合や社会運動の発展という政治的社会的要因である。貧困や生活苦をもたらす失業や賃金の引き下げに対抗するために、19世紀末から労働

組合が広く結成され，資本家や経営者，政府に対し生活の安定と改善のための様々な要求をするようになった。また差別反対や男女平等，社会不正をなくそうとする社会運動や組織が様々な分野で形成される。またこれと並行して，これらの諸問題を根本的に解決するには資本主義を廃止する以外にないと考える社会主義の思想と運動が発展していく。

　この運動は特に，先進資本主義国が植民地の獲得や再分割のために戦争や世界大戦を起こし，国民を悲惨な状態に陥れたことによって広範囲の人々の心を捉えた。この結果，第1次世界大戦前後に，生存権（健康で文化的な最低生活をする権利）がまずヨーロッパの国々で社会的合意となり，憲法にも明文化された。とはいえ，資本主義国における高度な社会保障システムや福祉国家の形成は，資本主義の論理からは必然的ではない。すべての国民に豊かな生活の保障を目指した社会主義の思想と運動が影響力を持ったことが，国内的な原動力であり，これを目標に掲げた社会主義国の存在は外的な強制だったといえる。

　国民生活の社会的保障とは，貧困のリスクに直面した人々の生活に政府が責任を持つことである。これは生活の自己責任原則の修正であっても，原則の否定ではない。というのは，国が社会保障の費用をすべて税金で負担するわけではなく，社会保険を基幹システムとするからである。ここでは，将来のリスクに備えて保険料を支払い，社会的事故（失業や疾病）に遭遇した人が給付を受ける。ここでは保険料支払いと給付は連動し，保険料が不払いだと給付を受けることができない。また社会保険は相互扶助システムであり，国民全体で自分自身のリスクをカバーするのである。

　国民経済計算では，社会保険の集合は「社会保障基金」という用語で示される。国際的にみると，ここには2つのタイプがある。多数の国では社会保険のウエイトが高く，租税財源が相対的に小さい。日本，フランス，ドイツ，スウェーデンなどの諸国がこの代表である。これに対して，イギリス，デンマークなど租税財源のウエイトが高い国があるが，このタイプは少数である。イギリスの場合，医療は国営で，原則として租税財源で提供され，医師や看護婦など医療従事者は公務員である。

第Ⅲ部 | 現代財政と産業・国民生活

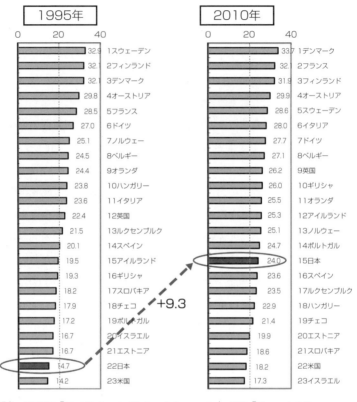

〔図表11-5〕 政府の社会保障支出（対GDP比）

（出典） OECD「Stat Extracts National Accounts」，EU「Euro stat Government Finance Statistics」。
（注1） 数値は一般政府（中央政府，地方政府，社会保障基金を合わせるもの）ベース。
（注2） 政府の総支出には利払費が含まれている。
（出所） 財務省「日本財政関係資料」2013年。

政府の社会保障支出（対GDP比）の国際比較にはOECD（経済協力開発機構）基準の社会保障支出の対GDP比が用いられる。日本では，1995年の14.7％から2010年の24.0％へと上昇している。しかし，2010年にOECD諸国の平均は26.8％（21カ国）であるから，日本はこの平均よりまだ2.8％ポイントも低い。

同年，フランス32.1％，スウェーデン28.6％，ドイツ27.7％，イギリス26.2％と比べると，日本の社会保障支出の水準はヨーロッパ諸国よりかなり低いといえる。〔図表11－5　参照〕

> **コラム**　社会保険の積立方式と賦課方式
>
> 　積立方式は，保険料を一定期間積み立てておいて，ある年度に必要な給付の財源とする保険の方式である。失業（雇用）保険は積立方式が適している。というのは失業者の少ない好況期に保険料を蓄積し，失業者の増える不況時に給付することができるからである。賦課方式は，その年に必要な費用をその年の保険料で賄う保険の方式である。医療保険は賦課方式が適している。一定額の医療費は毎年必要な費用であり，だれが病気やけがをしても保険から医療費が支払えるように毎年その財源を確保しなければならないからである。年金保険はどちらも可能であるが，いずれにも一長一短がある。

3　格差社会，少子高齢社会の財政課題

　日本と世界の経済社会は根本的な構造転換の中にあるが，それは国民生活の面では3つの特徴に表れている。第1に，大きな経済力，平均的に高い所得水準を背景に多様な選択を受容する成熟社会の様相を深めつつある。少子化は非婚や子供を必要としない選択をする人々が増大したことを主要な原因の1つとする。第2に，超高齢社会の進行である。超高齢社会の定義はまだ明確ではないものの，高齢化率が25％を超える事態（2018年，28.1％）は質的にも新たな問題を提起している。地方都市農村圏では高齢化率が30％前後に達し，今後もほぼ横ばいであるが，首都圏や大都市圏で年々高齢化率が上昇する。第3に，新自由主義思想の席巻と政策展開の中で個人間の所得・資産格差，地域間の経済格差が拡大の一途をたどっている。これらの特徴は日本の社会保障とその財政に，とくに貧困，少子化，医療，介護，年金の分野で大きな課題を突き付けている。これらの課題と対応の方向は「社会保障と税の一体改革」に関する政府の社会保障国民会議の「報告書－確かな社会保障を将来世代に伝えるための道

筋」(2013年8月) に示されている。

1) 貧困対策

　生活保護の受給者が200万人（2017年月平均，212.4万人）を超え，近年貧困がきわめて増加している。国際的にも日本の貧困問題が深刻なのは，貧困の指標である相対的貧困率（中位所得の1／2以下の所得層）の高さに表れている。それはOECDの統計によると2015年15.6％で，先進諸国ではアメリカ（17.3％，2010年）に次ぐ高さである。西欧諸国は大半が10％以下であり，最も低いスウェーデンとデンマークは5.3％（2010年）である。

　貧困の増大は長く続くデフレ不況の中で正規雇用が減少し，賃金が停滞する中で失業の増加，非正規雇用の広がりを主要な原因とする。他方では上位層の所得は上昇しており，貧困問題の深刻化は所得格差拡大の盾の半面である。貧困を減少させるには雇用の拡大，非正規雇用の規制，最低賃金の引き上げが欠かせないが，財政面の課題は生活保護の受給者が貧困の罠から抜け出せるよう，受給と職業訓練・雇用の提供を結合することが重要である。

2) 少子化対策

　少子化は非婚の増加，晩婚化と晩産化，女性の就労を妨げる貧弱な保育環境を主な原因とする。既婚女性が出産後も仕事を続けることを望んでも，現実には保育の受け皿や育休の取得などの育児環境がきわめて不十分である。保育所に入所できない待機児童が毎年2万5,000人前後もいる実情は異常である。また保育料水準は高く，大学進学を含む将来の家計の教育費は莫大である。これらの結果，出生率の低下がもたらされ，2017年の日本の合計特殊出生率は1.43という低い水準である。また14歳以下の年少人口は1,551万人（2018年9月）であるが，出生率の低下は，将来の労働力不足や社会保障への現役世代の過重な負担につながりかねない。

　政府は，1990年代半ばごろから少子化対策を推進してきた。2010年にこれまでの少子化社会対策大綱に代えて「子供・子育てビジョン」が閣議で決定された。このビジョンでは「子供の育ちを支え，若者が安心して成長できる社会」，「妊娠，出産，子育ての希望が実現できる社会」，「多様なネットワークで子育

て力のある地域社会」,「男性も女性も仕事と生活が調和する社会」を目標にしている。子育て支援を充実させるための有効な少子化対策は保育所や幼稚園の拡充を通して待機児童を解消し，また児童手当の支給年令を引き上げることなどによって育児環境を改善することである（市川健太編（2013））。

3） 医療保険－国保の府県移管

日本の公的医療保険は地域保険と職域保険に，また職業別に分立し，その矛盾は国民健康保険（以下，国保）に集中的に表れている。現在の国保の保険単位は市町村であるので，地域の経済力や所得水準，市町村の財政力や高齢人口の比率（高齢化率）の違いによって各国保の財政が著しく不均衡である。2011年に1,746の市町村が国民健康保険財政の運営主体となっているが，そのうち，黒字運営の市町村は1,066，全体の61.1％，赤字のそれは680で同38.9％である（『社会保障統計年報』2013年版）。

また一人当たりの保険料には格差がある。都道府県別の平均をみると2009年，東京都と沖縄県の間には1.5倍，群馬県と沖縄県の間には，1.7倍，栃木県と沖縄県の間には1.73倍の差異がある。さらに年間一人当たり医療費にも格差がある。2009年に都道府県の全国平均は28.9万円，最高の広島県は35.1万円，最低の沖縄県は24.0万円である（厚生労働省の資料による）。このような国保財政の不均衡の諸指標は人口100万人の大都市から人口2～3万人以下の町村が保険単位となっていることから生ずる。特に高齢化が進んでいる市町村では，一人当たりの医療費が増大するのに反して，保険料の収入は停滞し赤字化する。この赤字は市町村や府県の負担となり，これがまた医療保障の抑制につながる。これを解決するために，政府は「税と社会保障の一体改革」の方針において国保の保険単位を市町村から府県単位への変更を打ち出し，2018年4月から実施した。地域保険の府県単位への移行において，とくに留意すべきことが2点ある。第1に，これまで市町村は医療給付の効率化に取り組んできたが，この転換によって弱まる恐れがある。第2に，財政力の弱い府県，高齢化率の高い府県には給付財源を確保できない可能性が大きく，政府が現在の国庫負担割合41％を傾斜的に引き上げる措置を導入する必要がある。

4） 介護保険システムの地域化

　高齢者は疾病が治癒または治療が完了しても，直ちに家庭にもどり自立した生活を営めないことが多い。介護制度はこれを根拠に導入され，社会保険を財政システムとする。要介護度が高い場合，介護施設に入所し，そうでない場合，在宅で介護サービスを受ける。大切なことは両者のバランスをとることである。可能な限り在宅で介護を受けながら生活を続けるとともに，在宅での生活が困難になった時には介護施設に入所できなければならない。

　わが国の介護制度は2つの課題に直面している。第1に，自立困難な高齢者が家族に過重な負担を負わせることなく在宅での生活を継続するには，地域での包括的ケアがきわめて重要である。そのためには，デイサービスや短期入所がいつでも可能になる施設整備と人員配置が不可欠の条件である。しかし首都圏・大都市圏，地方都市・農村圏とも施設と人材が不足しているのが実情であり，早急に解決される必要がある。

　第2に，要介護度の高い高齢者は平均寿命の伸長とともに増え続けているが，入所できる介護施設は大都市圏，地方都市・農村圏ともきわめて不十分である。近年，前期高齢者が後期高齢者を介護する「老老介護」が広がっているが，介護する方，される方のいずれかの事態が悪化すると，その継続に限度のあることは明らかである。入所サービスのできる介護施設の増設はなお緊急の課題である。

5） 年金システムの効率化

　年金受給者の増加に伴う年金給付費の増大（社会保障給付の50％以上）と，他方では賃金の抑制，低所得層の増加がもたらす保険料収入の停滞，徴収率の低下によって年金財政の持続可能性に警鐘が鳴り続けている。国民年金保険料の滞納率が何年間も30％を超える事態は，人々の年金財政に対する不信の表明である。政策当局は受給開始年齢の68歳への引き上げを提起しているが，根本的な解決には決してならない。これは遅かれ早かれ日程に上ると見られるが，その際にはワークシェアリング（現役世代の年間労働時間の短縮と賃金引下げによる雇用の創出）など，60～67歳の人々に雇用を確保する政策とセットで実行する

ことが欠かせない。また年金保険上乗せ部分の民営化も1つの方向であろう。しかし老後の所得保障に対する公的責任を堅持するとき，最低保障年金を組み込んだ所得比例年金が有力な解決策となる。年金保険料の支払いは社会的貯蓄の意味合いを持つ。したがって支払保険料が老後に還元されることが明確になれば，あわせて保険料徴収率の向上にも寄与する。

　以上5つの分野の財政課題を解決するには，個々人間，世代間，地域内での協力と連帯，政府と自治体が何をどれだけするかについての国民的合意の形成が大前提となる。これが土台となってこそ日本の福祉国家は再生し，すべての人々に生きる希望を与えることができる。

〈参考文献〉
阿部道生『社会保障が「公共事業」となる国へ』2015年，つくばね舎.
窪田　修編著『[図説] 日本の財政』2016年版，東洋経済新報社.
宇波弘貴編著『図説・日本の財政』2017年版，東洋経済新報社.
井手英策『18歳からの格差論』2016年，東洋経済新報社.
厚生労働省『厚生労働白書』各年版.
厚生労働省「市町村国保の現状について」2012年1月.
厚生労働省　http://www.mhlw.go.jp/topics/nenkin/zaisei/01/01-03.html.
国立社会保障・人口問題研究所編『社会保障統計年報』各年版.
財務省「日本の財政資料」(各年).
財務省　http://www.mof.go.jp/filp/summary/index.html.
柴田　悠『子育て支援が日本を救う』2016年，勁草書房.
社会保障制度改革国民会議
　　　　「報告書・確かな社会保障を将来世代に伝えるための道筋」2013年8月.
総務省編『地方財政白書』各年版.

第12章　国防とODAの財政

<本章のねらい>

① 防衛費の性質，および公共事業費や社会保障費との違いを知る。
② 日本は軍事大国であるといえるだろうか。
③ 日本のODA（政府開発援助）の特徴を知る。

　近年，尖閣諸島（中国名，釣魚島）や竹島（韓国名，独島）の領有，海洋権益，北朝鮮の弾道ミサイル発射実験，核開発をめぐって周辺諸国との間に外交的軍事的緊張が高まっている。日本はかつて軽武装，低軍事費であったが，80年代後半から防衛費の増額，軍事力の増強を行い，イージス艦，早期警戒管制機など強力な兵器を保有するに至っている。北東アジア，東アジアの軍事情勢は不安定化し，武力紛争，戦争の危険性は今後高まるとみられる。他方，開発途上国の経済社会開発を支援するODA（政府開発援助）は，安全保障の平和的手段としての意義を持つ。

1　日本国憲法と防衛費の動向

　わが国の国防（安全保障と同義）の方針や防衛費の規模，内容は最高法規である日本国憲法の理念に従い，沿ったものでなければならない。恒久平和主義は国民主権，基本的人権の尊重，地方自治とともに憲法の基本的原理であり，前文や第9条に次のように明記されている。
　「日本国民は，恒久の平和を念願し，人間相互の関係を支配する崇高な理想を深く自覚し，平和を愛する諸国民の公正と信義に信頼して，われらの安全と生存を保持しようと決意する。……いずれの国家も，自国のことのみに専念して他国を無視してはならない」（憲法前文）「国権の発動たる戦争と，武力に

よる威嚇，または武力の行使は，国際紛争を解決する手段としては，永久にこれを放棄する」（第2章　戦争の放棄　第9条第1項）「前項の目的を達するため，陸海空軍その他の戦力はこれを保持しない。国の交戦権はこれを認めない」。（同第9条第2項）

　日本の防衛関係費（予算）は1990年代後半以降，約5兆円，GDP比1％弱であったが，2003年以降若干の減少傾向にあった。2003年の4.95兆円（指数100），から2006年4.81兆円，2013年4.75兆円（以上，予算同96.0）である。しかし2014年，5.06兆円へと増加に転じ，2016年5.15兆円（以上，決算），2017年の補正後予算は5.3兆円に達した。〔図表12－1　参照〕

　ODA予算は2000年1兆円規模（1兆466億円，指数100）であったが，以降減少傾向に入る。21世紀はじめ7,000億～8,000億円台（03年，8,161億円，指数100，06年7,218億円），2009年からは7,000億円を割り，2015年5,422億円（指数52），2018年5,538億円（同53）である。

　日本の軍事費は防衛関係費（以下，防衛費）という名称を与えられているが，ニュアンスに多少の違いがあるものの，国防費（defence spending）や狭義の安全保障費とほぼ同義である。防衛費は先進諸国では共通に，公共事業費，社会保障費，教育文化費とともに4大経費である。財政支出（一般会計）全体の6％前後，一般歳出という指標で9～10％である。このことは国の仕事にかかる実質費用の約10％が，国防という機能にあてられていることを意味する。

〔図表12－1〕　近年の防衛費と後年度負担　　（単位：億円）

	Ⅰ防衛費	1.兵器購入費	2.研究開発費	Ⅱ後年度負担	うち国庫債務負担	うち継続費
2014	50,628	17,565	1,294	22,127	20,896	1,231
2015	51,303	17,273	1,121	23,941	22,501	1,440
2016	51,198	18,193	976	23,923	22,405	1,518
2017	53,524	18,757	1,212	22,142	21,343	799
2018	51,911	17,070	1,101	21,899	20,127	1,772
合　計	258,864	88,858	5,704	114,032	107,272	6,760

（注）　2014－16　決算，2017年度は補正予算追加後　2018年当初予算
（出所）　各年政府決算書，予算書より作成。

第12章　国防とODAの財政

　防衛費は主要兵器購入費（歳出化経費，全体の36〜37％），一般物件費（弾薬費，燃料費，修理費など，同19〜20％），人件費・糧食費（隊員の給与，基地内生活費，同43〜45％）という3つの部分から構成される。そのほとんどの経済的性質は，国民所得を削減する消費的経費であり，直接には経済活動や経済成長に寄与しない。所管別では陸上自衛隊に全体の37〜38％，海上自衛隊に22〜23％，航空自衛隊に22〜23％，本庁費・技術研究本部などに16〜17％配分される。〔図表12−2　参照〕

　この他にSACO（Special Action Committee of Okinawa，沖縄特別行動委員会）関連経費（2014年51億円）がある。それは沖縄に米軍基地が75％（施設，区域）も集中し，負担と犠牲を強いていることから，負担緩和を図る政策の立案と実施のために1995年にSACOが設けられ，これに伴う経費が予算化されている。米軍再編経費（同889億円）は沖縄の米軍基地を整理する際に地元負担軽減のための予算措置である。米軍基地の移転など在日駐留米軍再編にかかる米軍への費用負担は，本庁予算に別途予算化されている。

　防衛費が他の経費の予算化と際立って異なる特徴は，主要兵器購入にかかる「歳出化経費」である。兵器の購入は複数年の契約を結び，これにもとづく各年の納入分や年割分の予算計上が歳出化経費である。いい換えると，前年度までに契約した兵器購入の当年度分の予算化である。政府の予算は単年度原則に準拠しなければならないが，歳出化経費はその重要な例外である。複数年の兵器購入契約は次年度以降の予算化を義務づけられ，防衛費の一部となるので「後年度負担」と呼ばれ，つぎの2つが区別される。〔図表12−2　参照〕

【国庫債務負担行為】　戦車，装甲車，戦闘機，ミサイルの購入について複数年の契約を結び，翌年度以降に支払う予算行為のことである。例えば戦車100両を5年間に1,200億円で購入するとき，各年の納入分20両，240億円を予算化する。
【継続費】　大型兵器の購入を当年度に契約し複数年に分割して支払う予算行為のことで，完成に複数年を要する艦船購入の際の支払い方法である。例えば1,200億円のイージス艦を購入する時，完成に3年かかるので，3年分割で毎年400億円ずつを予算化する。

〔図表12-2〕 歳出化経費と後年度負担

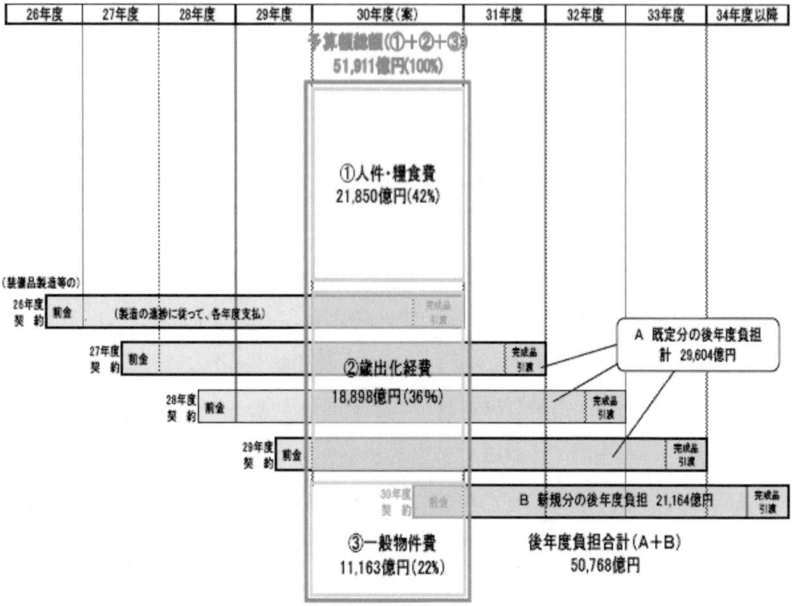

（出所）財務省「日本の財政関係資料」より。

　兵器の購入にこのような特殊な予算措置が取られるのは，兵器購入の特殊性，つまり兵器や武器は，政府以外の購入が法律で禁止され，政府が独占的購入者であることによる。このために兵器メーカーは，あらかじめ政府から注文をとり，計画生産するのであり，政府にとっては後年度負担＝次年度以降の防衛予算になる。一般的には外国の政府も兵器の購入者であるが，日本は武器輸出を禁止しているから，なおさらこの必要性は強い。2013年の歳出化経費は1兆8,476億円，新規に契約した後年度負担は1兆7,299億円（既定分との合計3兆1,583億円），2018年には各1兆8,898億円，2兆1,164億円（既定分との合計5兆768億円）であった。後者の経費は次年度以降に予算化されるが，兵器の購入が確定しているという意味で事実上の防衛予算である。これによって周辺諸国の国防当局には，日本の防衛費の規模は当年の防衛予算に後年度負担を加えたも

の，2013年度では7.90兆円，2018年10.26兆円と映ることになる。

　防衛費は国際的にはEUの統一基準が示すように，防衛省（2001年に防衛庁から昇格）が所管する経費に加えて，次のものが実質的軍事費＝国防費とみなされる。領海保全や海難救助を任務とする海上保安庁の経費，科学技術振興費の一部である原子力関係費や宇宙開発費，米軍基地や自衛隊の基地の所在する自治体への基地交付金である。

2　軍事財政の理論

　防衛費は中央政府の４大経費の１つであり，国防や国の安全を経済的に支える。第２次大戦後の日本は憲法上の制約があり，国民世論が戦争や軍事行動に対してきわめて批判的であったこともあり，直接戦争には巻き込まれていない。しかし大きな戦闘や戦争への参加は，広い範囲に影響を与えるとともに，膨大な費用負担を伴う。防衛費や戦争にかかる多額の費用は，当然のことながら国民経済や国民の生活に多大の影響を与える。この問題を掘り下げて説明するのが，軍事（国防）財政の理論である。厳密にいうと，それは「軍事（国防）の経済学」の一部であるが，軍事や国防は兵器産業や軍需産業と密接な関連を持ち，不況時には軍需が有効需要創出の要因になるからである。国防や戦争は国家に固有の活動であるから，軍事の財政理論は，軍事の経済学の中核部分に位置する。

　第１に防衛費や軍事紛争・戦争の費用はほとんど消費的経費である。兵器，弾薬，燃料費，軍需物資，軍事施設の維持費，自衛隊員への給与は経済活動が生み出した富を消費する性質を持つ。18世紀にアダム・スミスが軍事警察費を不生産的経費と呼んだように，この経費は国民所得を削減し，それ自体は経済成長にマイナス効果を有するのである。公共事業費，インフラ整備費は資産を形成する投資的経費，社会保障費の大部分を占める社会保障給付（生活保護，各種手当，社会保険給付）は移転的経費である。防衛費が消費的経費である点は，公共事業費や社会保障費との重要な経済的違いである。

第2に防衛費は兵器，弾薬，燃料，軍需物資の購入を通じて大きな市場を創出する。兵器，武器は大量の鉄，金属類を原材料とし，最新の高度技術を利用する高価な製品であるから，重化学工業や，最新の先端工業に巨大な市場を提供する。兵器メーカーや軍需品を生産する大企業にとって大きな利潤源泉の1つとなる。大型の旗艦護衛艦であり，アメリカから軍事技術の主要部分を輸入して建造したイージス艦一隻の価格は1,365億円（2003年契約），ヘリコプター搭載護衛艦（13,500トン）は1,057億円（2004年契約）である。しかも兵器の生産は秘密保持を必要とするから，特定の大企業のみが受注し，受注が長年続く間に防衛省や自衛隊の幹部と軍事産業との結合・癒着が起こり，汚職や不祥事の原因となる。2006年の設備，備品の納入を巡る防衛施設庁談合事件は，その1例である。軍事超大国であるアメリカは国防費が巨額である。「産軍複合体」が形成され，それは国防費の高い水準や，国際紛争の一因でさえあると批判されてきた。

　防衛費が国内市場の重要な構成部分の1つであることから，有効需要が縮小する不況期には軍事や軍需物資に対する期待が高まる。これに周辺諸国と領土や領海をめぐる対立があり，核兵器・弾道ミサイル開発の危険が存在すると，偏狭なナショナリズムが勢いを得る。長期の不況による経済的停滞とナショナリズムの高揚が結び付き，防衛予算の増加や軍事力強化，対外強硬政策の主張が声高に叫ばれる。この可能性は普遍的に存在する。

　第3に，技術水準の高い工業と社会資本・インフラが広義の軍事力としての意義を持つ。最新の高度技術は軍事技術と容易に結合できる。日本のロケット技術の水準はH-2型や，近年打ち上げに成功した新型ロケット・イプシロン（2013年9月）にみるようにきわめて高い。ロケットや気象衛星は，高精度ミサイルへの軍事転用に技術的な困難はない，と考えられている。また整備された交通・通信手段は，非常時や戦時に軍事手段として威力を発揮する。軍事作戦は敵の行動をいち早く察知する通信ネットワークや，自衛隊を迅速に作戦地域に配置できる港湾や空港，道路網のようなインフラがあってはじめて，効果的に遂行できるからである。高速道路や橋梁は戦車や重量車両の通行に耐えら

れる設計である。軍事的緊張のある国では，高速道路の要所要所に中央分離帯がなく，有事には航空機の滑走路として使用できる配慮もされている。

　第4に，軍事費の規模や軍事力の水準を決定する国際的枠組みが一国単位ではなく，集団的になったことである。第2次世界大戦後の軍事情勢は一変し，各国は大国または複数の諸国と軍事同盟を結び，軍事力の複数国体制が基本になった。それは国際法上，集団的自衛権にもとづく集団安全保障と呼ばれ，国際連合憲章の基本的考え方である。米ソ両国という大量の核兵器を保有する軍事超大国が出現し，世界の国々は米ソのどちらかと軍事同盟を結び，核戦略体制（核兵器の傘）に入らないと，一国の安全を確保できなくなったのである。したがって一国の国防費や軍事力は，超大国を中核とする集団的軍事力の一構成部分という性格を濃厚に持つ。

　この結果，現実の世界では大戦後成立した2つの体制，資本主義体制と（西側）と旧ソ連を中心とする社会主義体制（東側）間で軍事的な対立とバランスが長く続いた。アメリカと西ヨーロッパ諸国によるNATO（北大西洋条約機構）や日米安保体制は西側陣営の軍事同盟，そして旧ソ連と東ヨーロッパ諸国のワルシャワ条約機構は東側のそれであり，この3つが主要な軍事ブロックであった。西側資本主義国の軍事体制はアメリカが主導権を持つパクス・アメリカーナ（アメリカの力を背景とした平和，Pax-Americana）であり，日本やイギリス，ドイツなど西ヨーロッパ諸国の軍事力はその一部，一環に他ならなかった。このことは一方で基軸国アメリカに軍事的主導権があるとともに，西側同盟の軍事費の相当部分を肩代わりすることを意味した。このため西側諸国はより少ない国防費の負担ですみ，1960年代における高度の福祉国家建設，維持に必要な財政的条件を手に入れることができたといえる。そのいずれとも軍事同盟を結ばず，インドなど非同盟諸国と呼ばれた一群の国々が存在したが，世界の多くの国はどちらかの陣営に属した。冷戦（cold war, 1949～90年）は，世界が熱い全面戦争の危険，一触即発の危機に直面しているという意味であったが，他方で多発した熱い局地戦争，たとえばベトナム戦争，パレスチナ紛争などは両陣営が支援する代理戦争，体制間戦争の性格を濃厚に持ち，犠牲や悲惨さを倍加

させた。

ところが1990年前後に東西冷戦が終結し、その直後の旧ソ連崩壊、東欧諸国の体制転換によって世界、特にヨーロッパの軍事情勢は劇的な転換を遂げる。ポスト冷戦でアメリカが唯一の軍事超大国になり、第2次パクス・アメリカーナと呼ばれる国際秩序がつくられる一方、民族、宗教、国境、経済格差などの不安定要因が世界各地で顕在化し、国際紛争が多発する。1990年代には湾岸戦争（1990～91年）、旧ユーゴスラビアにおけるボスニア（1992～95年）、コソボ（1999年）の両紛争などである。21世紀を迎えると、2001年9月にアメリカで同時多発テロ（ニューヨークでの旅客機自爆テロなど）が発生し、世界情勢は一気に不安定化する。これ以降、国際テロ対策が主要な軍事課題の1つとなり、同年のアフガン戦争（98日）、イラク戦争（2003年、43日）につながる。

3　日本の防衛力整備——軍事大国への道

第2次大戦の敗北後、日本はアメリカを中心とする連合軍によって占領され、旧日本軍隊は武装解除、解体された。朝鮮戦争（1950～53年）下の1950年、「警察予備隊」（75,000人）という名で軍隊が復活し、保安隊を経て1954年に陸、海、空の3自衛隊の形が整い、現在に至る。隊員の採用は強制的な徴兵制ではなく、志望者が応募する「募兵制」である。軍事的枠組みは日米安保体制という軍事同盟である。それはサンフランシスコ講和条約と同時に結ばれた日米安全保障条約（1951年）にもとづいてつくられ、国際情勢に応じて変容しながら今日まで継続している。

冷戦終結後の1990年代以降、パクス・アメリカーナや日米安保体制は新しい性格を付与され、新段階を画するが、それは冷戦の終結期である1980年代に準備された。1976年には「防衛計画の大綱（第1次）」が作成され、防衛予算はGNP（国民総生産）の1％以下（1985年まで）に抑えることを内外に宣言した。これは経済力の拡大にともなう日本の軍事力強化に、東アジアの国々から批判、警戒感が強くなったことへの対応である。他方でこの1980年代前半まで、日本

は国際的にみると低い軍事費，軽武装であった。これはアメリカが東アジア・西太平洋の安定に要する軍事費，核戦略体制の基幹部分を担ったことによるところが大きい。また西ヨーロッパ主要国の国防費負担が対GDP比３～５％という水準と比較して相対的に低いといえる。〔図表12－３　参照〕

〔図表12－３〕　日本の防衛力整備略年表

1986～2018年	中期防衛力整備計画（第１次～第７次）
1995年	防衛計画の大綱（７大綱）
1996年	日米安全保障宣言
2013年	第５次防衛計画の大綱（25大綱）
	「国家安全保障戦略」の閣議決定
	中期防衛力整備計画（第７次，2014～18年）
2015	第３次日米防衛協力のための指針
	新安保法制の成立

　しかし，1980年代に「新冷戦」と呼ばれて米ソ対立が激化した時期に，経済大国になった日本はアメリカの要請を受けて軍事力の強化に乗り出す。軍事費，及び広義の安全保障費であるODAが急増するとともに正面装備（主要兵器）が飛躍的に強化された。1986年から直接軍事費である防衛費についてGNP１％枠を廃止し，「総額明示方式」に変えた。それは1985年に３兆円（3.20兆円，決算）を超え，1990年には4.27兆円（決算），1980年比1.9倍となり，実質的な財政支出における地位を高める。一般歳出において，軍事費は1970年代後半の平均8.8％であったのに対し，1980年代後半の平均10.2％（1990年10.9％）へと1.4％（年予算額に換算すると1990年で5,463億円）も上昇した。

　1986年からの「第１次中期防衛力整備計画（1986-90年）」（総額18.4兆円，1985年価格）の実行によって，日本は1990年代初めにはＰ－３Ｃ対潜哨戒機69機（1990年契約分一機106億円，100機体制），Ｅ－２Ｃ早期警戒機12機（同１機99億円，輸入），Ｆ15－Ｊ／ＤＪ要撃戦闘機143機（210機体制）など（1991年３月現在），アメリカから輸入した最新鋭の主力兵器を保有し，海空中心に戦力を各段に強化した。

冷戦終結後，アメリカが唯一の軍事超大国，基軸国，世界の警察官となり，第2次パクス・アメリカーナの時代に入る。日米安保体制を支柱とするアジア・太平洋地域の安全保障について，旧ソ連の崩壊，社会主義の影響力低下を背景に1990年代の中葉，アメリカ側でナイ・イニシアティブと呼ばれる再評価が行われ，日本との合意の下に同盟の枠組みの継続・強化の方向が確定した。それは「日米安全保障宣言」(1996年4月) と「日米防衛協力の指針 (第2次)」(1997年9月)，「周辺事態法」(1999年) 等の文書や法令に示される。特に「日米安全保障宣言」は事実上，日本の軍事大国化を内外に宣言した文書である。同宣言が「両国政府はアジア太平洋地域の安全保障情勢をより平和的で，安定的なものとするため共同かつ個別に努力する」と述べているように，その核心は経済力や技術力に見合うよう，日本の軍事的プレゼンスを飛躍的に向上させることにある。この点は，アメリカの研究者によって次のように指摘されている。「自衛隊の役割は日本自体の防衛だけでなく，東アジアにおける地域的軍事バランスの構成要素の1つとなった」(スミス，S.A. [1999]「日米同盟における防衛協力の進展」 川上高司監訳 [2001] 所収)。

日本の軍事力強化や軍事的行動を支える軍事財政は，1990年代以降，第2～7次の中期防衛力整備計画（中期防）に沿って展開してきた。

：第3次中期防　(1996～2000年総額24.2兆円，見直し後)

：第4次中期防　(2001～05年総額25.1兆円，2004年で廃止)

：第5次中期防　(2005～09年総額24.2兆円)

：第6次中期防　(2011～15年総額23.4兆円，2013年で廃止)

：第7次中期防　(2014～2018年総額24.6兆円)

2005年前後にはE767早期警戒管制機4機，イージス型護衛艦4隻（7,250トン級），大型輸送艦3隻（8,900トン級），大型補給艦2隻（13,500トン級），F-2支援戦闘機60機，弾道ミサイル防衛（BMD，2004年～）などが整備され，日本自衛隊は軍事大国にふさわしい兵器，機動輸送手段を保有するに至る。その後さらに整備が進み，2018年3月時点までに次の最新兵器が追加されている。

大型イージス艦（7,700トン級）2隻，ヘリコプター空母4隻（うち19,500トン

級2隻)，P-1対潜哨戒機12機（80機を調達予定），F35Aステルス戦闘機10機，垂直離着陸輸送機オスプレー13機。

　自衛隊の海外での活動は，湾岸戦争後のホルムズ海峡における掃海作戦（1991年），カンボジアなどでのPKO（国連平和維持活動）への参加からはじめた。そして，アメリカなどの対アフガニスタン戦争ではインド洋に艦隊を派遣（2001年）し，給油，護衛などに限定したとはいえ大規模な共同作戦の遂行に踏み切った。米英両国の対イラク戦争（2003年3～8月）では対テロ協力という名の下に後方支援ではあれ，事実上の共同作戦に参加した。インド洋にイージス艦2隻を含む海上自衛隊の強力な艦隊が出動するとともに，占領後には地上部隊がイラクに派遣された。こうして21世紀初頭以降，日本は国際社会で名実ともに重要な軍事的役割を果たすようになっている。

　近年，尖閣諸島の領有権，竹島帰属の問題，海洋における経済権益をめぐって東シナ海，日本海で軍事的緊張が高まるとともに，北朝鮮の核・弾道ミサイル開発が大きな懸念となっている。またアジア太平洋における米軍の再編と絡んで，日本の軍事的プレゼンスを高めようとする動きが強まっている。このような情勢下で，2013年末新防衛計画の大綱（25大綱）と中期防衛力整備計画（第7次中期防，2014～18年）が策定された。新大綱は，「積極的平和主義」の観点から，日本自身の外交力，防衛力を強化し，日米同盟を基軸として，わが国の安全及びアジア太平洋地域の平和と安定を追求する。このために作戦戦闘能力を拡大する「統合機動防衛力」を構築し，島しょ部に対する攻撃，弾道ミサイル攻撃への即応態勢を強化する。大綱の方針を具体化する新中期防は総額24.67兆円を見込み，向こう5年間で以下の兵器の調達を実行に移す。

　最新鋭ステルス戦闘機28機，垂直離着陸輸送機オスプレイ17機，離島防衛強化の無人偵察機3機，P-1固定翼哨戒機23機，大型イージス艦2隻，水陸両用車52両，「機動戦闘車」99両，戦闘機への空中給油輸送機3機，対空型無人機3機。

4 ODA（政府開発援助）の特徴と課題

　日本の途上国援助や国際連合への分担金支払いは，一般会計予算で「経済協力費」として計上される。通常これらの予算はODAと呼ばれる。両者の大部分は一致しているが，定義の違いにより400〜500億円後者のほうが大きい。ODAはOfficial（政府及びその実施機関が供与する援助），Development（開発途上国の経済社会開発に役立つことを主な目的とする），Assistance（無償の贈与，または貸付条件（金利，返済期限）が緩やかなもの）を意味する。

> **【ODA（政府開発援助）】**　OECD（経済協力開発機構）の１機関であるDAC（開発援助委員会）は次の３条件を満たす資金供与をODAと定義している。①政府機関または，その実施機関により，開発途上国，および国際機関に供与される。②開発途上国の経済社会開発に寄与することを主たる目的とする。③資金供与が援助条件の緩やかさを示す指標であるグラント・エレメント25％以上である（技術協力の形態を含む）。グラント・エレメントは援助金額から，将来の元利償還額（元金と利子）の割引現在価値（標準割引率10％）を差し引いて算出される。①②の条件を満たし，25％以下のものはその他政府資金（OOF）に分類される。

　租税資金である一般会計のODAは1990年代を通じて増加傾向にあり，1993年に１兆円を超え（１兆144億円），ピークの1997年，１兆1,687億円に達した。この間円安のためドル換算で減少したことがあったが，1991年から2000年までの10年間ドル・ベースで世界１位の援助国であった。しかし不況の深刻化や財政困難の増大のなかで，以後次第に減少する。予算額は2001年（１兆466億円）まで１兆円の大台を超えていたが，年数百億円規模で削減され，2014年は5,502億円，2018年5,538億円まで縮小している。ピーク時と比較すると5,000億円余減少し，半分程度である。〔図表12-4　参照〕

　ODA財政は租税資金だけでなく，財政投融資の資金や出資国債を活用して行われる。両者を合わせたものが広義のODAであり，「事業予算」と呼ばれる。これは2013年１兆6,903億円，2018年２兆1,649億円（グロス・ベース）である。しかし注意を要するのはネットで見ると各１兆2,003億円，１兆4,439億円

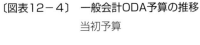

〔図表12-4〕 一般会計ODA予算の推移
当初予算

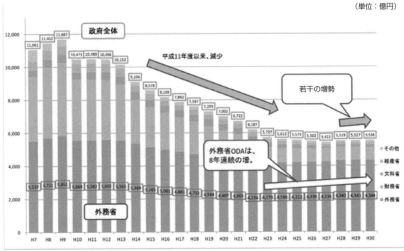

(出所) 財務省「平成30年度予算のポイント」より。

(ネット・ベース)である。この差額は4,800億円，7,210億円である。有償援助（円借款）は国際協力銀行を通じての貸し付けであり，満期の来た資金が返済，回収され，これが再び貸付の原資となるためである。〔図表12-5 参照〕

〔図表12-5〕 ODAの租税資金分（狭義）と事業予算（広義） 単位：億円

	2000年		2005年		2015年		2018年	
	租税	広義	租税	広義	租税	広義	租税	広義
総　額	10,466	(15,115)	7,862	(10,078)	5,422	(18,057)	5,538	(21,649)
(指数)	100	(100)	75	(67)	52	(75)	53	(96)
Ⅰ贈与・拠出	7,403	(9,195)	6,118	(7,649)	4,939	(7,977)	5,078	(7,944)
(指数)	100	(100)	83	(83)	67	(87)	69	(86)
うち2国間	6,066	(6,305)	5,173	(5,189)	4,083	(4,835)	4,161	(4,857)
Ⅱ借款等	3,063	(5,920)	1,744	(2,429)	483	(3,289)	460	(6,495)
(指数)	100	(100)	57	(41)	16	(56)	15	(110)

(注) 広義は事業予算。　　(出所) ODA白書より作成。

一般会計のODAは2018年分で5,538億円，このうち贈与（無償援助，技術協力，国際機関への出資・拠出）は5,078億，円全体の91.7%，この中で二国間贈与は4,161億円（無償援助1,604億円，技術協力2,540億円）である。

有償協力である円借款についても2000年以降，新規分は漸減傾向にあったが，2008年以降回収金（償還分）が増加したこともあり2013年には新規分4,350億円に対して回収・再貸付分は6,484億円に上る。

ODA予算は政府の13省庁に計上され，外務省が調整機能を果たすとともに，外務省が直接間接にかかわる2つの実施機関を通じて執行されている。1つは無償援助を担当する国際協力機構（Japan International Cooperation Agency, JICA）であり，他の1つは国際協力銀行（Japan Bank for International Cooperation, JBIC）である。JICAは2003年，旧国際協力事業団を改組して，独立行政法人として発足した。後者は1999年に日本輸出入銀行（輸銀）と海外経済協力基金を統合して新たに設立された。同銀行は国際金融と海外経済協力という2つの勘定を持ち，財源も明確に区別されている。ODAの有償資金協力は後者の勘定で実施されている。

次に，わが国ODAの二国間供与は142カ国（2011年）に上る。その地域別配分はこれまでアジア諸国中心で50〜60%を占めてきたが，近年大きな変化がみられる。2011年の二国間贈与（無償援助，技術協力）はアジア諸国のウエイトが18.91億ドル，23.0%にとどまるのに対し，サブサハラ・アフリカへは29.44億ドル，35.8%，中東・北アフリカへは10.14億ドル，12.3%を占める。しかしアジアへは借款の規模が圧倒的（約4分の3）で，これを加えたODAは77.45億ドル，全体の48.9%におよぶ。このうち東南アジアへは35.14億ドル（贈与6.92億ドル，借款28.22億ドル），同22.2%である。このことはアジア以外では円借款の規模，ウエイトともまだ低いことを示す。

日本のODAは1992年策定された「ODA大綱」（閣議決定）を方針として実施されてきたが，2003年，新しい政府開発援助大綱（「2003年ODA大綱」）に改訂された。基本的理念や方針は旧大綱を継承しているが，いくつか新しい点が追加されている。援助相手国や方法を選定する際の基準となっているのは次の4

原則である。①環境保全と開発を両立させる，②軍事的用途及び国際紛争助長への使用を回避する，③軍事支出，大量破壊兵器・ミサイルの開発・製造，武器の輸出入などの動向に十分注意を払う，④民主化の促進，市場経済導入の努力，並びに基本的人権，自由の保障状況に十分注意を払う。新大綱では，これらの原則に沿ってODAを「日本の安全と繁栄の確保」「国際社会における立場の強化など公益の増進」と結びつけることが明示され，重点課題として「平和の構築」を加えた。そして「途上国の貧困削減」や「地球的規模の問題」への取り組みでは，これが同時に国際テロの温床をなくすと強調している。

このように，ODAは国際社会や課題の多様性を反映して多面的性格を持つが，次の2点が重要である。1つは，非軍事的手段で自国の「安全保障」を図る意味を持つことである。ODAが途上国の経済開発や社会安定に貢献できるとき，その国の国民の援助国（先進諸国）に対する感謝の気持ちや信頼感が形成されるからである。また技術協力や人道支援（飢餓対策，災害復興）を通じて人的交流が大量かつ継続的に行われると相互の文化や歴史への理解が深まり，草の根レベルでの友好関係が発展する。相互の誤解が少なくなれば，それは国際紛争の原因をそれだけ減らすことになる。

第2に，ODAは先進国から開発途上国への所得移転であり，国際的な所得再分配である。グローバリゼーション（地球規模の国際化）の進展によって，所得格差が拡大し，貧困人口が増加していることから，この点はますます重要になっている。これは単に豊かな国が貧しい，発展途上にある国を助けることでは決してない。というのは先進国と開発途上国が経済的に相互に依存しており，途上国の経済開発や社会安定は先進国にとって大きな利益となるからである。しかも両者の経済関係は途上国にとって不利であるが，これは途上国が付加価値の高い工業製品を輸入し，付加価値の低い農産物や原料を輸出せざるを得ないためである。このことも，先進国に援助責任が生じる要因である。

貧困削減について1995年の世界社会開発サミットで世界の絶対的貧困（1日1ドル未満で生活する人々）を半減させるという目標が提示された。「開発援助委員会（DAC）」の「21世紀に向けて：開発協力を通じた貢献」（1996年，「DAC

新開発戦略」）を経て，2000年の国連ミレニアム・サミットでは2015年を期限とする「ミレニアム開発目標」（Millenium Development Goals：MDGs）が採択された。この15年間で絶対的貧困人口の比率を半減させること，飢餓に苦しむ人口割合の半減，すべての子供が男女の区別なく初等教育を受けられるようにすることなどが目標である。

　これらの視点から日本のODAの課題を2点あげる。1つは日本がMDGsの達成に積極的に貢献するためにもODAまたは経済協力費を大幅に増加させることである。2002年以来先進諸国はODAを対GNI比（国民総所得）で0.7％にすること（モンテレイ合意）が国際的合意となっているが，現在0.2％（2016年，0.20％）にとどまる。同年ノルウェー1.12％，スウェーデン0.94％，ドイツ，イギリス0.70％。オランダ0.65％，フランスは0.38％である。日本はDAC（OECD開発援助委員会）29カ国の平均0.32％にも届かない。GNI 0.7％分は約2.8兆円規模（広義，事業ベース）となる。長期的にこれをめざすべきであり，租税資金で5,000億円，財投資金で5,000億円，計1兆円規模の増額が求められる。財政状態が厳しいなかで，夢のような数字に見えるかもしれない。しかし，日本が非軍事的な手段で国際貢献しようとするならば，防衛費を5,000億円削減して，これに充てればよい。ネットの負担は増えないのであり，国民の支持の下に政府が決断すれば，それほど困難ではない。〔図表12－6　参照〕

　第2に，ODAは国民の租税や公的資金を投入するから，効率化の努力をこれまで以上に行うことである。今後大幅に増額するうえでは，なおさら求められる。効率化は政策の整合性が鉄則であるが，そのためには調査にもとづく実情把握や現場での監視，調整が欠かせない。それは途上国や国際機関の第一線で働く人材の数と能力に制約される。日本人の人材はきわめて不足しており，効率化，ひいては非軍事的な国際貢献の観点からもODAに従事する大量の人材育成と能力向上を強調したい。

　第3に，対象国がまだ借款を中心に東南アジアなどアジア諸国に重点がおかれ，偏っていたといえるが，今後はアフリカ，中南米，中東諸国へのODAを増加させることである。アフリカ諸国，とりわけサハラ砂漠以南（サブサファ

ラン・アフリカ）には内戦や国際紛争のために開発が遅れ，極度の貧困に苦しむ「後発開発途上国（LLDC）」が多数存在する。アフリカや中南米は日本人にとって遠い国々ではあるが，これから経済文化関係が発展することが予想される。この点からも，これら諸国へのODA増額が求められる。

〔図表12-6〕　DAC諸国のODA実績　2016年

順位	国名	支出純額 （億ドル）	シェア （％）	対GNI比 （％）
1	米国	344.1	23.7	0.19
2	ドイツ	247.4	17.1	0.70
3	英国	180.5	12.5	0.70
4	日本	104.2	7.2	0.20
5	フランス	96.2	6.6	0.38
6	イタリア	50.9	3.5	0.28
7	オランダ	49.7	3.4	0.65
8	スウェーデン	48.9	3.4	0.94
9	ノルウェー	43.8	3.0	1.12
10	スペイン	42.8	3.0	0.35
DAC 29カ国合計		1,449.6	100.0	0.32

（注）　支出純額＝支出総額－回収額（被援助国から援助供与国への返済額）
（出所）　OECD/DAC

〈参考文献〉

Edited by Green, M.J. & Cronin, P.M.［1999］The U.S.-Japan Alliance'，川上高司監訳［1999］『日米同盟－米国の戦略』勁草書房．
外務省［各年］『ODA白書』．2015年から『開発協力白書』に名称変更．
川瀬光義［2018］『基地と財政』自治体研究社．
竹原憲雄［2015］『日本型ODAと財政』ミネルヴァ書房．
防衛省［各年］『防衛白書』．

第13章　環境財政と環境税

<本章のねらい>

① 環境破壊と財政の関係を知る。
② 環境税の特徴と拡充の課題を考える。

　マスグレイブの財政の3機能論では，環境破壊への対応は資源配分機能に含められていた。経済活動や人間の生存を維持しうる環境保全について，市場メカニズムは十全に働かないために政府が対応するというのである。しかし生産要素である自然環境の破壊は不可逆的であり，環境政策は総合性や長期的視野を求められることから，独立的機能に位置付ける考え方が強くなっている。本章では環境破壊と財政との関係，環境政策の主要な政策手段の1つである環境税について解説する。

1　環境保全の財政措置

　特定企業の有害物質の排出が河川や湖沼，湾岸を汚染し，これを原因とする深刻な疾病が特定地域で発生した環境破壊は「公害」と呼ばれる。それは先進諸国では1970年代頃まで多発した。わが国における代表的な公害は，熊本県水俣市不知火湾のメチル水銀汚染（水俣病の原因），新潟県阿賀野川流域のメチル水銀汚染（新潟水俣病の原因），富山県神通川流域のカドミウム汚染（イタイイタイ病の原因），三重県四日市市の石油化学コンビナートによる排ガス大気汚染（四日市ぜんそくの原因）である。

　公害対策を主とする環境政策は，大気，河川，水質，土壌などの局地的な汚染を防止することを目的に実施され，ここでの環境保全に関する財政の役割は，資源配分機能に含めることができた。特定地域に限定的で，特定の企業ないし

産業が環境破壊を引き起こしている場合，原因者負担や個別的な規制が可能であり，「市場メカニズムが十分機能しない環境問題を，政府の介入や財政手段で解決する」といった意味合いが強かったからである。

　しかし20世紀後半以降，先進諸国の重化学工業化や高度経済成長にともなって，環境問題は局地的・個別的なものから，複合的かつ広域，さらに地球規模のものへと拡大してきた。また，多くの人々の健康や生存を脅かし，経済活動を阻害する要因へと転化した。しかも自然環境の破壊は不可逆的であり，原状回復は著しく困難である。このため環境保全は，もはや資源配分や調整といったレベルでは済まなくなり，政府を主体とする長期的で総合的な対応を要する。さらに地球温暖化など世界的な環境破壊に対応するには，一国を越えて多国間，国際的規模での取り組みが必要とされる。このようにして，地域的および地球規模の環境保全は現代財政の基本的機能として独立させることが必要となり，国際的な合意が形成される（第１章参照）。

　国際連合の主導する一連の国際会議は，世界的な合意形成の機会，場となっている。

　　1972年「国連人間環境会議」（ストックホルム会議）
　　1982年「国連環境計画管理理事特別会合」（ナイロビ会議）
　　1992年「環境と開発に関する国際連合会議」（地球サミット）
　　2002年「持続可能な開発に関する世界首脳会議」（環境開発サミット）

　1992年に調印された「気候変動枠組条約」に基づいて，1997年に「地球温暖化防止京都会議」が開催された。そこでは，温暖化の原因である温室効果ガスの削減目標を盛り込んだ議定書（京都議定書）が採択され，日本は2008〜2012年の間に削減率６％の達成が求められた。

　環境破壊，とくに自然環境の破壊は不可逆性を伴うことから，長期的な対応策を要する。今日の深刻化した環境問題に対応するには，政府が主体となって，国際的な調和を図りつつ汚染の防止・抑制を進めることが不可欠である。今後，「持続可能な発展」を実現するうえで，環境保全に対する政府の役割は大きく，責任は重い。わが国の環境保全に関する財政は，環境保全経費で表される。そ

れは，地球環境の保全，大気環境の保全，水環境・土壌環境・地盤環境の保全，廃棄物・リサイクル対策，化学物質対策，自然環境の保全と自然とのふれあいの推進，各種施策の基盤となる施策等に関する経費を指す。

環境予算は毎年環境省が，各府省の予算のうち環境保全に係る施策が政府全体として効率的・効果的に展開されるよう調整し，取りまとめられる。環境白書によると，2011年度の環境保全予算は，約1.2兆円である。府省別内訳では，2009年度までは国土交通省が全体の約半分を占めていたが，2011年度では経済産業省のウエイトが最も高い。その理由は，経済産業省のみが例年とほぼ同水準の配分となったのに対し，その他省庁では大幅な削減となったことによる。京都議定書が議決された1997年度の合計額を100とすると，2001年度までは増加傾向にあるものの，それ以降は減少の一途にある。しかしながら環境省に対する配分額は2001年度以降2,000億円台であり，1997年度に比べ2001年度では約3.5倍，2010年度で2.6倍に増加している。〔図表13-1　参照〕

〔図表13-1〕　省庁別にみた環境保全予算

	1997年度		1999年度		2001年度		2003年度	
	(億円)	(％)	(億円)	(％)	(億円)	(％)	(億円)	(％)
文部科学省	4,131	14.6	4,033	13.3	3,684	12.1	2,916	10.6
農林水産省	3,090	11.0	5,195	17.2	5,127	16.8	4,397	16.0
経済産業省	2,122	7.5	2,640	8.7	2,870	9.4	3,203	11.7
国土交通省	14,203	50.3	13,770	45.6	14,544	47.7	12,922	47.4
環境省	793	2.8	860	2.8	2,770	9.1	2,623	9.6
その他	3,872	13.7	3,715	12.3	1,290	4.2	1,293	4.7
合計	28,211	100.0	30,213	100.0	30,484	100.0	27,423	100.0
(指数)	100		107		108		97	

			2007年度		2009年度		2011年度	
	(億円)	(％)	(億円)	(％)	(億円)	(％)	(億円)	(％)
文部科学省	1,533	6.5	621	2.9	848	4.0	725	6.0
農林水産省	3,741	15.8	3,818	18.2	3,603	17.0	2,273	18.8

第Ⅲ部｜現代財政と産業・国民生活

経済産業省	2,547	10.8	1,839	8.8	3,416	16.1	3,740	30.9
国土交通省	12,140	51.3	11,266	53.8	9,803	46.3	2,282	18.9
環境省	2,343	9.9	2,215	10.6	2,217	10.5	2,047	16.9
その他	1,350	5.7	1,188	5.7	1,278	6.0	1,021	8.4
合　計	23,654	100.0	20,949	100.0	21,168	100.0	12,090	100.0
（指数）	84		74		75		43	

（注1）　数値（当初概算要求額）には，特別会計分が含まれる。単位未満は切り捨てている。
（注2）　1997年，1999年は旧省庁分を新省庁の管轄に置き換えて計算。
（注3）　2008年度から，原子力発電所立地促進等に係る経費が計上される。
（出所）　環境省『環境白書』，各年度版より作成。

環境省の事項別分類で，「地球環境の保全」が加わったのは2000年度からである。それは各年，全体の20～25％で推移していたが，2010年度以降急激に地位を高めている。また，「大気環境の保全」のウエイトも増勢にあるのに対し，「水環境・土壌環境・地盤環境の保全」と「廃棄物・リサイクル対策」のウエイトは逓減している。〔図表13－2　参照〕

〔図表13－2〕　事項別にみた環境保全予算

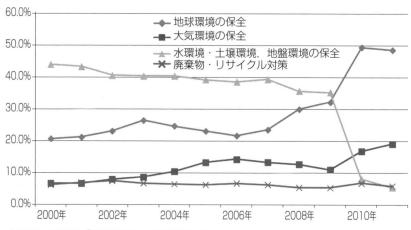

（出所）　環境省『環境白書』，各年度版より作成。

わが国における環境財政には、環境保全予算として表れる数値のほかに、ODAの一部も含めることができる。1992年（第1次）2003年（第2次）ODA大綱が掲げる4原則のうち、第1原則は「環境保全と開発を両立させる」ことである。実状は確認されねばならないが、日本のODAは途上国の経済開発とともに、環境保全の一翼を担っている。

2　環境保全の政策手段

環境に関する財政支出は、具体的には次の分野に充てられる。自然的条件の保全、自然保護、廃棄物処理などの分野であり、その対象は地球規模の大気汚染や温暖化のほか、局地的な大気、水・土壌・地下などの汚染である。また、化学物質対策や廃棄物・リサイクル対策なども含まれる。中でも、地球温暖化対策への予算配分は大きく、施策分野別では予算の9割を超える。

〔図表13－3〕　地球温暖化対策の手段

```
地球温暖化対策 ─┬─ 直接規制
                │
                └─ 経済的手段 ─┬─ 市場メカニズムの活用 ─┬─ 排出権取引
                                │                          └─ デポジット制
                                │
                                └─ 政府の間接介入 ─┬─ 補助金
                                                    ├─ 課徴金
                                                    └─ 税
```

（出所）［OECD.1994］などを参考に、作成。

環境保全の政策手段は大別して、2つに分けられる。直接規制と経済的手段である。直接規制は、政府が許認可・禁止措置によって強制的に汚染を除去、規制することをさす。環境破壊の原因者が明確である場合、これは有効であり、直接的効果が期待できる。しかし規制の基準や監視体制の整備は容易ではなく、大きな限界がある。OECDによると経済的手段は次の4つに分類される。①補

助金，②課徴金・税，③排出権取引，④デポジット制，である。このうち①②は政府の間接介入であり，③④は市場メカニズムの活用である。しかし，この分類には難点がある。というのは課徴金と税がまとめられているが，両者は原理的に大きな違いがあり，区別しなければならないからである。〔図13-3 参照〕

(1) 補 助 金

補助金は，汚染物質の排出者である事業者（企業など）に経済的助成を行う措置をいい，わが国では直接規制と並行して行われてきた経済的手段である。排出者に汚染防止の措置を義務づけ，環境破壊防止へのインセンティブ効果を有する一方，特定産業，特定企業の保護に繋がる恐れがある。また補助金は，共同負担原則により一般財源から支払われるため，OECDによって確立された「汚染者負担原則」に反する。

(2) 課 徴 金（原因者負担）

課徴金とは，汚染者が発生させた外部不経済に負担金を課すことをいう。その目的は，汚染行為の抑止のほか，規制・禁止事項の実効性を確保することにある。課徴金の賦課は，汚染が個別的で因果関係が明確な場合に限られる「直接的原因者負担」である。例えば，自動車排ガスや工場からの排煙がその対象となる。

原因者負担には負担者側の支持を得やすい点，一種の目的税として使途を特定しやすいというメリットがある。1990年代半ばまで多くの国で，大気環境保全のための課徴金制度が設けられていた。わが国では，SOx対策として汚染負荷量賦課金制度，騒音・振動対策として航空機騒音課徴金の2つがある。

(3) 環 境 税

租税は課徴金の場合とちがって，汚染の直接的因果関係を特定できなくても，負担を求めることが可能である。したがって，国民の消費生活レベルでの環境

破壊に対しても，防止・抑制効果を持つ。温暖化対策として炭素税をすでに導入している諸外国では，多くの場合一般財源である。しかしながら，イギリス，デンマーク，ドイツなどは，一般財源であるものの，一部を雇用主の社会保険負担の軽減に充てている。

　課徴金と租税には，次のような共通点が挙げられる。第1に，汚染物質の排出量（もしくは使用量）を価格に換算する。第2に，環境負荷を与える行為に負担を求める。第3に，環境への配慮を促すインセンティブ効果，すなわち汚染抑止効果を持つ。

　しかしながら課徴金と租税では，適用範囲や収入の使途に違いが見られる。とりわけ租税には他の経済的手段にはない優位性がある。租税は，生産，消費の両面に多段階で賦課することが可能である。そのため課徴金に比べ，より低い税率を設定することが可能となる。環境税は，環境破壊の防止が第一義的任務であり，財源調達が二義的である。また租税は，汚染源とその程度（度合い）が，一般的かつ流動的な場合にも賦課することができる。汚染物質と汚染者の因果関係を特定する必要のある課徴金に比べると，課税対象の設定ははるかに容易である。さらに，環境税という手段は社会全体の削減費用の最小化を可能にするとともに，経済社会全体に環境破壊防止のインセンティブ効果をもたらす。こうして，地球温暖化をはじめ地域的，地球規模の環境保全に，租税手段が最も有効かつ適切である。

3　環境税と税制のグリーン化

　環境問題の解決策の1つに，環境汚染という外部不経済を市場に内部化する方法がある。ピグー，A.C. は，租税手段を用いて最適な資源配分の達成が可能との理論を提唱した。この「ピグー的課税」は，負の外部性をもつ経済活動（外部不経済）への課税であり，環境税の原型となっている。ある財が1単位生産されるごとに，一定量の大気汚染が生じると社会的費用は，生産者の私的費用と，第三者によって私的に負担される外部費用を含むこととなる。多くの

生産者（事業者）は通常，自身の経済活動から生み出す汚染の総費用を考慮せず，外部不経済効果を負担しない。そのため社会的総費用より低い費用水準で生産活動を行い，社会全体では過剰生産となり，それだけ過大な汚染を発生させる。このような外部不経済による市場の失敗は，民間の経済主体だけでは解決できない。そこで政府が介入し，汚染の排出量1単位当たりに租税を賦課し，外部不経済を内部化する。これにより過剰生産の抑制，汚染物質の排出量削減をもたらし，社会全体としての最適水準が実現される。こうして課税は，最少の社会的費用で最適汚染水準を達成するのである。

　このように「ピグー的課税」は，政策当局である政府が租税という経済的手段を用いて公的介入することの正当性を理論的に説明する。これを出発点として環境税制のあり方が議論されてきた。その後OECDなどにより，税財政制度における環境保全のあり方として，「税制のグリーン化（Greening of Taxation）」という考え方が登場する。その方法には，既存の補助金を廃止・修正，既存関連税制の活用・拡大，新税の導入，の3つがある。しかし既存税制のうち，ガソリン税（揮発油税）のように環境政策の観点から増減税の余地が考えられるものもあり，租税体系における環境税の位置づけ，あり方，範囲を整理することが課題となる。

　こうした中で，OECDの報告書「グリーン成長に向けて（"Towards Green Growth"）」（2011年）は，市場的手段だけではあらゆる状況に対応できないことを指摘したうえで，多くの環境外部性が十分に賦課されていないか，全く賦課されていないとする。同報告書の主眼は，持続可能な成長の下支えとなる「グリーン成長戦略」の実行にあり，具体的手段として環境税の活用を推奨する。この活用を広げることは，経済活動に歪みをもたらす所得税や法人税，社会保険料などの税負担をシフトさせることを可能とし，成長志向型の税制改革の一環になるとする。さらにエネルギー税やCO_2税も，勤労所得・法人所得への課税の引き上げや公共支出削減の魅力的な代替策になるとし，より広範な財政健全化にも貢献すると指摘する。

　わが国では，具体的な対応として次の3つがある。1つは，自動車燃料税等

のエネルギー関連税制の一部を組み込む方法である。2つめは，非エネルギーの環境汚染物質への課税，すなわち個別消費税の拡大である。3つめは，新・環境税の導入である。環境税の導入は，これら3つのどれを採用したとしても，それは税制の再構築を意味することになる。

「税制のグリーン化」の税制改正は，2012年度においてである。温室効果ガスの約9割をエネルギー起源のCO_2が占めていることをふまえて，排出抑制を強化するため「地球温暖化対策のための税」が導入され，2012年10月1日より施行された。石油・天然ガス・石炭といったすべての化石燃料の利用に対し，環境負荷に応じて広く薄く負担を求めるものである。化石燃料ごとのCO_2排出原単位を用いて，それぞれの税負担がCO_2排出量1トンあたり289円に等しくなるよう，単位量あたりの税率が設定された。全化石燃料を課税ベースとする現行の石油石炭税の徴税スキームを活用し，石油石炭税に税率を上乗せする形で課税される。実際には，特定の分野や産業に過重な負担となることを回避するとともに，急激な負担増とならないように，施行から3年半をかけて段階的に実施される。また，一定の分野においては，免税や還付措置が設けられた。結局のところ，これはエネルギー課税の一部に組み込まれる形での導入である。
〔図表13-4 参照〕

〔図表13-4〕 わが国の環境関連税制

	税 目	主体	課税対象	税率	使途
エネルギー課税	揮発油税	国	揮発油	48.6円／ℓ（本則：24.3円／ℓ）	一般財源
	地方揮発油税	国		5.2円／ℓ（本則：4.4円／ℓ）	一般財源（県・市に全額譲与）
	石油ガス税	国	自動車用石油ガス	17.5円／kg	一般財源（1／2を県市に譲与）
	軽油引取税	県	軽油	32.1円／ℓ（本則：15.0円／ℓ）	一般財源
	航空機燃料税	国	航空機燃料	18.0円／ℓ（本則：26.0円／ℓ）	空港整備等

	石油石炭税	国	原油・石油製品, ガス状炭化水素, 石炭	原油, 石油製品2,040円／kl LPG, LNG等1,080円／t 石炭　　700円／t	燃料安定供給対策 エネルギー需給構造高度化対策
	地球温暖化対策防止のための特例		CO_2排出量	原油, 石油製品760円／kl LPG, LNG等780円／t 石炭　　670円／t	
	電源開発促進税	国	販売電気	375円／1,000kwh	電源立地対策, 電源利用対策
車体課税	自動車重量税	国	自動車		一般財源 (税収407／1,000は市に譲与)
	自動車税	県	自動車		一般財源
	軽自動車税	市	軽自動車等		一般財源
	自動車取得税	県	自動車		一般財源

（出所）　環境省HPより，筆者作成。

4　今後の展望

　環境税は，他の経済的手段に比べて優位性を持つが，逆進的であるという欠点を持つ。他方で，環境税の逆進性は消費税の逆進性よりも許容できるとの指摘もある。産業界からの反発が大きく，経済成長の阻害，国際競争力の低下，二重課税といった問題も懸念される。環境税は他の租税とは異なり，環境保全を第一義的とし財源調達が二義的であるという特殊な性質を持つ。課税原則との関係や租税体系における位置づけについて明確にすることがなお研究課題となっている。

　環境政策を効果的に行うには，国民の強い意志と合意，政治のリーダーシップが必要である。地球環境保全への国際的取り組みが深化，発展しつつある現在，わが国においても税制のグリーン化を進めることが求められる。

〈参考文献〉
OECD著,石 弘光監訳『環境と税制』1994年.
OECD "Towards Green Growth" 2011.
環境省『環境白書』ぎょうせい,各年度版.
環境庁企画調整局企画調整課調査企画室『環境政策と税制「環境に係る税・課徴金等の経済的手法研究会」第一次報告』ぎょうせい,1997年.
日本租税理論学会『環境問題と租税』法律文化社,2001年.
諸富 徹『環境税の理論と実際』有斐閣,2000年.

第14章　災害の財政

<本章のねらい>

① 災害財政の仕組みを知る。
② 災害財政における国と地方の関係を考える。

　日本は災害列島であり，大小の災害が多発する。災害は人間の生命，心身，生活，感情，経済面に多様で重大な打撃を与える。したがって災害の研究は自然，社会，人間の諸科学の全分野にまたがる学際性，総合性を求められる。災害は莫大な経済的損失を伴う。災害への対応は中央，地方の政府に第一義的責任があり，救援，復旧，復興に巨額の費用を要する。災害財政は必要な財源の確保，支出や融資（貸付）の配分の問題を研究する。本章では，阪神淡路大震災（以下，阪神大震災），東日本大震災を素材に災害財政の仕組みと課題を解説する。

1　大災害と財政

　わが国は災害頻発国であり，全国いたるところで様々な災害に襲われてきた。災害とは地震，津波，台風，豪雨，噴火，竜巻，高潮，干ばつ，山火事，異常高温・低温を引き金として発生する不時の災いである。それらは自然災害と総称されるが，人災，つまり防災の不備，初期対応の遅れや不十分さが加わると被害は幾倍にもなる。自然災害という表現は人災の側面，行政当局や関係者（企業など）の責任問題を見落としがちになるので，ここでは単に「災害」と呼ぶ。また災害の直後，ないし一定の期間をおいて2次災害の可能性が常に存在する。福島第一原子力発電所の爆発事故はその顕著な例である。大地震後に頻発する余震や降雨による土砂災害，水害，燃料・化学物質などを扱う施設に

引火して起こる火災もこれに該当する。

　災害は様々な人的物的被害をもたらす。大災害ではその影響が長期化し，避難所や仮設住宅での生活はストレスの累積，疾病，家庭崩壊・分散などの社会的被害を生み出す。留意すべきは，住宅の損壊，失業，生業の喪失などの被害が階層性，差別性を持つことである。すなわち，社会的弱者や低所得層の人々は，被災によって失った雇用や住宅を回復できず，生活状態が以前より悪化することが多い。企業・コミュニティにも経済的社会的損失が生じるし，生態系や文化財など再生が不可能なケースもある。

　国や自治体の防災政策は①防災　②救援・応急対策　③復旧　④復興から成る。防災は災害を未然に防止し，被害を最小化（減災）するために，治山治水，耐震化，防潮堤，防災施設の整備や避難訓練の強化と改善を行う政策措置である。救援・応急対策（初期対応）は災害の発生直後に被災者の救援，避難誘導を行い，人的被害の拡大を防ぐ一連の措置である。復旧は破壊されたライフライン（毎日の生存に不可欠な水，電気，ガス，交通手段）や道路，学校，病院，港湾，空港などのインフラの原状回復である。住宅や工場・営業施設については，個人や私企業の意向があり，補償などの問題が複雑に絡む。津波や噴火などによって未曾有の被害を受け，死者や行方不明者が多数におよぶと，同じ場所で同規模の家屋や工場，公共施設を再建することは少なく，同じような災害による被害を防止するために改良復旧が行われる。復興は人々の生活，地域の経済社会の持続可能な発展に資する諸政策である。①防災から④復興までの政策措置は区別されるとともに，重なり合い，密接に関連する。周到な防災政策は救援などの初期対応の実効性を高めるし，初期対応の成果と反省は復旧・復興政策に生かされなければならない。復旧・復興政策には当然のことながら，将来の災害に備える措置が組み込まれるから，防災の意味を持つ。津波で破壊された住宅の再建を高台に移転して行う場合がその例である。

　大災害は現象的には，被災や被害が１つの都道府県（以下，府県）を越える範囲におよぶ。とくに大水害や大震災は府県境を越えて都市，農村の広い範囲に人的物的被害をもたらす。したがって災害への対応は１府県では困難であり，

国が直接，乗り出すことが不可欠になる。激甚災害法（「激甚災害に対処するための特別の財政援助等に関する法律」）は大災害への対応を規定する。さらに「超大災害」は特別立法が必要になる大災害であり，国が復旧・復興について法制度，基本計画，復旧復興財源の面で第一義的責任をもち，実施面で地域・自治体の意向を最大限尊重することが求められる。

　宮入興一教授は，日本の災害政策の問題点として次の4つをあげる。第1に，国の防災上の責任の所在が曖昧である。災害を天災と同一視し，国には責任がないので，被災者個人の生活・生業基盤の回復は基本的に自責自助で行うべきとする。第2に，被災者個人の避難所生活およびその後の生活や生業の基盤を，人間の尊厳や基本的人権と結び付けて支援する観点に乏しい。したがって，第1，第2のいずれについても，資金面では地方自治体が負担を余儀なくされるとともに，すぐに財政力の限界に突き当たる。国の特別措置が認められる場合も，国との協議に相当な時間を要する。（宮入興一［2017］）

　第3に，国土保全・公共施設復旧優先主義であり，被災者の救済，支援の優先順位が低い。国の防災責任が曖昧なもとでは，防災（予防）予算の位置づけも弱い。被災者に自力回復が事実上強制され，個人の災害補償が軽視されるために，公共施設の災害復旧や治山治水など従来型の公共土木事業に偏らざるを得ない。第4に，長期化・複合化災害に対応できる総合的なシステムを欠く。現在の災害対策の枠組みは，被災者が災害後すぐに立ち上がり，短期間に自力で復旧・復興できることを暗黙の前提にしているからである。

　大災害に対処する際，国は災害対策基本法を柱にして，スピードが強く求められる災害救助，応急措置を講じるとともに，ケースによって新たに特別の関連法を制定する。財政的に予備費では到底対応できないので，補正予算を編成し，国債発行などで臨時的な財源を確保する。通例，国と自治体の平時の財政関係に準拠して災害救助，災害対応公共事業，災害廃棄物処理，災害関連融資などが実施される。自治体の財政に対しては，インフラなどへの応急対策や復旧活動において国庫補助負担率の嵩上げのような財政支援，国税に加えて地方税や国民健康保険料（税）の特別減免，融資・貸付の条件緩和・規模拡大など

の特別措置が実施される。ついで新年度には当初予算で災害復旧・復興の予算措置が盛り込まれ，復旧状況に応じて年度途中に補正予算が追加される。

　国・自治体が講じる初期の対策には食料提供，（応急仮設）住宅供与，被災者救出，災害弔慰金や災害障害見舞金の支給，災害援護資金の貸付などがあるが，とくに災害救助や避難所の設置・運営面では特別交付税の機動性，弾力性が発揮される。阪神大震災の場合，国の1994年度第２次補正予算（1995年２月）において1994年度分の地方交付税の総額に特別交付税300億円を加算する措置が講じられた。特別交付税は交付税総額の６％分であり，臨時特別の財政需要に充てられる。被災自治体では災害救助，災害復旧等に要する経費が膨大となり，資金需要に対応するため，1995年２月に特別交付税が初めて繰上げ交付され，同年４月には普通交付税についても繰上げ交付が行われた。東日本大震災でも特別交付税が積極的に活用された。

　応急対策から災害復旧に進む段階で，多様かつ複数年の財政需要に対応するために，一般会計と区別され，資金の流れの透明化を図る「復興特別会計」が時限的に設置され，予算の単一原則・単年度原則の例外扱いとなる。東日本大震災では2012年度から東日本大震災復興特別会計（2012年度当初予算3.8兆円，2013年度当初予算4.4兆円），及び復興政策を担当し復興特別会計を管理する復興庁が創設された。ただし，1923年の関東大震災における帝都復興院と比較すると省庁の格付や権限付与，人員規模などには大きな差異がある。

　＜災害の財政－国と自治体＞
① 　一般予算の災害関係費（各年）：国の一般会計，府県・市町村の普通会計
② 　復興特別会計：大災害の時に設置
③ 　災害対策基金（複数年を対象）：一般予算から繰り入れ，義援金，寄附金

　さらに復旧・復興の進捗や財政執行を調査，監視し，是正を要求できる第三者機関の設置が必要となる。東日本大震災では有識者会議である復興推進委員会が設置され，復興政策の課題に関する報告書が作成された。

　1990年代以降，復旧・復興財政の予算編成や執行の体制が中央集権的な縦割

りでは，地域・住民，自治体のニーズから乖離し，他方では行政責任の回避を生んだとの批判が相次ぎ，復興の理念，国の責務の範囲，国庫負担のあり方が強く問われた。分権の文脈でどのように国と地方の責任分担，災害にかかる財源配分を行うかということは今日もなお最も重要な論点である。日本の災害財政の問題点は，阪神大震災，東日本大震災において露呈することになったが，部分的な改善を見つつ今日に至っている。

2　阪神淡路大震災と復興財政

阪神大震災は1995年1月17日午前5時46分に明石海峡を震源に発生したマグニチュード7.3（震度7）の地震を指し，とくに兵庫県南部に甚大な被害をもたらした。阪神大震災は神戸市街地の壊滅的な姿に象徴される，戦後初めての「大都市直下型震災」である。大都市における大震災ゆえに死者・負傷者は多数におよび，電気，水道，ガスなどのライフラインをはじめ，さまざまな生活・産業インフラが破壊された。高層ビル，マンションや高速道路の倒壊，古い木造住宅の密集地域における大火災の映像は現場にいない人々にも大きな衝撃を与えた。〔図表14-1　参照〕

〔図表14-1〕　阪神大震災と東日本大震災の被害状況等

		阪神大震災	東日本大震災
発生年月日		1995年1月17日	2011年3月11日
地震規模（マグニチュード）		M7.3	M9.0
災害素因子		地震	地震，津波，原子力発電事故
人的被害	死者（人）	6,434	19,630
	行方不明者（人）	3	2,569
	負傷者（人）	43,792	6,230
建物被害	全壊（棟）	104,906	121,781
	半壊（棟）	144,274	280,962
	一部損壊（棟）	390,506	744,530
直接経済被害額（兆円）		9.9	$16〜25+a$

(注1)　東日本大震災の人的被害，建物被害は2018年3月1日現在（消防庁）。
(注2)　人的被害の死者には震災関連死を含む。
(注3)　直接経済被害額の a は原発事故に伴う政府の損害賠償費用等を指す。
(出所)　消防庁ホームページほかより作成。

国の阪神・淡路復興対策本部は「阪神・淡路地域の復興に向けての取組方針」（1995年7月）を提示し，復興の基本的課題に生活の再建，経済の復興，安全な地域づくりを掲げた。兵庫県の「阪神・淡路震災復興計画」（1995年7月，目標年次2005年）は「単に1月17日以前の状態を回復するだけではなく，新たな視点から都市を再生する『創造的復興』」を明記した。「神戸市復興計画」（1995年6月，同）は，震災前に着手の「第4次神戸市基本計画」（1995年10月策定，同2010年）に沿っている。同基本計画の人口目標は1995年の140万人から170万人への増加を見込み，超成長型である。

復旧・復興事業費（計画ベース）は公的負担に民間負担も加えて16.3兆円に及ぶ（被災した資本ストックの再建費用に限定しないケース）。主な使途は市街地整備や都市基盤整備に約9.8兆円，産業復旧・復興に約3.0兆円，公営住宅整備や保健・医療・福祉再建に約2.8兆円である。このうち国の負担は6.1兆円（ほぼ全額復興国債），県・市町・復興基金の負担5.6兆円である。国は通常よりも手厚い，激甚災害法による対策，阪神・淡路大震災特別財政援助法（「阪神・淡路大震災に対処するための特別の財政援助及び助成に関する法律」）の制定による特別の財政措置を講じた。

自治体に対する財政措置は，次のような特徴をもつ。第一に，公共施設の復旧事業に対する国庫補助率が特別に引き上げられた。道路，河川，港湾，公園，公立教育施設，公立授産施設などのほか，阪神高速道，港湾施設（公社岸壁），民間鉄道などが新規に補助対象となった。ただし，災害復旧は原形復旧を基本とし，中央省庁の「縦割り」にもとづくため画一的な性格が強く，地域・自治体の意向が十分に考慮されない。また，国家的観点からの公共施設復旧が優先されるとともに，産業基盤整備に偏重し，個人の場合と同様に自治体に対しても，自力復帰＝自己責任を原則とする。この結果，補助事業が中心であるため裏負担があり，財政力が強い自治体でないと復興が進まない，などの弊害が生じた。

第二に，従来型の「起債と交付税措置」という手法が多用され，起債適用事業の拡大と起債充当率の引き上げが行われた。国庫補助事業に伴う自治体の裏

負担を起債でまかなう場合にも適用され，元利償還金が後年度の交付税で手厚く措置される。国の補正予算で採択された補助事業のなかには裏負担に100％充当の起債が認められることも少なくない。単独，補助のいずれの事業の起債についても償還期間が10年から15年に延長された。さらに，地方債の増発による財源調達を余儀なくされた。歳入欠かん債，災害対策債，災害復旧事業債，補正予算債などである。なお，被災地の多くが財政力の強い市であったが，神戸市のように「超成長型」復興のために巨額の市債を発行して単独事業を次々に実施し，後年度のさらなる財政悪化の主要因となったケースがみられた。

第三に，地方自治体の復興基金に係る地方財政措置である。兵庫県および神戸市は特別立法の下で復旧・復興政策を補完する財団法人阪神・淡路大震災復興基金（1995年4月）を設立した。当初の復興基金は6,000億円，うち出資金200億円，長期借入金5,800億円からなるが，その後積み増しされた。総務省は両者ともに，原資について地方債の発行を許可するとともに，長期借入金に係る地方債のうち一部の利子について普通交付税措置（算入率95％）の対象とした。

復興基金の運用利子によって住宅対策（被災者住宅再建支援事業補助など），産業対策（緊急災害復旧資金利子補給，商店街・小売市場共同仮設店舗緊急対策事業補助，被災者雇用奨励金など），生活対策（こころのケアセンター運営事業補助など），教育対策（私立学校仮設校舎事業補助など）が講じられた。復興にとって有用性の高い財源として高い評価が得られたものの，基金総額が被災実態に比べて著しく小さいほか，自治省（当時）との協議を通じた大きな制約が加えられた。

復興基金事業は10年超の運用期間で最終的に生活対策と住宅対策の2つの分野だけで総事業費の8割超を占め，被災者に対する個人補償的な色彩を強めた。これに関わって重大な動向があげられる。被災者生活再建支援法（1998年11月施行）による支援制度が設けられた。この制度では自然災害により住宅が全壊，半壊（解体を伴う）した世帯等で，経済的理由等によって自立して生活を再建することが困難な者に対し，都道府県が捻出する基金から支援金を支給し，国が支援金の50％を補助する。当初は100万円（複数世帯）が支給額の最高であるが，使途が著しく制限され，阪神大震災の被災者には遡及適用されなかった。

「避難所→仮設住宅→恒久住宅（復興住宅）」という住宅再建の仕組みは，食糧も支援する避難所から，家賃は無料だがそれ以外の生活費（食糧費，光熱水費）は個人負担の仮設住宅，次に家賃（減額の場合がある）やローンを支払う復興（公営）住宅の取得に進み，自立を促すようにできている。しかし，被災世帯があまりにも多く，義援金による支援の限界があらわになった。その後，支給額の水準の低さ，収入・年齢による支給格差などの難点が批判されたことを受けて法改正が行われ，支給額も最高300万円に引き上げられた。大規模半壊世帯も対象に加えられ，被災住宅の再建が可能となり使途の制約もなくなったほか，収入・年齢要件も撤廃された。

しかしながら，災害財政，個人補償などはそれでもなお，抜本的な改革が断行されてきたとは決して言えない。とくに複合的な被害が長期に及ぶ大災害では不十分な点が多々ある。「縦割り型」の国庫補助の嵩上げや「起債と交付税措置」の拡充はその典型である。国は個人の資産形成に資する措置を拒否しており，住宅再建支援については基金の形で妥協を図っている。阪神大震災を振り返ると，エンタープライズゾーン構想や中国・アジア交流ゾーン構想，神戸空港の整備推進を典型とした経済成長・開発優先型あるいは惨事便乗型の「創造的復興」に対して，「人間の復興」が対置された。「人間の復興」は生存機会の復興，つまり生活・営業および労働機会の復興を意味するが，その重要性は関東大震災時に既に主張されていた。地域経済・社会の再建に欠かせないコミュニティの復興も加えて，ソフト面を重視する被災者・被災地の再生を「復興」と捉えると，この復興こそ災害財政の議論の出発点となる。

3　東日本大震災と復興財政

2011年3月11日午後2時46分に東北地方太平洋沖を震源にしてマグニチュード9.0（震度7）という世界最大級の地震，および直後の世界最高級の津波が発生した。東日本大震災はこれによって岩手県，宮城県，福島県を中心に超広域にわたって壊滅的な被害をもたらした史上空前の震災である。大震災は福島第

一原子力発電所（福島県双葉町，大熊町）における炉心溶融事故の発生と放射能汚染の拡大を伴い，人類初めての世界最悪の複合型災害となった。死者・行方不明者が阪神大震災を大幅に上回るだけでなく，2013年4月時点の避難者数は約30.1万人，今日までの震災関連死は約3,700人におよぶ。また原発事故や放射能汚染が進行中であることに加えて，その風評被害も根強く，2次，3次的な被害が拡大している。被災地は岩手，宮城，福島の3県の沿岸地域で人口108万人超の仙台市から約3千人の普代村（岩手県）までさまざまであり，長期の人口減少，超少子高齢化に直面している地域が多く含まれる。

　東日本大震災が地域・自治体に及ぼした影響として次の点があげられる。①市役所・町村役場の全半壊あるいは域外移転や多数の自治体職員の死亡・行方不明・精神疾患の発病によって，行政機能の麻痺，または大幅低下，マンパワーの著しい不足が長期におよぶ。②福島県では原発周辺20ｋｍ圏の住民は圏外への避難生活を強制され，生活と仕事の両方とも奪われ，避難住民や農漁家等に対する東京電力や国による賠償・補償問題，除染問題，汚染廃棄物処理問題が生じた。③多くの沿岸地域の基幹産業である農水産業は壊滅的な被害を受け，おびただしい人々が生業と生活を同時に失った。他方で，コミュニティ（集落）の崩壊が多々みられ，人口流出による人口減少が異常なペースで進むとともに，地域経済・社会が一気に縮小している。④太平洋側のリアス式沿岸地域では仮設・復興住宅，商店や工場，公共施設等の建設にあたって，浸水地域以外での用地確保が困難をきわめる。この問題は地域社会の復旧・復興に支障を来し，コミュニティとしてのまとまりも難しくしている。

　東日本大震災の被害状況や地域・自治体に与えた影響を踏まえると，国・自治体の財政負担，換言すると国民・地域住民の財政負担は長期にわたって避けられない。同時に，沿岸地域の自治体の多くは所得水準が低く，財政力が非常に弱いこともあって，従来の災害対策にない特別・新規対策が問われ，課題となる。そして原発事故とその損害賠償・補償，それに伴う廃炉コストなどに絡む国の負担を含めると，復旧・復興に要する財政の規模は阪神大震災に比して格段に大きくなる。ここでは原発事故対策には言及しない。そこには固有の技

術的経済的問題，脱原発か再稼働かというエネルギー政策が複雑に絡み，別途独立に説明される必要があることによる。

東日本大震災からの復興政策の方向は東日本大震災復興基本法（2011年6月施行，以下，復興基本法）に示されている。それは復興の枠組みを構築する特別法であり，基本理念を「単なる災害復旧にとどまらない活力ある日本の再生を視野に入れた抜本的な対策」とした。同法では復興のための資金確保，復興債の発行（その他の公債との別管理および償還の道筋の明示），復興特別区域制度の整備，東日本大震災復興対策本部の創設・復興庁の時限的設置があげられた。

復興対策本部は復興基本法にもとづいて2011年7月に「東日本大震災からの復興の基本方針」を公表した。復興の主体を地域・自治体とする一方で，「日本の再生の先導的役割を担うものである」「日本経済の再生なくして被災地域の真の復興はない」ことを強調する。復旧・復興等の財政規模は集中復興期間とされる2011～2015年に国・地方（公費分）合せて少なくとも19兆円程度（10年間で23兆円程度）としたが，安倍政権（2012年12月発足）は総額25兆円程度に増額した。復興対策本部を引き継いで，2012年2月に復興庁が2021年3月までの時限で設置された。復興庁は自治体ニーズへのワンストップ対応，復興特区の認定や復興交付金の配分に係る業務，復興施策の企画・立案，各省庁との連絡調整，復興施策の実施の推進などを担う。

東日本大震災財特法（「東日本大震災に対処するための特別の財政援助及び助成に関する法律」2011年5月2日成立）は被災自治体に対する特別の財政援助として，国庫補助負担事業の新規適用の拡大，補助負担率の引き上げを規定する。同時に，震災対策のための2011年度の第1次補正予算4兆円（5月2日）が成立し，第2次補正予算2兆円（7月25日）が続いた後，復旧・復興のための本格的な予算として11兆円規模の第3次補正予算（11月21日）が編成された。第3次補正の財源はほぼ全てを復興国債とし，その償還のための所得税，法人税などの臨時増税を盛り込んだ，復興財源確保法（「東日本大震災からの復興のための施策を実施するために必要な財源の確保に関する特別措置法」11月30日成立）とセットである。その後も，復興特別会計で予算が確保され，2020年度までの10年間で総

額32兆円に達することが見込まれる。（〔図表14－2〕参照）

〔図表14－2〕 2011年度～2015年度・2016年度～2020年度の復興財源(国)のイメージ
(単位：兆円)

財源		歳出	
2011年度～15年度		2011年度～15年度	
合計	26.3	合計	25.5
日本郵政株の売却益	4.0	住宅再建・復興まちづくり	10.0
復興特別課税	10.5	原子力災害からの復興・再生	1.6
決算剰余金など	3.3	産業の再生	4.1
歳出削減や税外収入など	8.5	被災者支援（健康・生活支援）	2.1
		その他（復興特別交付税など）	7.8
2016年度～20年度		2016年度～20年度	
合計	6.5	合計	6.5
一般会計からの繰入，税外収入	3.2	住宅再建・復興まちづくり	3.4
復興特別所得税の増収分	1.2	原子力災害からの復興・再生	0.5
復興特別法人税の増収分	0.7	産業の再生	0.4
JT株の売却収入増	0.6	被災者支援（健康・生活支援）	0.4
2014・15年度の復興予算の使い残し	0.8	その他（復興特別交付税など）	1.7

(注1) 2011年度～15年度の財源の合計26.3兆円のうち0.8兆円については16年度以降の使用が想定されている。
(注2) 住宅再建・復興まちづくりには災害廃棄物処理，復興交付金，被災者支援には応急仮設住宅の整備，被災者生活再建支援金の支給が含まれる。
(出所) 復興庁ホームページ，岩手日報2015年6月16日付，河北新報2015年6月25日付ほかより作成。

東日本大震災に伴う補正予算には，従来とは大きく異なる財政措置が盛り込まれたが，その多くは過去の大災害において地域・自治体から要望されていたものである。第1に，復興債とその償還のための増税である。主な増税をあげると，①所得税は「復興特別所得税」として2013年1月から25年間，税額を2.1％上乗せする。②法人税は2011年度税制改正を踏まえて実効税率をいっ

たん5％引き下げたうえで，「復興特別法人税」として2012年4月以降に始まる事業年度から3年間，税額を10％上積みする（後に2年間に短縮）。③個人住民税は均等割を2014年6月から10年間，納税者1人当たり年間1,000円増額する。これらの増税の規模は10.5兆円を想定する。ただし，所得税の増税規模が大きく，将来世代も負担する一方で，法人税の増税は実質的に回避されている。
（桒田但馬［2016a］参照）

第2に，「東日本大震災復興交付金」と呼ばれる一括交付金が復興特区とされた被災自治体（市町村中心）に交付される。対象事業はインフラ関連の既存の国庫補助事業を主体とする「基幹事業」（災害公営住宅整備，高台への集団移転など5省庁にわたる40事業）とそれに関連する被災自治体の独自施策の「効果促進事業」に分けられ，災害復旧事業とは区別される。交付金事業計画をもって一括申請でき，交付決定も一括で行われる。基金にして弾力的に活用することもできる。ただし，復興交付金は「使途の自由度の高い」資金とされ，ハード，ソフトの両事業に適用可能であるが，基幹事業は40事業に限定され，ハード中心である。自治体からは効果促進事業の採択範囲や手続きの改善要望もあり，運用の弾力化が課題となっている。

第3に，通常の特別交付税とは別枠の「震災復興特別交付税」である。被災自治体の復旧・復興に関わる国庫補助事業に伴う裏負担や，復興交付金事業に伴う補完財源を軽減，ゼロにするように交付される。その他，単独災害復旧事業，中長期職員派遣，地方税法等の特例措置による地方税の減収など対象は広範囲である。2015年度までの交付額は3.2兆円で，復興交付金と同規模である。震災復興特別交付税により，阪神大震災における「起債と交付税措置」という手法はほとんど適用されていないので，将来にわたる財政負担は大幅に縮減されている。

第4に，「取崩し型復興基金」（2011年10月創設）は被災自治体が地域の実情に応じて，単年度予算の枠に縛られずに，弾力的かつきめ細やかに対処できる資金であり，低金利の状況下で従来の「運用型」が有効でないことに対応した。岩手，宮城，福島の3県をはじめ9県で1,960億円の規模（2.3兆円程度の運用型

基金に相当）であり，特別交付税により措置された。基金の使途や運用の形態は各県の判断に委ねるとともに，基金の半分程度は県から市町村に再交付される。基金の使途は実際さまざまであるが，生活・住宅再建支援が最大の比重を占める。なお，2012年度には被災市町村の独自の住宅再建支援を目的に1,047億円の復興特別交付税が措置され，被災者に身近な市町村にかなり配慮された。

　第5に，中小企業の再建投資に対する「中小企業等グループ施設等復旧整備補助金（グループ補助金）」が2011年度第1次補正予算から登場した。複数の中小企業者の「グループ」が産業活力の復活や雇用の維持などに重要な役割を果たすと県が認定する時，事業経費の一部が補助される。補助率は最大4分の3（国2分の1，県4分の1）である。2015年度までに約700のグループ，約11,000社が補助決定され，3,200億円（国費）が充当されている。工場・設備等の再建で一定の成果を収めているが，グループ形成にそぐわない業種は不利である，地域の土地利用のあり方との関わりで着手しにくい，二年繰り越しや実績額への補助が不可とされている，などの限界がある。

　さらに被災者生活再建支援制度が拡充された。国はこれまで支援金の50％を補助してきたが，特例として80％に引き上げ，残り20％の自治体負担に関して特別交付税措置が追加された。しかし被災地からは支援金（最高300万円）の増額，支給対象の拡大，国庫補助率引き上げなど拡充の要望が強いが，国は首都直下大地震をはじめ将来想定される大地震における巨額の財政負担に対する懸念から支援の拡充に消極的である。その理由として，小規模自営業者への生業支援に関して事業用資産は保険による備えが基本であるとともに，支援は融資が原則であること，支援金の増額に対しては地震保険に加入しないなど自助努力が阻害されることをあげる。今回，支出額として約4,400億円（国費・県費），支給対象世帯数で約20万世帯が想定されているが，支援拡充はコミュニティ，さらに地域社会・経済の再建に大きな影響を与えることになる。

4　災害財政の課題

　災害財政とくに東日本大震災に係る国の財政措置について，現行法制の枠内の弾力的運用にとどまり，あるいは特別措置を超える抜本的な改革に踏み込んでいない，という評価が多い（宮入興一［2013］ほか）。これは政府間関係の点では集権性，縦割りを強める補助金が中心で，従来・平時の国と地方の財政関係を応用した措置にを越えていない。公私関係の点ではグループ補助金や生活再建支援金は別として，国は特定の個人や企業の資産形成に資する措置を断固として否定していることによる。復興庁は国の中核的な財政措置に位置づける復興交付金について，関連する事業の一括化のほか，自由度の高い効果促進事業，地方負担の手当て，基金化による複数年度の執行など過去にないきわめて柔軟な仕組みであると強調するが，踏み込み不足であると評価される。

　これに対して国の言い分もあろう。岡本全勝［2016］では復興庁事務次官（出版当時）の著者がインフラ復旧にとどまらず，避難者の生活支援について国は組織的に取り組み，産業の再生について事業者への仮設店舗の無償提供や施設・設備の復旧に補助を行った。また被災者支援も積極的に拡充し，コミュニティの再建支援にまで踏み込んでおり，従来の行政の哲学を「コペルニクス的に転換した」と自己評価する。そしてメディアでたびたび報じられたように，集中復興期間後にあたる2016年度以降の国の財政措置の見直しに当たって，復興相はそれまでの財政措置は異例中の異例であったという認識を示した。その結果，被災自治体の一部負担が導入されたが，今回の大震災では十分すぎるほど改善しているからとの理由であった。

　東日本大震災の復興財政の課題として次の点があげられる。第1に，防災，応急，復旧・復興の各プロセスにおける国と自治体，府県と市町村の役割（責務）の分担と連携である。大災害が日常化，長期化，複雑化し，東南海や首都直下の大地震が想定される中で，公私の施設で耐震工事が遅れている実態があり，防災予算の拡充が喫緊の課題である。同時に，「事前復興」が徹底されな

ければならない。事前復興とは災害の発生を想定したうえで，被害を最小限にするためのハード，ソフトの事業を実施しておくことである。とは言え，ハード依存の危険性は明白であることから，施設の再配置に伴い迅速な用地取得が可能になる法制度の見直しが求められる。またソフト事業にかかる理解しやすい計画を策定し，実践しやすい体制を整備する。応急では迅速に，復旧・復興では確実に財源保障する必要がある。被災者・被災地が目前の生活・仕事の復旧に追われ続け，将来のライフプラン，まちづくりを考えることができない状況は許されない。生活・産業インフラや公共施設などの早急な整備が望ましいが，被災地に人々が住んで，仕事を続けてもらうようにしないと，十分な意義を見出すことができなくなる。被害は多様化するので，国からの財政措置は自治体の自由度の拡大，その対象事業の拡充が求められる一方で，災害時に自治体の機能が麻痺，低下する可能性が高いので，広狭域にわたって府県や他の市町村が被災自治体に人的支援を行う体制を強化する必要がある。

　第2に，復興庁の権限と財政の両面における独立性の強化である。現在の復興庁の職員は関係省庁からの出向者からなり，各省庁が実質的に主導しているために調整機関にとどまる。本来のあり方としては，強力な権限，財源を持ち，一元的，総合的な運営を行うとともに，防災・災害対策を専門にする新規採用職員や経験豊かな職員から構成する機関としなければならない。この改革は東日本大震災の復興過程で明るみに出た復興予算の「流用問題」や「便乗問題」（復旧・復興に直接関係ない経費や復旧・復興を名目にした事業実施）を未然に防止することにもつながる。また全国の司令塔として，想定される大災害に自治体と連携・協力して計画的な防災政策や人材支援も講じることができるようになる。2021年度以降のポスト復興庁を見据え，さらにわが国が災害頻発国であることを強く認識すれば，従来，防災担当大臣（内閣府）はいたものの，災害対策に関して明確なミッションを持つ役所が欠かせない。復興庁の創設に手間取り，軌道に乗せるのに時間を要したことも重大な問題であった。将来的には，復興庁からの移行も選択肢に入れて，災害対策を正面に掲げる常設の官庁が不可欠になっている。

第3に，災害対策における国庫負担の抜本的な見直しである。単に原状回復にとどまらず，改良復旧の費用相当額を原則国庫負担とする。阪神大震災では原形復旧が基本とされていたのに対して，東日本大震災では将来の被害を防止し，軽減する目的を備えた改良復旧が積極的に認められた。大津波による被害に限らず，その他にも適用されるように，改良復旧の水準と対象に関する議論を豊富化していくことが一層重要になる。ソフト面については，国は個々の資産形成に資する措置を否定しているが，実質的に弾力的な対応が広がっている。グループ補助金，二重債務問題（既存の債務に震災後の新たな債務が加わる）に対する支援拡充がその例である。生業再建支援では共同利用漁船等復旧支援対策事業があげられる。漁業協同組合が漁船，定置網などの漁具を導入する場合，国が事業費の3分の1，府県が3分の1以上を補助する。がんばる漁業・養殖業復興支援事業では地域の漁業者や養殖業者が新しい操業形態の導入や養殖業の共同化など，安定的な水産物の生産体制を構築する場合，必要な経費（人件費，燃油費，販売費など）について，水揚げ金額では賄えない部分の10分の9，3分の2または半額を国が支援する。漁業地域では生業，生活，コミュニティが一度に崩壊したケースが多くみられるから，これらの支援事業およびその改善は個々の生業の再建に相当のインパクトを与え，「マイナス」ではなく「ゼロ」からのスタートとなり，生活，コミュニティとの一体的な再建に寄与できる。

　第4に，復興基金については恒久的な基金制度を国，府県，市町村レベルで義務化したうえで早急に創設し，規模を拡大していくことである。復興基金と呼ばれる仕組みは1990年の雲仙・普賢岳噴火災害における「雲仙岳災害対策基金」をモデルとするが，それ以降大災害のたびに被災自治体において設置されてきた。東日本大震災前には，①自治体の起債による財源の利子で事業を実施するとともに，起債に伴う利払いを主に地方交付税措置で補填するもの，②義援金をもとに利子運用もしくは取崩しするもの，③国の特定貸付金（この場合は中小企業基盤整備機構が有する中小企業近代化資金貸付金）に県費を上乗せしたものを原資に利子運用するものがある。今後は①および東日本大震災時の手法を

基本に,「運用型」と「取崩し型」の両建てで発展的に見直していけばよい。

　阪神大震災の際に指摘されたことであるが,国と各自治体の共同出資による全国規模の基金は平時に積立基金の運用益で自治体や地域の防災事業を支援し,災害時にはその運用益と基金の一部を被災自治体に包括的な交付金として交付し,自治体レベルの復興資金として役立てる。過去の大災害における災害復興基金の特徴は機能面で,①被災者への現金支給を中心にした公的支援,すなわち第2の公助であり,あらゆる分野に及ぶこと,②被災者やコミュニティ,それらをサポートする外部支援者をエンパワメントするメニュー(自助・共助の側面)の増大に対応する。復興基金は支援メニューに共通性がある一方で,被災地の地域性や災害事情を反映した地域独自の施策を一歩踏み込んで実施できるなど,非常に優れた災害財政システムである(青田良介［2011］参照)。

〈参考文献〉
青田良介［2011］「被災者支援にかかる災害復興基金と義援金の役割に関する考察」『災害復興研究』3巻.
岡田知弘［2012］『震災からの地域再生』新日本出版社.
岡本全勝編［2016］『東日本大震災復興が日本を変える』ぎょうせい.
桒田但馬［2016a］「東日本大震災に伴う特別課税と災害対策の課題」日本租税理論学会編『中小企業課税』財経詳報社.
桒田但馬［2016b］『地域・自治体の復興行財政・経済社会の課題』クリエイツかもがわ.
財団法人阪神・淡路大震災記念協会編［2005］『阪神・淡路大震災10年　翔べフェニックス・創造的復興への群像』財団法人阪神・淡路大震災記念協会.
斉藤　誠［2015］『震災復興の政治経済学』日本評論社.
内閣府編［各年］『防災白書』日経印刷株式会社.
兵庫県震災復興研究センター編［2007］『災害復興ガイド』クリエイツかもがわ.
福田徳三［2012］『復興経済の原理及若干問題(復刻版)』関西学院大学出版会.
復興10年委員会［2005］『阪神・淡路大震災復興10年総括検証・提言報告』兵庫県ホームページ.
宮入興一・綱島不二雄他編［2016］『東日本大震災復興の検証』合同出版.
宮入興一［2017］「わが国における災害対策行財政制度の特徴と改革の課題」『松山大学論集』29巻4号.

エピローグ　自立と連帯を支える財政

　読者にとって長かったかもしれない財政学の旅は，まもなく終着駅に着こうとしている。私たちはこの旅路で，平易な説明と高い学術性を同時に追求してきた。工夫した特色は次の4点に集約される。

　第1に，ミクロ，マクロ経済学をベースにした財政学の成果を摂取するとともに，限界を指摘し，社会経済学的財政学のスタンスを貫いていることである。第2に，公正と効率という最も重要な2つの基準は実際の財政システムや政策において，しばしばトレード・オフ（二律背反）の関係にあるが，私たちは基本的に公正の方を重視した。このことは財政の浪費や非効率を容認するということではなく，2つの基準の両立を最大限追求すべきことを意味する。これを実行するのは容易ではないが，「市場の失敗」や「政府の失敗」という苦い経験と，ここから得られた教訓に学べば，決して不可能ではない。第3に，財政民主主義は近代国家の鉄則であるが，これを単に形式や議会の手続きにとどめることなく，財政活動や税システムの内容において示すことに努めた。第4に本書の構成，展開は「2段階説明法」にもとづく。この手法の特徴は現代財政の複雑な重層性を考慮し，異なる角度から2つのステージで財政の活動を説明することにある。社会保障の財政に関していうと，一般会計の社会保障費と社会保険が説明されたのち，第2ステージでその理論や医療・介護保障，年金財政が展開された。

　本書のスタンスは，冷徹な客観主義と現実を踏まえた理想主義である。経済分析や政策論に思想的政治的立場が反映することは避けられないとしても，私たちは経済学にも自然法則と同様の客観的真理が存在するとの立場に固執する。そのうえで経済社会の持続可能性，および人々の生活の豊かさ，さらに精神の健全さの向上につながる現状批判と政策課題の提起に努めた。このスタンスから，私たちは望ましい政府および財政のあり方を導出できる。

政府と財政をめぐる最大の争点は「大きな政府（財政）か，小さな政府（財政）か」という議論である。私たちは大きな政府を擁護するが，財政の非効率・官僚主義（政府の失敗）の徹底的な排除と両立できる大きな政府論である。したがって，この主張は，「積極的政府」といい換えることができる。ここには，2つの内容がある。

　第1に，資本主義の経済システムが不可避的にもたらす多様な問題（市場の失敗）を解決するために，政府や財政の役割は大きくならざるを得ない。経済のグローバル化が進展した今日では一国単位での経済安定政策の有効性は低下しているものの，サミット（先進国首脳会議）やG20（主要20カ国の国際会議）における世界的な政策協調にみるように，政府のサポートなしに各国および世界経済の安定化，維持可能性はありえない。市場競争の下では個人間地域間の経済格差の拡大は不可避であるが，各国政府の再分配政策はこれを緩和することができる。再分配は大きいほど，内需を拡大して安定成長の条件をつくり，社会不安を除去する。再分配が最小限，ないし小さいほどよいということには決してならない。20世紀の後半に成立した福祉国家や大きな財政は，「市場の失敗」が不公正であるとの広い社会的合意を基礎としていた。ところが他方で，官僚制が肥大化し，財政の浪費や非効率がひどくなったことも事実である。したがって，21世紀に生きる私たちは，「積極的政府」すなわち財政における公正と効率が両立できる政府を実現しなければならない。

　後発途上国や最貧国に象徴される国際的な経済格差や貧困問題は，各国政府の政策協調や国際的再分配，国際機関の働きなくしては，拡大の一途をたどる。途上国へのODAの増額や人的支援は対象国の利益にとどまらず，相互依存関係にある援助国自体および世界全体の持続可能性を高める。現状の国際的再分配の規模，政府の役割はなお不十分であり，その拡大こそ求められる。それはテロや軍事的紛争の芽を摘むことにもつながる。

　第2に，資本主義市場システムの失敗や欠陥に対処するにあたって，「民間部門」および「公共部門」と区別される第3の社会的セクター（Social sector, The third sector, Economie sociale）を最大限活用することである。それは財源

の一部を税金投入で支え，残りを料金など市場システムによって確保するという特徴を持つ。いい換えると，必要不可欠なものを除いて政府が公務員や国営企業を通じて直接サービスを提供するのではなく，社会的な組織や団体（福祉や保健医療，教育文化の組織，NPO，NGO，協同組合など）にゆだね，政府は財政負担によって責任を果たしつつ，非効率や官僚主義の排除を可能にする。

　社会的セクターの理論は1830年代のフランスに起源があり，協同組合などの活動領域を拡大することによって資本主義の欠陥を解消，ないし緩和しようとした。20世紀になってから社会主義運動の台頭によって，ほとんど顧みられなかったが，1970年代以降フランスをはじめヨーロッパで復活した。この理論は一方で「市場の失敗」と「政府の失敗」，他方で「福祉国家」の負の側面の顕在化，ソ連・東欧の指令型社会主義経済の行き詰まりの中で再生し，1989年のＥＣ（現在のＥＵ）における社会経済局の設置，1994年の第3セクター国際学会（The International Society for Third-Sector Research）の設立にみられるように有力な経済理論の潮流として国際的に確固たる地位を占める。それは次の言葉にみるように，社会的公正と経済的効率の総合的な実現をめざす理論である。

　「社会的経済の現代的な性格は，それが連帯と民主主義の原則にもとづいた自主的で効率性の高い経済活動の領域を創り出す現実的なオルタナテイブである」（Defourny, J. & J. L. Monzon, C. Economie Sociele [1992] 富沢賢治等訳 [1995]『社会的経済』日本経済評論社）。

　社会的セクターに含まれるのは福祉や保健医療，教育文化をになう組織や団体，生産や消費の協同組合，非営利組織（Non-Profit Organaization, NPO），非政府組織（Non-Govermental Organaization, NGO）などである。これらの組織が活動しているのは，サービスの供給を市場システムにゆだねるとゆがみや過少供給の起こる分野，すなわち資本主義が生み出す失敗や欠陥に対処する分野に他ならない。多くの日本人にとって「独自の領域としての社会的部門」というコンセプトはなじみが少ないが，公共部門や私的部門との違いは次のように説明できる。すなわち，政府や自治体がサービス提供の一部に公的責任を持ち，他の一部について市場システムを活用する部門である。これを費用の面からみ

ると一部を財政負担,他の一部を利用者の料金負担によって調達し,各組織が基本的な経営責任を持つのである。費用配分の基準,つまり福祉や医療,教育などのサービスにどれだけ税金を投入するかということは,それぞれのサービスの性質によって決定される。

　こうして租税資金の助成や公的資金の貸付けを受ける社会的セクターは「積極的政府論」における政府に準じた位置づけを与えられる。いい換えると,政府自体と社会的セクターが協力して資本主義の生み出す失敗や欠陥に対処し,経済社会の持続可能性を高めるのである。そうすれば「財政負担すれども干渉せず（Support, but no control）」の原則（財政負担に伴う監視は必要）の下に公正と効率を両立させて政府の国民に対する責任が果たせる。しかしこれは制度的保障であって,社会的セクターのリーダーは効率的経営に責任を持たなければならないし,そこで働く人々の熱意と,市民一人一人の協力なくしては,十分な成果をあげることができない。

　積極的政府の主張に対して,小さな政府論はその対極にある。ここでは政府の介入が経済活力を低下させ,大きな財政を非効率や官僚主義の温床であるとみなす。これを支えるのは新自由主義の経済理論である。この理論はケインズ的有効需要政策や福祉国家の限界に直面して世界を席巻したが,今日も日本などにおいて強い影響力を保持する。それは市場システムに高い信頼をおき,政府の経済への介入,規制はこれを極力排除する方が効率を増進し,経済成長に寄与できることを強調する。したがって「小さな政府」と規制緩和が政策目標となり,個人間地域間,国際的な経済格差の拡大や深刻化はほとんど気にも留めない。

　私たちは新自由主義台頭の当初からこれにくみせず,政府が適切な役割を果たさなければ,現代の資本主義は経済的社会的安定を維持できないと考えてきた。政府の役割の減退は人々の生活と心情から安全と安心を失わせ,人々から希望を奪う。「積極的政府」とは問題の解決や緩和に取り組む政府であり,ここでの財政の姿は「自立と連帯を支える財政」であると表現できる。阪神淡路大震災と東日本大震災,頻発する災害に直面し,復旧復興が取り組まれるなか

で，多くの日本人に自立と連帯の精神，そして行動がよみがえってきた。その主要な内容は次の4点である。

第1に，政府と財政はすべての人々（子ども，現役，退職の各世代，男女とも，障害者，外国人など）に教育や就業の機会の平等を最大限保障するとともに，自立できるソフト，ハードの条件を整えることである。現代はまた大都市圏と地方都市・農村圏の経済格差が大きくなる傾向を持つから，後者の地域を維持，振興できるために，政府による雇用創出への政策的財政的支援が不可欠になる。この支援は，人々が自立できる条件の中に含まれる。

第2に，所得再分配という財政の機能を高度に遂行することによって，すべての人，すべての地域が連帯することを支える。人々が自立しようとすることは同時に，相互に競争することであるから，その結果高い所得を得る人がいる一方，所得格差や失業，疾病を原因とする貧困問題が発生する。誰にもその可能性があるとともに，不利な条件を持つ人や社会的弱者といわれる人々は貧困に陥りがちである。さらに大多数の人々は企業に雇用されて所得を得ているが，メガコンペティションの激化のなかで過酷な労働条件を強制するブラック企業が激増している。経営者に対して労働者や従業員は弱い立場にある。賃金の引き下げや不当労働行為が行われても一人ではなかなか対処できないから，勤労者（労働者）は団結し，連帯することが不可欠である。勤労者の連帯の緊要性が，今日ほど高まっている時はない。政府の役割は勤労者が不当な扱いを受けないよう法を作り，企業や経営者に必要な規制をしなければならない。政府と財政には弱い立場の人々，社会的弱者が不公正な扱いを受けないよう，そして健康で文化的な生活を享受できるよう支援する責任がある。所得再分配とは高所得の人々が累進課税でより多くの税金を支払い，低所得の人々が社会保障や教育を通じてより多くの便益（benefit）を受け取ることを指すが，同時に，このような広い視野からも把握されねばならない。

第3に，自立と連帯は一国内のことだけでなく，日本と世界人口の大部分を占める発展途上国の人々との間にもあてはまる。具体的には途上国の経済社会開発に対する経済的人的支援と，平和的な手段による世界の安全保障への自主

的貢献を強めることである。

　第4に，すべての人にとって，また未来の人類にとって共通の生存条件である自然環境と地球全体の環境保全に対して財政的な費用と責任の分担，そして多様な手段による積極的な貢献を行うことである。

　20世紀は人類史上まれに見る激動の100年として，人々に長く語り継がれるだろう。その前半において資本主義の高度に発達した欧米諸国や日本は経済的な矛盾，対立を戦争という手段で解決しようとして，2度の破滅的な世界大戦を引き起こした。後半になると冷戦や局地戦争という厳しい緊張下にあったものの，世界戦争は辛うじて回避された。このなかで人類は社会主義国・体制の生成と崩壊を経験する一方，旧植民地の解放，独立と世界的規模での民主主義の普及，実質化を達成してきた。これは特筆に値する明るい側面である。また先進諸国に限ってのことだが，世紀の後半に西欧や北欧諸国を中心に福祉国家が形成され，国民に一定の豊かな生活をもたらした。この波乱に満ちた現代史において，あらゆる国の政府と財政は主役を演じ続けてきた。

　21世紀に生きる私たちは持続可能な経済発展，所得格差の是正，安全で安心，個々の多様性が尊重される成熟社会の建設，途上国を含んで貧困削減や国際平和などの重い課題に直面している。これらの解決のために財政活動の役割は高まりこそすれ，低下することはない。しかし，他方では，財政赤字の累積や高い税負担，非効率や官僚主義の弊害という難問の解決を迫られる。

　本書を手にされた読者がこれからも，財政や財政問題に関心を持ち続けることを私たちは願って止まない。そして今後も国の主権者として，また世界市民の一人として社会や地球全体の問題と向き合っていきたいものである。

索　引

【あ行】

赤字公債 …………………………… 48, 133
赤字国債 …………………………………… 138
安価な政府 ……………………… 15, 17, 33
安全・安心社会 …………………………… 4
一般売上税 ………………………………… 119
一般会計 …………………………………… 37
一般歳出 ………………………………… 37, 39
一般財政 …………………………………… 6
一般政府 …………………………………… 54
一般補助金 ……………………………… 72, 76
移転的経費 ………………………………… 41
医療保険 …………………………………… 55
インフラストラクチャー ………… 161, 166
インフラ整備 ……………………………… 6
インフラの老朽化 ………………………… 174
インボイス方式 ………………………… 121
雲仙岳災害対策基金 …………………… 240
益金の過少算入 ………………………… 104
応益性原則 ………………………………… 74
応能原則 …………………………………… 91
大きな政府 …………………………… 15, 17
ODA ………………………………………… 206
ODA大綱 ………………………………… 208

【か行】

外国債 ……………………………………… 133
外国税額控除 ……………………………… 99
介護保険 ………………………………… 181
外部経済 ………………………………… 27, 72
外部不経済 ……………………………… 219
貸倒引当金 ……………………………… 106
簡易課税制度 …………………………… 125
環境税 ……………………………… 157, 219
環境保全 ………………………………… 29, 214
簡素の原則 ……………………………… 153
簡保資金 …………………………………… 63
官僚主義 ………………………………… 22, 61
借換債 …………………………………… 134
議会中心財政主義 ………………………… 9
企業組織再編税制 ……………………… 108
擬制資本 ………………………… 48, 75, 132
基礎年金 ………………………………… 181
逆進性 …………………………………… 123, 124
逆進負担 ………………………………… 154
逆弾力性命題 …………………………… 128
客観主義 ………………………………… 243
キャピタル・ゲイン全額課税 ………… 148
給付付き税額控除 ………………………… 96
給与所得控除 …………………………… 87, 91
行政投資 ………………………………… 163, 164
近代的租税 ……………………………… 43, 45
国の交戦権 ……………………………… 196
クラウディングアウト ………………… 135
グリーン税制改革 ……………………… 158
軍事警察機構 …………………………… 31, 32
軽減税率 ………………………………… 122, 124
経済安定 ………………………… 25, 28, 60
経済的効率 ………………………………… 5
継続費 …………………………………… 197
ケインズ，J. M. ………………………… 19

249

原因者負担	218
限界税率	87
減価償却費	104
建設公債	48, 133
源泉所得税	89
権力機構	31
公害	213
後期高齢者医療制度	180
公共経済学的財政学	5
公共財	27
公共事業費	39, 162
公共投資	164, 166
公債依存度	43, 137
交際費の損金算入	104
公信用	131
公的企業投資	164
公的金融	6, 60
公的年金	56
後年度負担	197
公平の原則	46
小売売上税	119
合理的課税	146
国際課税	109
国際協力機構	208
国際協力銀行	207
国富論	16
国防費	21
国民皆保険皆年金	56, 186
国民健康保険	191
国民財政主義	9
国民的統合	32, 33
国民年金	181
個人源泉課税説	100
国家の自立性	33
国庫債務負担行為	197
国庫補助金	78
個別消費税	115, 126
コモン・センス	34
固有の法人税	100

【さ行】

災害対策基金	228
災害復興基金	240
歳出化経費	197
財政移転	70, 71
財政投融資	6, 50, 58, 59
財政の硬直化	135
財政民主主義	9, 10
財政融資資金	65
財投機関債	67
財投対象期間	64, 66
サイモンズ, H.C.	90
産業インフラ	167
産業投資特別会計	64
仕入税額控除	116
事業者免税点	124
資源配分	27, 161
資産性所得	95
市中消化	133
視認性原則	75
資本蓄積税制	147
仕向地主義	122
シャウプ勧告	104, 105, 145, 146
社会経済学的財政学	5
社会サービス	54
社会資本	165, 166
社会資本整備重点計画	172
社会的公平	5

社会的セクター ………………… 245	政府の失敗 …………………… 22
社会福祉費 …………………… 178	政府保証債 …………………… 64
社会保険 …………………… 6, 50, 54	税率フラット化 ……………… 151
社会保険費 …………………… 178	世界同時大不況 ………………… 2
社会保障関係費 ……………… 177	世代間不公平 ………………… 135
社会保障基金 ……………… 54, 187	積極的政策 …………………… 244
社会保障給付 ………………… 183	ゼロ税率 ……………………… 122
社会保障費 ……………… 39, 177	総計予算の原則 ………………… 8
シャンツ, G. ………………… 90	総合所得税 …………………… 86
集権化理論 …………………… 18	相対的貧困率 ………………… 190
集団的自衛権 ………………… 201	贈与税の相続時精算課税制度 …… 157
準公共財 ……………………… 27	租税協賛制度 ………………… 45
少子化対策 …………………… 190	租税原則 ……………………… 46
乗数理論 ……………………… 24	租税国家 …………………… 43, 44
消費税 ………………………… 115	租税法律主義 ……………… 45, 46
消費税シフト ………………… 151	損金の過大算入 ……………… 104
消費的経費 ………………… 41, 199	
情報インフラ ………………… 173	**【た行】**
所得再分配 ……………… 28, 209, 247	大衆課税 ……………………… 155
所得税 ………………………… 85	大都市圏 ……………………… 3
所得税額控除 ………………… 99	多段階課税 …………………… 119
所得税中心主義 ……………… 146	単一税論 ……………………… 47
申告所得税 …………………… 89	短期公債 ……………………… 132
新自由主義 …………… 22, 65, 67, 154	炭素税 ………………………… 219
人的諸控除 …………………… 87	単段階課税 …………………… 119
垂直的公平 …………………… 91	単年度主義 …………………… 9
水平的公平 ………………… 92, 153	地域インフラ ………………… 174
スミス, A. ………………… 16, 46	小さな政府論 ………………… 246
生活インフラ ………………… 167	地球温暖化 ……………… 214, 217
生活保護 ……………………… 178	地球環境の保全 ……………… 216
成熟社会 ……………………… 189	地租改正 ……………………… 45
税制のグリーン化 …………… 220	地方交付税 …………………… 38, 77
政府関係機関 ………………… 52	地方財政調整 ………………… 73, 76
政府金融機関 ………………… 52	地方消費税 ……………… 115, 118

地方税原則 …………………………… 74
地方都市・農村圏 ……………… 2,3,81
地方分権 …………………………… 79,80
中央銀行引受 ……………………… 133
中期防衛力整備計画 ……………… 204
中立の原則 ………………………… 153
中立命題 …………………………… 136
超過累進税率 ……………………… 87
長期公債 …………………………… 132
超高齢社会 ……………………… 1,3,189
帳簿方式 …………………………… 121
貯蓄・投資（IS）バランス ……… 26
積立方式 …………………………… 189
転位効果 …………………………… 18
動学的最適化 ……………………… 30
等価性定理 ………………………… 136
投資的経費 ………………………… 41
特定補助金 ……………………… 72,76
特別会計 …………………………… 49
独立課税主体説 …………………… 100
取引高税 …………………………… 120

【な行】

内国債 ……………………………… 133
2元的所得税 ……………………… 95
二重課税の調整 ……………… 100,105
2段階説明法 ……………………… 7
日米安全保障宣言 ………………… 204
日本国憲法 ………………………… 10
年金積立金 ……………………… 63,65
納税の義務 ………………………… 46

【は行】

排除不可能性 ……………………… 27

配当税額控除 ……………………… 101
パクス・アメリカーナ …………… 201
バロー，R. ………………………… 136
阪神・淡路大震災復興基金 ……… 231
ピーコック，A. T. ……………… 18,19
PEI ………………………………… 169
東日本大震災財特法 ……………… 234
東日本大震災復興特別会計 ……… 228
非競合性 …………………………… 27
ピグー的課税 ……………………… 219
非婚・少子化 ……………………… 3
被災者生活再建支援制度 ………… 238
ビスマルク ……………………… 53,185
ビルト・イン・スタビライダー … 25,28
フィスカル・ポリシー …………… 24,29
付加価値税 ………………………… 120
賦課方式 …………………………… 189
福祉国家 ……………… 4,20,28,89,186
福島原発事故 ……………………… 3
複税制 ……………………………… 47
不生産的経費 ……………………… 199
負担分任原則 ……………………… 74
普遍性原則 ………………………… 74
富裕税 …………………………… 147,158
プライマリー・バランス ………… 143
平成の大合併 ……………………… 69
ペイン，T. ………………………… 34
ベバリッジ，W. H. ……………… 53
ベバリッジ・プラン ……………… 185
防衛費 …………………………… 39,196
包括的所得税 …………………… 92,93
法人擬制説 ………………………… 100
法人事業税 ………………………… 97
法人実在説 ………………………… 100

索　引

法人住民税 …………………………… 97
法人税 ………………………………… 97

【ま行】

マスグレイブ，R.A. …………… 27,31,46
ミレニアム開発目標 ………………… 210
無産国家 ……………………………… 44

【や行】

有価証券譲渡益課税 ………………… 149
有効需要政策 ……………………… 19,24
郵便貯金 …………………………… 63,65
輸出免税 ……………………………… 122
4大経費 …………………………… 38,41
ヨーロッパ地方自治憲章 …………… 22
予算原則 ……………………………… 8
予算明瞭性の原則 …………………… 8

【ら行】

ラムゼイの逆弾力性命題 …………… 128
リカード，D. ………………………… 136
理想主義 ……………………………… 243
累進課税 ……………………………… 89
累進負担 ……………………………… 154
レーガン税制改革 …………………… 152
連結納税制度 ………………………… 108
連結法人税 …………………………… 108
老人保健制度 ………………………… 179
老老介護 ……………………………… 192
労働所得 ……………………………… 95

【わ行】

ワイズマン，J. …………………… 18,19

253

＜編著者＞

内山　昭（うちやま　あきら）　立命館大学社系研究機構上席研究員
　　　　　九州国際大学，静岡県立大学，立命館大学の各教授，成美大学，同短期大学部の各学長を経て現職　経済学博士
　　　　　ケンブリッジ，サセックス（英），マインツ（独）各大学にて研究
　　　　　中国・東北財経大学客員教授　経済学博士
主要著書：『分権的地方財源システム』（2009年）『現代の財政』（2006年）
　　　　　『会社主義と税制改革』（1996年）『大型間接税の経済学』（1986年）
執筆分担：プロローグ　第1章　第2章-4　第3章-2　第4章　第9章　第10章
　　　　　第12章　エピローグ

＜執筆分担＞

桒田但馬（くわだ　たじま）　立命館大学経済学部教授　　　第2章-1〜3，補論　第4章　第14章
　　　　　博士（経済学）

曹　瑞林（そう　ずいりん）　立命館大学経済学部教授　　　第2章-4　第3章-1　第11章
　　　　　博士（経済学）

河音琢郎（かわね　たくろう）　立命館大学経済学部教授　　　第5章　第8章
　　　　　博士（経済学）

三好ゆう（みよし　ゆう）　福知山公立大学地域経営学部准教授　　第6章　第13章
　　　　　博士（経済学）

平　剛（たいら　つよし）　沖縄国際大学法学部教授　　　第7章
　　　　　博士（経済学）

編著者との契約により検印省略

平成26年7月5日　初版第1刷発行 平成29年1月5日　初版第2刷発行 平成30年11月25日　改訂版第1刷発行 令和4年7月15日　改訂版第2刷発行	財政とは何か 〔改訂版〕

編著者　内　山　　　昭
発行者　大　坪　克　行
製版所　税経印刷株式会社
印刷所　光栄印刷株式会社
製本所　牧製本印刷株式会社

発行所　〒161-0033 東京都新宿区　　株式　税務経理協会
　　　　下落合2丁目5番13号　　　　会社
　　　振　替 00190-2-187408　　　電話 (03)3953-3301（編集部）
　　　ＦＡＸ (03)3565-3391　　　　　　 (03)3953-3325（営業部）
　　　　URL http://www.zeikei.co.jp/
　　　　乱丁・落丁の場合は、お取替えいたします。

© 内山 昭 2018　　　　　　　　　　　　　　　　Printed in Japan

本書の無断複製は著作権法上での例外を除き禁じられています。複製される場合は、そのつど事前に、出版者著作権管理機構（電話 03-5244-5088、FAX 03-5244-5089、e-mail : info@jcopy.or.jp）の許諾を得てください。

JCOPY ＜出版者著作権管理機構 委託出版物＞

ISBN978-4-419-06587-4　C3033